Das Golf-Handbuch

CV-Sportbücher

Das Golf-Handbuch
von Alex Hay

Vorwort
von Peter Alliss

Christian Verlag

Inhalt

Vorwort	6	Der Rückschwung	59
Einleitung	9	Der Durchschwung	60
Die Geschichte des Golfs	13	Das Ausrichten	65
Die Welt des Golfs	23	Der Stand	66
Die großen Turniere	28	Entfernung zum Ball	66
Die Ausrüstung	31	Füße und Hüften	67
Der Golfschwung	51	Die Schultern	69
Die Schwungroutine der Pros	54	Der Vardon-Griff	69
		Hand- und Gelenkbewegungen	75
Das Einnehmen der Ausgangsposition (Set up)	57	Die Schwungebene	83
Die Schwungbahn	87		
Das Einüben des Grundschwungs	89		
Das Einüben des vollen Schwungs	94		
Fehler beim Schwingen	99		
Der perfekte Schwung	107		
Individuelle Schwungtechniken	107		
Der Ball mit Spin	113		
Verbesserung der Schläge	127		

Aus dem Englischen übertragen
von Dr. Dieter Dörr
Redaktion: Vera Murschetz
Beratung: Peter von Winckler
Korrekturen, Register: Irmgard Perkounigg
Herstellung: Dieter Lidl
Satz: Josef Fink GmbH, München
Schutzumschlag: Ludwig Kaiser, München
© Copyright 1985 der deutschsprachigen
Ausgabe by Christian Verlag GmbH, München

Die Originalausgabe unter dem Titel
The Handbook of Golf wurde entwickelt und
realisiert von Rainbird Publishing
Group Limited, 40 Park Street, London
WIY 4DE und erscheint erstmals 1985 bei
PELHAM BOOKS Limited, 44 Bedford
Square, London WCIB 3DU
© Copyrigth 1985 der Originalausgabe
by PELHAM BOOKS Limited, London

Alle Rechte vorbehalten, auch die des
teilweisen Nachdrucks, des öffentlichen
Vortrags und der Übertragung in
Rundfunk und Fernsehen.

Druck und Verarbeitung:
Printer Industria Gráfica, S.A., Barcelona
Printed in Spain D.L.B. 37466-1984

ISBN 3-88472-096-1

Toppen	127	Das Spiel aus Bunkern	157	Seitenwind	177
Sclaffing	128	Der Splash	157	Die Spielregeln	181
Socket	128	Nasser Sand	161	Spielstrategie	187
Shanking	129	Fairway-Bunker	161	Die Scorekarte	191
Ballooning	131	Dichtes Gras und		Die Golf-Etikette	193
Das Spielen von Hanglagen	133	Heidekraut	163	Wie man Golf richtig übt	197
Das kurze Spiel	139	Bäume, Büsche, Ginster	165	Körperliche Fitneß	200
Chippen	139	Das Umspielen von Hindernissen		Golf-Zentren	204
Pitchen	141		171	Berühmte Spieler	207
Putten	147	Rückenwind	173	Fachwörter	218
Das Lesen des Grüns	147	Gegenwind	176	Register	221

Vorwort

Alex Hay ist in vielerlei Hinsicht eine bemerkenswerte Persönlichkeit. Ich habe seinen Werdegang in der Welt des Golfs seit den frühen sechziger Jahren mit großem Interesse verfolgt. Er wurde 1933 in dem nur wenige Kilometer von Edinburgh entfernten Musselburgh geboren und arbeitete zunächst an der Scottish Stock Exchange. Seine große Liebe allerdings galt von Anfang an dem Golfsport. Er wechselte deshalb den Beruf und begann bei der altehrwürdigen Firma Ben Sayers in North Berwick eine Lehre als Schlägermacher.

Nachdem Alex Hay seinen Wehrdienst abgeleistet hatte, schloß er sich Bill Shankland vom Potters Bar Golf Club in London an. Shankland war ein strenger Lehrmeister, der seinen jungen Assistenten kaum etwas durchgehen ließ. Doch wenn sie sich seinen Anweisungen fügten, konnten sie viel für ihren späteren Beruf lernen.

Seine erste selbständige Trainerstelle bekam Hay beim East Herts Golf Club, wo er sich bald einen guten Ruf erwarb. Zu seinen damaligen Schützlingen zählte auch der Schuljunge Guy Hunt, der später die British Masters gewann und im Ryder Cup spielte. Im Jahr 1961 bekam Hay die Trainerstelle des Dunham Forest Golf Club südlich von Manchester angeboten. Der Club war erst gegründet worden und bestand lediglich aus fünfundzwanzig Mitgliedern. Hay gab bis zu elf Trainerstunden pro Tag. Der Club aber wuchs rasch auf zweihundertfünfzig Mitglieder an, die alle von ihm unterrichtet wurden.

Seine Trainerstunden waren innerhalb des Clubs so gefragt, daß er nur ganz wenige der auswärtigen Interessenten annehmen konnte. Als dann 1965 in Ashridge die Stelle des Trainers frei wurde, bewarb er sich darum. Ashridge war einige Jahre lang die Heimat des legendären Henry Cotton gewesen und bot einem Professional erstklassige berufliche Möglichkeiten und Einrichtungen. Hay erhielt die Stelle, womit sein Weg nach oben vorgezeichnet war.

Golf Illustrated bot ihm eine dreiwöchige Probezeit als Berichterstatter der Golfszene an – und heute, mehr als zehn Jahre später, liefert er noch immer jede Woche Informationen und Meinungen in jenem unterhaltsamen Stil, dem er diesen Job verdankt.

Von Ashridge aus wurde die Sommerschule für junge Golftalente in der Stowe School gegründet, wo Hay auch die Bekanntschaft des damals dreizehnjährigen Paul Way machte, der später nicht nur große Erfolge bei den Amateuren hatte, sondern in den letzten Jahren zu einem der vielversprechendsten britischen Professionals heranwuchs.

Es hatte fast den Anschein, als ob Hay sich endgültig in Ashridge niedergelassen habe, so verwachsen war er mit dem Club. Doch dann stellte sich ihm eine neue Herausforderung: der Woburn Golf and Country Club.

Ähnlich wie damals in Dunham Forest gab es weder ein Clubhaus noch einen Trainerposten im herkömmlichen Sinn, sondern nur eine improvisierte Unterkunft und eine bestimmte Vorstellung in bezug auf die Zukunft des Clubs. Dennoch war dieser Wechsel wegen der großartigen Umgebung des Clubs und seinem familiären Hintergrund für Hay mit keinerlei Risiko verbunden. Allein die Tatsache, daß sich der Woburn Golf and Country Club auf dem Grund und Boden des Herzogs von Bedford befand, war bereits eine Erfolgsgarantie.

Die Schüler kamen von weit her, darunter Pros, Proetten und Amateure, von denen sich nicht wenige bereits einen Namen gemacht hatten. Junge Clubtrainer reisten in Gruppen aus allen Teilen des Landes an, nicht nur, um sich hier in der Kunst des Unterrichtens unterweisen zu lassen, sondern auch um den eigenen Golfschwung zu verbessern.

Hay bemüht sich bei seinem Unterricht vor allem um klare Praxis. Er hält nichts von zu viel Theorie und behauptet sogar, einiges von dem, was seine eher theoretisch orientierten Kollegen lehren, überhaupt nicht zu verstehen. Vermutlich entspringt das nur seiner übergroßen Bescheidenheit, aber nicht wenige von uns dürften ihm dabei von Herzen zustimmen.

Alex Hay teilt den Golfschwung in drei Phasen: Die erste ist das Ansprechen des Balls, wobei – entsprechend dem geplanten Schlag – die richti-

VORWORT

ge Stellung eingenommen werden muß und der Schlägerkopf in Kontakt mit dem Ball gebracht wird. Die Qualität des Schlags hängt von der korrekten Position im Treffmoment ab. Neunzig Prozent aller Schwungfehler haben ihren Ursprung bereits in dieser Phase.

In der zweiten, der Rückschwungphase, gilt es, alle Bewegungsabläufe »in einem Stück« und in einer Schwungebene zu koordinieren. Die richtige Ausgangsposition ermöglicht, den Schlägerkopf in einer einzigen Bewegung bis zum höchsten Punkt des Aufschwungs zu führen – ein großer Gegensatz zu früheren Zeiten, in denen der Rückschwung aus zwei aufeinanderfolgenden Bewegungen in verschiedenen Richtungen bestand, wobei der Schlägerkopf zuerst bis auf Hüfthöhe zurückgenommen und dann durch eine komplette Richtungsänderung senkrecht nach oben geführt wurde. Durch die einheitliche Schwungebene beim modernen Rückschwung entsteht eine sehr viel flüssigere und rhythmischere Bewegung.

Die dritte und letzte Phase ist der Durchschwung, der mit einer Hüft- und Beindrehung beginnt, trotzdem aber als einheitlicher Bewegungsablauf bis zum Treffen des Balls zu verstehen ist. Nur wenn der Durchschwung perfekt zu Ende geführt wird, behält die Schwungebene ihren einheitlichen Neigungswinkel.

Hay ist der Meinung, daß nicht nur der Anfänger, sondern auch der Fortgeschrittene diese drei Schwungphasen als Basis seines Spiels diszipliniert üben muß. Persönlicher Stil und Talent können sich nur darauf voll entfalten. Wer meint, er könne sich allein auf sein »Gefühl« verlassen, der irrt sich, meint Hay. Höchstens Severiano Ballesteros könnte dagegen Einwände erheben – aber er nimmt eine Spitzenposition unter den großen Spielern ein. Alex Hay hat sein Können und Wissen durch genaue Beobachtung der Weltklassespieler gewonnen. Vor allem wollte er herausfinden, worin sich ihr Spiel gleicht, und nicht, worin es sich unterscheidet. Einer der Punkte, die mich an diesem Buch besonders faszinieren, ist Hays Hinweis auf den mit Drall geschlagenen Ball. Setzt ein Experte zu einem solchen Schlag an, wirkt das wie ein beabsichtigter Fehlschlag. Wenn der Leser aber genau beobachtet, warum ein solcher Ball trotzdem sein Ziel erreicht, kann er ihn mit seinen eigenen Schlägen vergleichen, herausfinden, was er falsch macht und sich entsprechend korrigieren und verbessern.

Alex Hay hat bereits vier andere Golfbücher verfaßt, wovon eines, *The Mechanics of Golf*, der US-PGA (United States Professional Golf Association) School in Florida zur Unterrichtung ihrer jungen Professionals dient. Anläßlich der British Open im Jahr 1978 hat sich Hay dem BBC-Reporterteam angeschlossen, dem er seitdem angehört – eine unschätzbare Bereicherung für unser Team.

Peter Alliss

Alex Hay (Mitte) stieß 1978 zu Peter Alliss und dem BBC-Berichterstatterteam. Seine Beiträge werden von Publikum und Kollegen gleichermaßen geschätzt.

Einleitung

Mehr als vierhundert Jahre war Golf ein britischer Sport, der nur durch die Expansion des Empires vereinzelt Zugang in anderen Ländern fand. Erst in den zwanziger Jahren unseres Jahrhunderts konnte der Golfsport in den Vereinigten Staaten richtig Fuß fassen, was vor allem Bobby Jones zu verdanken war. Dann aber dauerte es nicht mehr lange, bis die Amerikaner in diesem Sport dominierten.

Mit dem für sie typischen Enthusiasmus gelang es ihnen, die Schwung- und andere Spieltechniken wesentlich zu verbessern. Die meisten der jungen amerikanischen Professionals wurden mit Stahlschaftschlägern groß. Diese verlangten eine andere Technik als die traditionellen Schläger mit Hickoryschaft, wie sie die meisten britischen Spieler verwendeten. Als die modernen amerikanischen Ideen Großbritannien erreichten, wurden sie vom Golf-Establishment mit großer Skepsis aufgenommen. Die abweisende Haltung vieler älterer Professionals, die wieder einmal nicht bereit waren, sich von lebenslangen Gewohnheiten zu trennen, warf den britischen Golfsport um viele Jahre zurück. Nach dem Zweiten Weltkrieg aber brachen viele Spitzenspieler der jüngeren Golfnationen mit diesen Traditionen. Dazu zählten der Australier Peter Thomson und der Südafrikaner Gary Player. Auch jüngere britische Spieler wie Bernard Hunt, David Thomas und Neil Coles wandten neue Techniken an, womit sie auf heftige Kritik stießen.

Die Umstellungen waren grundsätzlicher Natur. Die Spieler bogen jetzt beim Rückschwung das linke Handgelenk nach außen, anstatt es wie bei den alten Hickoryschlägern (oder auch den noch früheren, flacher aufliegenden und mit einem längeren Kopf versehenen Schlägern) nach innen zu wölben.

Der Durchbruch der modernen Golftechnik auf dieser Seite des Atlantik kam um 1960, als Arnold Palmer das erstemal bei der British Open teilnahm. Das veranlaßte seine Kollegen, ihn zu kopieren, da die amerikanischen Unterrichtsmethoden ganz offensichtlich zu einem sehr viel höheren Spielstandard führten. Heute wachsen die meisten der jungen europäischen Spieler ebenso wie die der östlichen Golfnationen bereits mit diesem modernen Schwungstil und mit dem größeren amerikanischen Ball auf – der ebenfalls einen gleichmäßigeren und genaueren Bewegungsablauf erfordert. Der große Vorsprung der amerikanischen Spieler beginnt sich aber langsam zu verringern. Doch allein schon die große Auswahl an hervorragenden Spielern sowie die Qualität der sportlichen Einrichtungen sichern den Vereinigten Staaten weiterhin ihre Führungsposition. Allerdings werden die amerikanischen Golfer nicht mehr immer und überall die Dinge zu ihren Gunsten entscheiden können.

Graham Marsh legt besonders großen Wert auf die Ausgangsposition, die er Alex Hay hier erklärt. Der Australier hat als Pro in mehr Ländern Turniersiege errungen als jeder andere.

Als Trainer bin ich sehr viel damit beschäftigt, Amateur- und Profi- Nachwuchsspielern bei der Entwicklung ihrer Schwungtechnik zu helfen. Die Lektionen für die heutigen, sehr viel einfacheren und direkteren Bewegungsabläufe sind

EINLEITUNG

um vieles einfacher als die, die ich als Junge in Schottland gelernt habe. Am auffallendsten ist im Gegensatz zu damals die sehr viel geringere Zahl von »Slicern«. Mit der alten Technik plagten sich mindestens fünfundzwanzig Prozent der Clubmitglieder mit dem Problem des nach rechts abtriftenden Balls herum, denn nur die besonders Talentierten – meist solche, die alle Ballspiele leicht beherrschen – waren fähig, die schwierigen Richtungsänderungen beim Schwung richtig zu timen und den Ball kontrolliert zu schlagen. Die moderne Technik verlangt dagegen nur zwei balancierte Bewegungen: die der Schlagvorbereitung (Rückschwung) und den Durchschwung. Sie werden in nur zwei Richtungen ausgeführt – und in diesem Buch detailliert beschrieben.

Aufgrund meiner Mitarbeit bei Zeitschriften, Büchern und Fernsehen konnte ich in den vergangenen Jahren viele Gespräche mit so berühmten Spielern wie Peter Thomson, Gary Player, Johnny Miller, Jerry Pate, Severiano Ballesteros und Graham Marsh führen. Dabei interessierten mich vor allem ihre Ausführungen über die Schwungtechnik, mit der sie sich jahrelang praktisch und theoretisch beschäftigt hatten und die sie immer wieder leicht verändert und verbessert haben.

Viele der besten Spieler, darunter vor allem junge, haben nur sehr begrenzte theoretische Kenntnisse über die Schwungtechnik und verlassen sich lieber auf ihr »Gefühl«, mit dem sie ihre individuellen Reflexe und Bewegungsabläufe steuern. Die Analyse der Schwungmechanik würde sie nur verwirren und ihren natürlichen Schwungrhythmus stören.

Alex Hay auf dem von Wald umsäumten Platz von Woburn, seinem englischen Heimat-Club.

EINLEITUNG

Für solche Spieler ist es sehr viel besser, sich von einem Fachmann persönlich beraten zu lassen. Dieser sieht aufgrund seiner Erfahrung sehr rasch den Fehler, der den Schwung des Spielers negativ beeinflußt, und den er dann, im Rahmen der individuellen Schwungtechnik des Betreffenden, entsprechend korrigieren kann.
Die ausführliche Darstellung der Schwungtechnik ist einer der Schwerpunkte dieses Buches. Auch wenn die von mir genannten Spieler und viele ihrer Kollegen fähig sind, eine ganze Reihe von Bewegungsabläufen und die entsprechenden Richtungsänderungen harmonisch zu integrieren, so muß doch der Durchschnittsspieler jeden Teil des Schwungs für sich studieren, um die Fehler jeder Einzelphase sofort entdecken und korrigieren zu können.
Beim genauen Studium der Pros und vor allem im persönlichen Gespräch wurde mir klar, daß sie bei dem gesamten Bewegungsablauf, vom Augenblick der Schlägerwahl bis ins Finish, immer das gleiche Schema einhalten. Jeder Spieler, gleichgültig welchen Standards, sollte sich, von minimalen Abweichungen abgesehen, an dieses Beispiel halten. Er wird dadurch nicht nur besser, sondern auch qualitativ zuverlässiger und gleichmäßiger spielen.
Es ist auffallend, daß in den letzten Jahren der begabte Nachwuchs immer früher wichtige Wettkämpfe zu gewinnen vermag. Entscheidend dafür dürfte die Beherrschung der modernen Schwungtechnik sein.
Meine Anleitungen basieren auf den Erfahrungen und Techniken der besten Spieler der Welt. Sie haben hart trainiert, um in jeder Hinsicht perfekt zu werden. Man kann einem Anfänger natürlich nicht zumuten, sich die darauf basierenden Erkenntnisse dieses Buchs sofort anzueignen. Deshalb habe ich es so angelegt, daß sowohl Anfänger wie Fortgeschrittene jeweils das Entsprechende für sich finden. Erst wenn man die Grundkenntnisse beherrscht und Sicherheit und Selbstvertrauen gewonnen hat, kann sich individuelles Talent und eigener Stil entfalten.
Außerdem möchte das Buch vor allem beim Auftreten von Problemen als praktisches Nachschlagewerk dienen. Wer es ernst nimmt, beschäftigt sich auch theoretisch mit den technischen Problemen des Golfs. Ohne diese Kenntnisse gibt es keine kontinuierliche Weiterentwicklung des persönlichen Könnens. Das gilt auch für jene, die schon seit Jahren ohne professionelle Anleitung spielen. Mit anderen Worten: Es ist nie zu spät, Neues zu lernen. Golf ist ein Sport, den man ein ganzes Leben lang praktizieren kann, so daß es sich immer lohnt, die Techniken seiner Meister zu studieren und anzuwenden. Die dafür aufgewendete Zeit und Anstrengung sind rasch vergessen, wenn man die Fortschritte im eigenen Spiel bemerkt.
Bei der Schwungtechnik blicken viele mittelmäßige Spieler immer nur auf jene Details, die von Meisterspielern unterschiedlich gehandhabt werden. Besser wäre es, sich auf jene Bereiche zu konzentrieren, in denen sie weitgehend übereinstimmen.
Schließlich noch eine Anmerkung für linkshändige Golfer: Der Einfachheit halber habe ich die Lektionen für Rechtshänder geschrieben. Sind Sie aber Linkshänder, so müssen Sie die mit »links« und »rechts« angegebenen Anleitungen jeweils austauschen.

Severiano Ballesteros demonstriert Hay ein besonderes Detail seiner Ausgangsposition. Viele der in diesem Buch enthaltenen Informationen basieren auf solchen Gesprächen mit Spitzenspielern.

Die Geschichte des Golfs

Seit Generationen wird diskutiert, wann und wo der Golfsport seinen Anfang nahm; und vielleicht wird die ganze Wahrheit nie ans Licht kommen. Eine der vielen Theorien ist die, daß das Golfspiel mit einem als *paganica* bezeichneten Spiel aus römischer Zeit begann, das mit einem federgefüllten Ball gespielt wurde. Doch es gibt auch Behauptungen, nach denen das Golfspiel bereits zweihundert Jahre vor Christi Geburt in China bekannt war. Wahrscheinlicher ist jedoch, daß sich Golf aus einem *Ket Kolfen* genannten Spiel entwickelt hat, das man vor rund fünfhundert Jahren in den Niederlanden auf Eis spielte. Der Ball wurde dabei mit einem *Kolf* (zu deutsch Kolben) getrieben. Allerdings weisen die Schotten darauf hin, daß beim Kolfen ein Ball in Tennisballgröße benutzt wurde, der auch nicht eingelocht, sondern in Richtung der auf dem Eis abgesteckten Markierungen geschlagen werden mußte. Auch das in Südfrankreich gespielte *Jen de Mail* war eine Art Golfspiel. Der Platz war von kleinen Sandhügeln und Gräben durchsetzt und mit niedrigem Gras bewachsen. Gemeinsam ist all diesen Spielen immerhin, daß man den Ball mit »Stöcken« trieb.

Da es zwischen Schottland und den Niederlanden zu jener Zeit rege Handelsbeziehungen gab, könnte es sein, daß letztere das schottische Spiel übernahmen und fürs Eis adaptierten. Bereits im 12. Jahrhundert wurde von Mönchen geförderte schottische Kohle vom Hafen Cockenzie aus in die Niederlande verschifft. Dieses kleine Fischerdorf liegt ungefähr in der Mitte des Firth of Forth, an dessen Mündung sich damals wahrscheinlich eines der schönsten Golfgelände erstreckte.

Das war der Geburtsort des schottischen Golfsports. Die sandige Verbindung zwischen Meer und Festland (englisch »link«) war öffentlicher Grund, der von den Spielern benutzt werden konnte, weshalb sich der Ausdruck *golf-links* einbürgerte. Korrekterweise dürfte er nur für Plätze in Dünengelände verwendet werden.

Im 15. Jahrhundert fand das Golf Eingang in die

Links: Golfer im Jahr 1790 in Blackheath, dem ersten englischen Club.
Unten: Holländische Golfer des 17. Jhs. auf dem Eis.

GESCHICHTE DES GOLFS

Annalen der Geschichte, denn entsprechend der schottischen Parlamentsakten wurde das Spiel im Jahr 1457 verboten, weil es das Training der Bogenschützen behindere. Bis zum heutigen Tag marschieren auf den Links von Musselburgh Bogenschützen zum Turnier auf. In Musselburgh, das nur wenige Kilometer von Edinburgh entfernt liegt, befindet sich der älteste erhaltene Golfplatz der Welt, der beansprucht, als erster Club Damenmeisterschaften eingerichtet zu haben.

In Edinburgh selbst mußten die historischen Leith Links schon lange Dock- und Industrieanlagen weichen. In der Geschichte des Golfs bleiben sie aber unvergessen, denn als Karl I. hier im Jahr 1641 spielte, brachte ihm ein Bote die Nachricht von der Irischen Rebellion. Karl schickte sofort nach seinem Schlachtroß, um gegen die Aufständischen in den Kampf zu ziehen. Man sagt, daß ihm der Abbruch des Spiels nicht ungelegen kam, weil er bei acht noch zu spielenden Löchern sechs zurücklag. Es gibt auch Historiker, die in Leith den Ursprung für den Namen der »Caddies« vermuten: Die jungen französischen Kadetten sollen hier ihre kärgliche Heuer aufgebessert haben, indem sie, während ihre Schiffe beladen wurden, den Golfern die Schläger trugen. Eine britische Besonderheit war die Gründung von Clubs. So hielt die Honourable Company of Edinburgh Golfers im Jahr 1744 ihr erstes Treffen ab – und innerhalb von hundert Jahren gab es allein in Schottland dreißig weitere Clubs. Im Jahr 1754 dann wurde in Schottland

Maria Stuart, Königin von Schottland, bei einer Runde Golf in St. Andrews im Jahr 1563.

Willie Park und Tom Morris jun. beobachten Tom Morris sen. beim Schlagen während eines Turniers für Pros auf den Leith Links in Schottland am 17. Mai 1867.

The Society of St. Andrews, heute der Royal and Ancient Golf Club of St. Andrews (der R & A) gegründet, der 1897 die gesetzgebende Körperschaft bei der Festlegung allgemeinverbindlicher Golfregeln für Europa wurde und bis heute geblieben ist. Andere nationale Komitees schlossen sich an, während jenseits des Atlantik im Jahr 1894 die United States Golf Association (USGA) entstand, die eigene Regeln ausarbeitete.

Die Vorschriften und Regeln des Golfs haben eine lange Zeit der Entwicklung hinter sich; denn eine geraume Weile spielte jeder Club nach eigenen Regeln. In Großbritannien wurden die sich daraus ergebenden Probleme 1897 gelöst. Voraussetzungen, Spielweise und Tradition des Amerikanischen Golfs waren aber recht unterschiedlich, so daß auch die USGA-Regeln anders ausfielen. Um Komplikationen zu vermeiden, trat im Jahr 1951 ein aus R & A, USGA und Commonwealth-Repräsentanten gebildeter Ausschuß zusammen und verabschiedete einen Kodex allgemeingültiger Regeln, die 1952 in Kraft traten. Seither treffen sich die britischen und amerikanischen Körperschaften regelmäßig, um Anpassungen und Regeländerungen zu diskutieren.

Weltweites Wachstum

Um die Jahrhundertwende breitete sich der Golfsport über die ganze Welt aus. Durch die Bemühungen eines in Kapstadt stationierten Regiments bekam Südafrika – unmittelbar vor dem Burenkrieg – in der Nähe der Stadt seinen ersten Platz mit sechs Löchern. Ungefähr zur gleichen Zeit bauten Schotten auch den ersten Golfplatz in den USA – in Yonkers, New York. Schottische Profis, darunter Willie Park aus Musselburgh, der erste Gewinner der British Open Championship, und Willie Dunn, wurden zur Planung von Golfanlagen in alle Welt gerufen. Die Vanderbilts entdeckten Dunn beispielsweise in Frankreich und nahmen ihn mit in die USA, wo er in Shinnecock Hills, Long Island, einen der ersten größeren Clubs ins Leben rief. Lange Zeit vermied man in Großbritannien, Golfplätze im Landesinnern anzulegen, da der Boden hier im Winter durchweicht und im Sommer hartgebacken war. Solange es noch relativ wenige Golfer gab, reichten auf der verhältnismäßig kleinen Insel die alten Links am Meer mit ihrer fast idealen Bodenbeschaffenheit auch aus. Doch als die Begeisterung für Golf vor allem in London immer mehr wuchs, mußte man ins Hinterland ausweichen. So kam Willie Park in den Süden, um in Sunningdale den Old Course einzurichten, der noch immer zu den schönsten Inlandplätzen zählt. Allerdings hätte Park den

Auftrag vermutlich abgelehnt, hätten ihn nicht der sandige Untergrund und der Heidecharakter der Umgebung an die alten Links erinnert, auf denen er groß geworden war. Die neue Anlage zählte zu den ersten Plätzen mit künstlichen Hindernissen. Das Wasserhindernis am fünften Loch war wahrscheinlich das Vorbild für die übergroßen Teiche und Seen dieser Art auf amerikanischen Anlagen. Je weiter die Golfbegeisterten reisten und neue Anlagen kennenlernten, desto unzulänglicher mußten ihnen die alten Links erscheinen. Immer schneller entstanden neue Plätze, vor allem in den USA. Einer der schönsten Clubs, der Augusta National, entstand in Georgia. Er wurde von dem legendären Bobby Jones, zusammen mit dem schottischen Arzt Alister Mackenzie, entworfen und gebaut. Jones hatte seine Spielerkarriere vorzeitig abgebrochen und Mackenzie seinen Beruf als Arzt aufgegeben. Nicht lange danach sah sich Jones für den Rest seines Lebens an den Rollstuhl gefesselt, während Mackenzie weiterhin in aller Welt Anlagen baute.

Europa konnte sich von den traditionellen Links nur schwer trennen. So baute man in Holland einen besonders schönen Platz im Seebad Zandvoort und in Schweden die wahrscheinlich schönste Anlage des Landes bei Falsterbo auf einer Halbinsel. Einzigartig sind die Links von Le Touquet an der französischen Kanalküste, mit einem berühmten Golfplatz an der See und einem mitten in einem Wald gelegenen, auf denen internationale Wettbewerbe ausgetragen werden. Auch in Deutschland entstanden die ersten Golfanlagen in Kurorten, so beispielsweise in Bad Homburg und Baden-Baden. In Italien war das Hauptzentrum für Golf Rom; die wahrscheinlich schönste und reizvollste Golfanlage jedoch befindet sich in Ville d'Este, nahe der Schweizer Grenze.

Der Golfboom macht sich jedoch am stärksten in Südeuropa bemerkbar. So brachte er einzelnen Regionen in Südspanien und Portugal einen gewissen wirtschaftlichen Aufschwung. An der Costa del Sol entstand eine ganze Reihe von Anlagen, die so entworfen wurden, daß entlang der Fairways Häuser errichtet werden konnten – sehr zur Genugtuung der Erschließungsgesellschaften.

Ursprünglich stammt diese Idee aus den USA, wo sie vor allem in Florida erfolgreich in die Tat umgesetzt wird. Viele dieser Anlagen wurden von Robert Trent Jones angelegt, dessen interessanteste Plätze man aber vor allem in Spanien bewundern kann – wie Sotogrande und Nueva Andalucia zum Beispiel, das heute Las Brisas genannt wird und wo 1983 die Spanish Open ausgetragen wurde. In Portugal baute er die wunderschöne Anlage von Vilamoura. Der in England geborene Jones beeinflußt mit seinem amerikanischen Stil heute die Platzbauer in aller Welt. Wie in den frühen Tagen des Golfs die schottischen Anlagen in den USA kopiert wurden, so orientieren sich heute die Engländer oft an den nach amerikanischem Vorbild errichteten Plätzen.

Mit der Ausdehnung des Britischen Empire drang der Golfsport auch nach Osten vor. In Kalkutta kannte man ihn schon vor einhundertfünfzig Jahren. Und der Royal Calcutta Club floriert heute noch ebenso wie der Royal Hongkong, und der Singapore Club bietet seinen über zweitausend aktiven Mitgliedern sogar vier Plätze.

Auch in Australien und Neuseeland gibt es eine große Zahl besonders schöner Anlagen, darunter vor allem die des Royal Melbourne, die teilweise von Mackenzie entworfen wurde. Es ist deshalb auch kein Zufall, daß viele der Weltklassespieler aus diesen Ländern kommen.

In den zwanziger Jahren wurden britische Designer nach Japan eingeladen, um dort Golfplätze zu bauen. Unglücklicherweise baute man viel zu wenig, so daß man heute dem in Japan enorm wachsenden Bedarf an Anlagen nicht mehr nachkommt.

Nicht zuletzt durch die Hilfe der Technik und neuer Bewässerungsmethoden entstehen heute überall neue, künstlich angelegte Plätze, die dem Spieler das ganze Jahr über Qualitätsgras bieten. Immer häufiger übernehmen namhafte Professionals die Aufsicht über diese Anlagen. So hat Jack Nicklaus in Ohio eines seiner Meisterwerke gebaut, das nach den berühmten schottischen Links, auf denen er seine erste British Open gewann, Muirfield genannt wird. Auch Arnold Palmer hat sich als Designer versucht und arbeitet gegenwärtig an einem Projekt in China. Severiano Ballesteros hat in Japan eine Anlage entworfen, und auch der Australier Peter Thomson erwarb sich im Fernen Osten einen

GESCHICHTE DES GOLFS

Die für das Tee des 12. Lochs – ein 620-Yard-Loch – vorgesehene Position auf dem von Jack Nicklaus in St. Mellion, Cornwall, erbauten Platz.

Ruf als Golfplatzarchitekt. Von den britischen Expros nehmen Peter Alliss und David Thomas Einfluß auf die Gestaltung europäischer Golfplätze.

Die Ausrüstung

Natürlich hat auch der Golfball seine Geschichte. Im Jahr 1620 wird erstmals ein federgefüllter Lederball erwähnt, der allerdings aufgrund seiner Konstruktion eher oval als rund gewesen sein dürfte, was die Flugeigenschaften stark beeinträchtigt hat. Kaum einer der Bälle stimmte mit den andern in Gewicht und Form überein. Um 1848 erkannte man die Eignung von Guttapercha als Ballsubstanz, wodurch nicht nur die Herstellung vereinfacht, sondern auch die Flugeigenschaften verbessert werden konnten, da die »Gutties« wirklich rund ausfielen. Man stellte die neuen Bälle in verschiedenen Gewichten

her, und jeder Spieler suchte sich die ihm passend erscheinenden aus. Bald entdeckte man auch, daß durch Mulden auf der Balloberfläche die Flugeigenschaften noch weiter verbessert werden konnten.

Der nächste Schritt war die Einführung eines Balls, bei dem ein Hartgummifaden mit hohem Druck um einen Gummikern gewickelt wurde. Dadurch konnten die Flugeigenschaften abermals optimiert werden, wobei nebenbei das Spiel für Anfänger erleichtert wurde. Auch dieser Ball kam in verschiedenen Gewichten auf den Markt. Im Jahr 1921 jedoch einigten sich der R & A und die USGA auf ein Standardgewicht, das über die Jahre weiter modifiziert wurde, so daß heute hauptsächlich mit einem Ball von 1,62 Unzen (45,93 Gramm) bei einem Durchmesser von 1,68 Inches (4,27 cm) gespielt wird. Der kleinere (englische) Ball mit 1,62 Inches (ca. 4,11 cm) wird dabei immer seltener benutzt.

Früher begnügten sich die Golfer meist mit einem Schläger (und oft auch nur mit einem Ball). Erst gegen Ende des 15. Jahrhunderts stellte

GESCHICHTE DES GOLFS

man für besondere Zwecke unterschiedliche Holzschläger her, und später dann noch Eisenschläger.

Die Einführung des Guttapercha- und später des Gummiballs beeinflußte auch die Form der Schläger. Bleifüllungen zur Verstärkung von Holzschlägern sowie die Verwendung verschiedener anderer Materialien für den Schlägerkopf des Driver (Holzschläger für weite Schläge) stellten weitere Verbesserungen dar. Dazu kam dann noch die Einführung von Stahlschäften und laminierten Schlägerköpfen. Diese neuen Materialien und Fertigungsmethoden erlaubten bald die Herstellung identischer Schläger – und damit die Zusammenstellung eines genau abgestimmten Schlägersatzes.

Als dann auch noch Zwischengrößen eingeführt wurden, schleppten die Caddies um 1930 bis zu fünfundzwanzig Schläger über den Platz. Die Grenzen zur Lächerlichkeit waren schon überschritten, als sich der R & A (Royal and Ancient Golf Club of St. Andrews) und die USGA (United States Golf Association) auf einen Schlägersatz von 14 Schlägern, Hölzern, Eisen und den Putter, einigten (s. auch S. 31).

Der Platz

Wie bereits erwähnt, begann alles mit den naturbelassenen Links. Manchmal nahmen die Spieler daran kleine Veränderungen vor, ohne allerdings an größere künstliche Umgestaltungen zu denken. Noch im ausgehenden 19. Jahrhundert beschränkten sich die Eingriffe auf die Planierung der Grüns und die Erstellung von Wällen bei den Bunkern.

Doch ganz allmählich nahmen die Umgestaltungen ein immer größeres Ausmaß an, und heute kann man ohne weiteres von einer Golfarchitektur sprechen. Übrigens wechselte früher von Platz zu Platz auch die Zahl der Löcher. Erst als im Jahr 1764 St. Andrews die Löcher seines Platzes auf 18 erhöhte, konnte sich dies als Norm durchsetzen. Die aus Platzgründen auf 9 Löcher beschränkten Anlagen müssen für ein komplettes Spiel zweimal umrundet werden.

Das 18. Loch in St. Andrews und die umliegende Arena. Im Hintergrund die auf dem Old Course Hotel errichtete TV-Berichterstatter-Kabine. Von dort aus sprach Alex Hay bei der British Open von 1978 seinen ersten Kommentar.

Golf als Wettkampfsport

Die Geschichte des Golfs während der letzten hundert Jahre wurde stark durch die ständig wachsende Zahl von Turnieren und Meisterschaften geprägt; in Großbritannien begann es bereits 1860 mit der British Open. Auf internationaler Ebene messen sich britische und amerikanische Spieler beim Kampf um den Ryder und den Walker Cup.

British Open: Eines der größten Golf-Turniere der Welt wird vom R & A organisiert. Seine Popularität ist so groß, daß alljährlich im Juli ganze Pilgerzüge von Golfern aus allen Himmelsrichtungen auf die Insel kommen.

Die Tradition verlangt, daß die British Open auf Links-Gelände ausgetragen wird. Die ausgesuchten Plätze erleben Jahr für Jahr neue Besucherrekorde, während an den Fernsehern rund um die Welt weitere Millionen von Zuschauern dem Ereignis beiwohnen.

Ironischerweise gewann der in die USA ausgewanderte Schotte Jock Hutchison im Jahr 1921 in St. Andrews als erster »Ausländer« die British Open und beendete damit vorläufig die Vorherrschaft der Engländer. Ihm folgten weitere Amerikaner, die sich den Titel holten – Walter Hagen beispielsweise 1922, 1924, 1928 und 1929, und der berühmteste Amateur aller Zeiten, Bobby Jones, 1926, 1927 und 1930.

Von 1934 bis zu Beginn des Zweiten Weltkriegs dominierten dann wieder die Briten; so der unsterbliche Henry Cotton 1934 und 1937, der seine Leistung 1948 sogar noch einmal wiederholen konnte. Cottons letzter Sieg war in Muirfield, ein Jahr nachdem der Ire Fred Daly in Hoylake gewonnen hatte. Seitdem hat es nur noch zwei britische Sieger gegeben: Max Faulkner 1951 und Tony Jacklin 1969.

In den frühen fünfziger Jahren erschien der junge Australier Peter Thomson auf der Golfszene und gewann in Royal Birkdale 1954. Er wiederholte diesen Sieg 1955, 1956 und 1958 – und dann noch einmal 1965. Im Jahr 1960 kam der amerikanische Superstar Arnold Palmer erstmals nach Großbritannien, um ebenfalls sein Glück in der British Open zu versuchen. Doch er wurde beim hundertjährigen Jubiläum des Turniers lediglich zweiter hinter Kel Nagle aus Australien. Er schwor wiederzukommen, tat es und gewann im folgenden Jahr in Royal Birkdale sowie im Jahr darauf in Troon. Er hat bis heute nicht nur jedes Jahr selbst teilgenommen, sondern sorgte auch dafür, daß ihn jedesmal die Spitzenspieler seines Landes dabei begleiteten. In den einundzwanzig Wettkämpfen seit Palmers letztem Sieg haben die Amerikaner nicht weniger als vierzehnmal gewonnen – wobei Tom Watson allein fünf Siege davontrug.

Walker Cup: Als Hutchison 1921 den Siegeszug des britischen Star-Trios – James Braid, J. H. Taylor und Harry Vardon – stoppte, ereilte die britische Amateurmannschaft, die in Hoylake gegen die Amerikaner kämpfte, dasselbe Schicksal. Die auf Heimatboden spielenden Briten waren zu Beginn des Turniers voller Siegeszuversicht, was sie bestimmt nicht gewesen wären, hätten sie zwei junge Mitglieder des amerikanischen Teams, Bobby Jones und Francis Ouimet, besser gekannt. Jones sollte in diesem Jahr den Grand Slam gewinnen, also die American Open, die British Open, die American Amateur und die British Amateur Championship, während Ouimet die US Open gewann. In Hoylake schlugen die Amerikaner die Briten 9:3.

In den neunundzwanzig Walker-Cup-Turnieren, die seitdem ausgetragen wurden, haben Großbritannien und Irland nur zweimal gewonnen, 1938 und 1971; 1965 verlief die Begegnung unentschieden. Trotz dieser ungleichen Kräfteverhältnisse herrscht zwischen den beiden nationalen Körperschaften, dem R & A und der USGA, weitgehende Harmonie; und die fairen, kameradschaftlichen Begegnungen werden dafür sorgen, daß der Walker Cup noch lange Zeit ausgetragen wird.

Der Cup wurde 1922, also ein Jahr nach dem ersten großen Match zwischen den britischen und amerikanischen Amateuren, vom damaligen Präsidenten der USGA, G. H. Walker, gestiftet. Seitdem wird alle zwei Jahre im Mai abwechselnd in Großbritannien oder den USA darum gekämpft.

Ryder Cup: Im Jahr 1927 wurde in Worcester, Massachusetts, das erste Mal ein Profiturnier zwischen Großbritannien und Irland auf der einen Seite sowie den USA auf der andern um den Ryder Cup bestritten. Seit jenen frühen Tagen, als der Samenhändler und Golf-Enthusiast Samuel Ryder aus St. Albans in Hertfordshire die

GESCHICHTE DES GOLFS

Das erste britische Ryder-Cup-Team mit Samuel Ryder (ohne Hut, mit Hund) vor der Abreise in die USA. Die beschwerliche Reise per Bahn und Schiff entspräche nicht dem Geschmack heutiger Spieler. Das Team von 1983 flog mit der Concorde, die Caddies mit dem normalen Jet.

Trophäe stiftete, hat sich viel verändert. Das Turnier findet jeweils im Herbst statt, und zwar im selben Jahr wie die Austragung des Walker Cup, und ebenso wie diese abwechselnd in den USA oder Großbritannien. Von den bis jetzt ausgetragenen Spielen haben die Amerikaner alle bis auf vier gewonnen, wovon eines unentschieden endete. Seit 1979 erlaubt eine Regeländerung auch die Teilnahme der übrigen Europäer – eine natürliche Folge der Eingliederung der British Porfessional Golf Association in die European Tournament Players Division. Obwohl seitdem Golfgrößen wie der Spanier Severiano Ballesteros gegen die Amerikaner eingesetzt werden, hat das europäische Team noch kein Turnier gewonnen. Allerdings nähern sich die Resultate immer mehr an. Im Jahr 1983 trennte die Mannschaften nur noch ein Punkt – und das bei einem in den USA ausgetragenen Match.

Genau wie der Walker Cup hat auch der Ryder Cup seine Attraktivität über viele Jahre behalten, und das trotz der mehr als einseitigen Erfolge. Und ganz sicher wird um beide Trophäen auch in Zukunft gekämpft werden, denn die Teilnehmer sind stolz darauf, ihre Nationen auf der Golfszene vertreten zu dürfen – ganz abgesehen von den vielen Freundschaften, die sich über alle Grenzen hinweg bei diesem Sport entwickeln.

Die Welt des Golfs

Die jungen, oft sehr wohlhabenden Superstars des modernen Profigolfsports haben ihren Vorgängern, unter denen einige weit vorausblickten, viel zu verdanken. Allerdings konnten selbst sie nicht ahnen, zu welchem Ansehen es die Professionals (einfach Pros genannt) einmal bringen sollten und welch enormes finanzielles Potential ihnen zur Verfügung stehen würde.

Ursprünglich rekrutierten sich die Golflehrer aus den Caddies, von denen die besten auch als Trainer fungierten, Schläger reparierten oder sogar herstellten. Besonders guten Caddies war es erlaubt, auf dem Clubgelände zu spielen, wo ihnen häufig auch eine Hütte oder ähnliches zur Verfügung stand. Dort konnten sie auch Reparaturen an Schlägern und Ausrüstung ausführen. Für Dienste dieser Art bekamen sie vom Club ein kleines Fixum.

Im Jahr 1879 lieh sich ein in Musselburgh sehr bekannter Caddie namens Bob Ferguson ein paar Schläger und gewann damit sein erstes Proturnier. Ein Gönner schenkte ihm daraufhin einen Satz von acht Schlägern, mit dem er dreimal hintereinander die British Open gewann.

Ungefähr zu dieser Zeit wurden viele der bekannten britischen Plätze angelegt, und zwar meist nach Entwürfen von damals berühmten Pros, die dann zu festen Instituten der betreffenden Clubs wurden. Sie gaben Unterricht, reparierten und fertigten Schläger, verkauften Ausrüstungsgegenstände und traten zu Turnieren an. Viele von ihnen verdienten sich auf diese Weise bis in die siebziger Jahre hinein ihren Lebensunterhalt.

Die Gründung der Professional Golfers' Association (PGA) im Jahr 1901 entsprang der Unzufriedenheit einiger Pros über die Behandlung durch ihre Clubs. Besonders der dreifache British Open Champion J. H. Taylor und seine kaum weniger prominenten Kollegen Harry Vardon und James Braid betrieben die Gründung der neuen Vereinigung. Noch im Oktober

Das »Golf-Triumvirat« James Braid, J.H. Taylor und Harry Vardon, das sich um die Jahrhundertwende für das Profigolf einsetzte.

desselben Jahres fand das erste PGA-Turnier im Tooting Bec Club in London statt – das Preisgeld betrug fünfzehn Pfund. Die Mitgliederzahl und der Einfluß des neuen Verbandes wuchsen rasch.

Wettkämpfe spielten im Leben der Pros eine immer größere Rolle. Im allgemeinen wurden mittwochs und donnerstags die Vorentscheidungen ausgetragen; die vierzig oder fünfzig Qualifizierten aber beendeten dann das Turnier über weitere 36 Löcher am jeweils folgenden Freitag. So konnten die Pros am Wochenende in ihren Clubs sein und sich um deren Mitglieder kümmern. Pros mußten damals fünf Jahre lang als leitende Trainer oder Assistenten einem Club angehören, bevor sie sich für andere als Offene oder Meisterschaften im Ausland qualifi-

Las Brisas, der Austragungsort der Spanish Open 1983. Diese wundervolle Anlage wurde von dem Amerikaner Robert Trent Jones entworfen.

zierten. Das bedeutete beispielsweise für den schottischen Professional Eric Brown, der die Offenen Meisterschaften von Europa gewann, daß er noch fünf lange Jahre warten mußte, bevor er zu inländischen Turnieren zugelassen wurde.

Die Spaltung der PGA

Mitte der sechziger Jahre wurden die Turnier-Finales aus verschiedenen Gründen auf Samstag verlegt, wobei natürlich die Fernsehübertragungen eine wichtige Rolle spielten. Die Teilnehmerzahlen aber wurden immer größer, da mehr und mehr Nachwuchsspieler zu den Pros stießen. Das erforderte die Einführung einer Vorqualifizierung, der sich alle Bewerber unterziehen mußten, die nicht zur Klasse der Spitzenspieler gehörten. Erst wenn sie am vorangegangenen Dienstag - häufig auf einem anderen Platz - ihre Leistungsfähigkeit bewiesen hatten,

Eric Brown, bekannt als »Brown Bomber«, verlor in all seinen Ryder-Cup-Matches nie ein Einzel gegen einen Amerikaner.

wurden sie zum eigentlichen Turnier zugelassen. Die Endrunden fanden dann am Sonntag statt, so daß samstags und sonntags jeweils nur noch eine Runde gespielt werden mußte. Auf diese Weise konnte das Fernsehen die Schlußphasen der Endkämpfe nacheinander an beiden Tagen übertragen.

Bald wurde deutlich, daß sich ein Pro nicht an Wettkämpfen beteiligen und außerdem noch seine Aufgaben im Club erfüllen konnte. Wer durch Wettkämpfe seinen Lebensunterhalt verdienen wollte, mußte sich ausschließlich darauf konzentrieren; es blieb einfach keine Zeit mehr für die Betreuung und das Training von Clubmitgliedern.

In der Mitte der siebziger Jahre kam es deshalb im Lager der Pros zu einer Spaltung zwischen den Spielern, die den Wettkampf vorzogen, und denen, die sich den Clubs und ihren Mitgliedern widmeten. Bis dahin waren alle in den Büros des Oval Cricket Ground in Kennington, das zu London gehört, untergebracht. Als dann die European Tournament Players Division (ETPD) gegründet wurde, blieb diese in den alten Räumen, während die anderen in das Hotel »The Belfry« in Sutton Coldfield umzogen, das gleich über zwei Meisterschaftsplätze verfügte – The Brabazon und The Derby. Ersterer ist nach dem früheren, letzterer nach dem augenblicklichen Präsidenten des Verbandes benannt.

Die ETPD, inzwischen in PGA Tournament Players' Division umbenannt, zog dann ebenfalls aus dem Oval aus und verlegte ihren Sitz in den Wentworth Golf Club in Surrey. Die Zahl ihrer Mitglieder hat nicht nur durch die vielen ausländischen Mitglieder stark zugenommen, sondern auch durch die erleichterten Aufnahmebedingungen ins Lager der Pros.

Jeder Amateur mit einem Handicap von 1 oder besser kann sich der Prüfung der PGA Tournament Players unterziehen. Diese wird einmal im Jahr in zwei getrennten wöchentlichen Prüfungsrunden, meist in Spanien, abgehalten. Jeder, der die Tests erfolgreich absolviert, erhält eine Spielerkarte, mit der er an allen offiziellen Wettkämpfen teilnehmen kann – vorausgesetzt er übersteht die Vorqualifikation. Kommt er bei einem Turnier in die Schlußrunde, braucht er sich für den nächsten Wettkampf nicht mehr vorzuqualifizieren. Und zählt er am Ende der

Saison zu den besten sechzig Spielern, wird ihm für das nächste Jahr die Vorqualifikation ganz erlassen.

Hat aber ein Professional in einer schlechten Saison die vorgeschriebene Punktzahl nicht erreicht, muß er wieder nach Spanien und sich die Spielerkarte erneut erwerben; andernfalls wird er zu offiziellen Wettbewerben nicht mehr zugelassen.

Nachwuchsspieler, die als Assistenten in einem Club beginnen, werden Mitglieder der PGA und im »The Belfry« registriert. Sie müssen zuerst eine dreijährige Lehrzeit durchmachen, bevor sie sich um den Posten eines Trainers bewerben können. In einer Abschlußprüfung werden sie in allen Bereichen ihres künftigen Berufs examiniert, darüber hinaus müssen sie ihre praktischen spielerischen Fähigkeiten unter Beweis stellen, wobei Geschick und Mut von Bedeutung sind. Ihre weitere Karriere hängt dann vom Abschneiden bei Wettkämpfen ab.

Genau wie ihre Arbeitgeber, können auch Nachwuchsspieler an drei großen Turnieren teilnehmen, um die Spielerkarte zu erhalten, ohne die spanischen Prüfungen absolvieren zu müssen. Sofern sie bei den drei Turnieren ein bestimmtes Preisgeld kassieren (im Augenblick liegt es bei 1000 Pfund), erhalten sie ebenfalls die Karte.

Kein Nachwuchsspieler, selbst wenn er schon mehrere Jahre erfolgreich gespielt hat und Mitglied der Tournament Players' Division ist, kann offiziell als Pro arbeiten, wenn er nicht die vorgeschriebenen Prüfungen abgelegt hat.

Die Entwicklung im professionellen Golf machte die Trennung der beiden Berufsgruppen notwendig, die jedoch weiterhin freundschaftlich zusammenarbeiten. Nur so können viele der Turnierspieler am Ende ihrer aktiven Karriere ihr Wissen und Können als Clubtrainer weiter einsetzen. Umgekehrt gibt es in den Clubs manchen Pro, der sich auf der sicheren Grundlage seiner Position zum Spitzenspieler entwickelt und ins Lager der Turnier-Stars überwechselt.

Der PGA-Zirkus

Eine große Anzahl junger Pros verläßt während der Monate Januar und Februar die britischen Küsten in Richtung Afrika. Sie setzt sich aber nicht nur aus PGA-Karten-Inhabern zusammen, sondern viele der Spieler nehmen an den beiden großen PGA-Touren in Afrika teil, um dort in der Liga der Geldverdiener so weit aufzusteigen, damit sie sich nach ihrer Rückkehr für eine europäische Karte qualifizieren können.

Eine dieser Touren findet in Südafrika statt, die zweite, bekannt als Safari-Tour, führt durch Nigeria, Kenia und Sambia. In Südafrika nehmen neben britischen Pros auch viele Einheimische an den Turnieren teil. So kehren beispielsweise Gary Player, Nick Price, Mark McNulty und viele andere, die sich auf den Golfplätzen der ganzen Welt ihren Lebensunterhalt verdienen, regelmäßig zu diesem Ereignis in die Heimat zurück. Die Wettkämpfe sind äußerst hart, und es ist sehr selten, daß ein »Ausländer« eines der Turniere gewinnt.

Die Safari-Tour verläuft anders. In Nigeria, Kenia und Sambia gibt es noch kaum einheimische Spitzengolfer, so daß die Turniersieger meist aus Europa kommen. Doch da die einheimischen Sportler im Kommen sind, könnte sich das Bild bald ändern. Bei der Nigerian Open von 1982 stellte der Engländer Peter Tupling über 72 Löcher den Weltrekord auf, und zwar mit 255 Schlägen. Südafrikanische Spieler oder solche, die in Südafrika gespielt haben, werden für diese Tour nicht zugelassen.

Der europäische Golf-Zirkus beginnt im April – seltsamerweise mit der Tunisian Open. Von dort reisen die Spieler nach Madrid, dann nach Italien. Im Mai erreichen sie Großbritannien, wo im Juli eine ganze Reihe von Turnieren ihren Höhepunkt in der British Open findet. Während dieser Zeit machen fleißige Pros aber auch Abstecher zur Scandinavian Open in Schweden sowie zu den Opens in Deutschland, Irland, der Schweiz, Spanien und Portugal.

An diesem umtriebigen Golf-Zirkus nehmen neben europäischen auch australische und südafrikanische Pros teil, und in den letzten Jahren vermehrt auch junge Amerikaner.

In den USA, das über den größten und härtesten Pro-Zirkus verfügt, müssen die jungen Spieler eine besondere Schule durchlaufen, um ihre Spielerkarte zu bekommen. Wer sich nicht dafür qualifizieren kann, bestreitet zuerst ein paarmal die Europäische Tour, um genügend Erfahrung zu sammeln, bevor er sich erneut um die Zulas-

WELT DES GOLFS

WELT DES GOLFS

Links: Die Pros beenden ihre Saison jedes Jahr auf den Kleinen Antillen, auf denen sich einige herrliche Anlagen befinden. Hier das »kurze« 7. Loch des Sandy Lane Golf Clubs auf Barbados.
Unten: Die drei »Großen« des Jahres 1983. Larry Nelson (unten links) mit der US-Open-Trophäe in Oakmont. Er ist erst in verhältnismäßig späten Jahren zur Weltklasse aufgestiegen. Tom Watson (unten rechts) mit der British-Open-Trophäe, die er aus Versehen fallen ließ. Der Sieg in Royal Birkdale war sein erster in England; seine vier anderen Open-Titel holte er sich in Schottland. Severiano Ballesteros (ganz unten) nimmt sein zweites Green Jacket in Empfang, nachdem er die US Masters in Augusta gewonnen hat. Wie es die Tradition verlangt, hilft ihm der Vorjahressieger – hier Craig Stadler – beim Anlegen des Blazers.

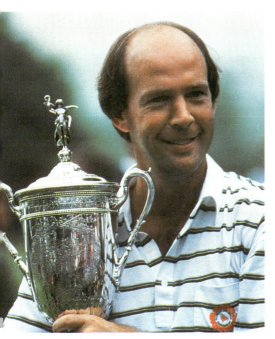

sung bewirbt. Ein Beispiel dafür ist das amerikanische Nachwuchstalent Corey Pavin.

Jeder junge Golfpro wünscht sich nichts sehnlicher, als die Amerikanische Tour zu gewinnen – und Europa ist dafür ein gutes »Übungsgelände«. Viele der Sieger bei den großen amerikanischen Turnieren sind diesen Weg gegangen. Gary Player, der sich in seinen frühen Jahren nur schwer im britischen Golf behaupten konnte, ist einer der Erfolgreichsten. In jüngerer Vergangenheit war es dann Severiano Ballesteros, der nicht nur gleich das erste große amerikanische Turnier gewann, an dem er teilnahm, sondern dann gleich zweimal (1980 und 1983) aus der US Masters in Augusta als Sieger hervorging. Auch Graham Marsh, Australien, hat in den USA gewonnen, genau wie David Graham, der sich dort inzwischen niedergelassen hat, nachdem er einen Großteil seines Könnens in Europa erworben hatte. Im Jahr 1976 gewann er die US-PGA Championship und 1981 die US-Open – zwei der ganz großen Golfwettkämpfe.

Der letzte britische Sieger bei diesen großen amerikanischen Turnieren war Tony Jacklin, der 1968 in Jacksonville gewann und zwei Jahre später den Open-Titel mit nach Hause nehmen konnte – genau fünfzig Jahre nachdem es Ted Ray als erstem Briten überhaupt gelungen war. Seitdem sind Nick Faldo und der junge Schotte Sam Torrance diesem Ziel immerhin recht nahe gekommen.

Die großen Turniere (Majors)

Die meisten Golf-Nationen haben ihre eigenen Offenen Meisterschaften, von denen nicht wenige für Spieler und Zuschauer höchst attraktiv sind. Viele der professionellen Spitzenspieler fahren regelmäßig nach Kanada und Australien, vor allem aber zur World Match Play Championship, die in Wentworth, Surrey, als Einladungsturnier ausgetragen wird. Mit einer Million Dollar Preisgeldern ausgestattet ist das jüngste der großen Turniere, das seit 1981 in Sun City, Bophuthatswana, abgehalten wird. Inzwischen stiegen nicht nur die Preisgelder, sondern auch der Reiz dieses Wettbewerbs.

Der Grand Slam des Golfsports besteht aus vier Titeln: US Masters; US Open, British Open und United States PGA Championship (in dieser Reihenfolge werden sie jedes Jahr gespielt).

Gegen Ende September, wenn die Saison in Europa zu Ende geht, läuft der Golf-Zirkus in Asien und Japan auf vollen Touren. Wieder geht es für die Pros um viel Geld. Besonders hoch dotiert ist die Offene von Australien, zu der sehr viele amerikanische Spieler anreisen. Anschließend setzen sie per Schiff über nach Neuseeland zur dortigen Offenen.

Wer dann noch über die notwendige Kondition verfügt, kann sein Können auf der Südamerikanischen Tour beweisen und an den Opens von Chile, Argentinien, Brasilien, Venezuela, der Karibik und Kolumbien teilnehmen.

Damen-Golf

Die Welt des Golf steht nicht nur den Männern offen. Es gibt auch einen Golf-Zirkus für Damen, der sich von den Vereinigten Staaten sowohl nach Europa wie in den Fernen Osten ausgeweitet hat.

Im Jahr 1950 wurde in den USA die Ladies' Professional Golf Association (LPGA) gegründet. Von Anfang an waren so berühmte Spielerinnen wie Patty Berg, »Babe« Zaharias, eine frühere Leichtathletin und Olympiasiegerin, sowie Louise Suggs dabei. Von den im Gründungsjahr abgehaltenen neun Turnieren und den (bereits) vierzehn des folgenden Jahres gewann »Babe« Zaharias allein dreizehn.

In diesen frühen Jahren spielten die Proetten aber nicht nur Golf. Sie beaufsichtigten die Golfplätze, stellten Regeln auf, betrieben Publicity und waren ihre eigenen Finanzchefs. Es war ein weiter Weg bis zum heutigen Multi-Millionendollargeschäft der LPGA, die jetzt in ihrem ständigen Hauptquartier in Texas für all diese Aktivitäten Fachleute beschäftigt. Im Jahr 1983 kämpften die 200 LPGA-Mitglieder um insgesamt sieben Millionen Dollar Preisgelder.

Zusammen mit der LPGA wuchsen auch eine ganze Reihe von Stars heran. Kathy Whitworth trat 1959 erstmals beim Damen-Golf-Zirkus an und ist auch heute noch dabei. Sie hat mehr Turniere als alle ihre Konkurrentinnen gewonnen – mit ihrem Sieg auf Hawaii 1983 sind es vierundachtzig.

Jo Anne Carner ist erst seit 1970 beim Damen-Golf-Zirkus dabei und gilt als Spielerin mit ganz besonders langen Schlägen, was sie 1983 zur führenden Golfspielerin machte. Zusammen mit Miß Whitworth war sie eines der ersten Mitglieder des Million Dollar Club, der inzwischen sehr gewachsen ist.

Im Jahr 1978 eroberte eine junge Dame aus Neumexiko die LPGA im Sturm: Nancy Lopez erkämpfte sich in ihrem »Rookiejahr« (Rookie bedeutet Grünschnabel) neun Turniersiege, davon als neuen Rekord fünf hintereinander. Darüber hinaus brach sie auch alle Einnahme- und Punkterekorde, die bisher für Rookies gegolten hatten, was ihr den Ehrentitel »Rookie and Player of the Year« einbrachte. Im Jahr darauf übertraf sie sich sogar selbst: Sie verbuchte nicht nur einen neuen Einnahmerekord, sondern konnte den Schlagdurchschnitt so verbessern, daß sie neun Turniere hintereinander für sich entschied und erneut zur »Spielerin des Jahres« ernannt wurde. Vor allem ihren hervorragenden Leistungen ist es zu verdanken, daß sich die Ladies Professional Golf Association (LPGA) großes Ansehen in der Welt des Sports verschaffte und ihre Stellung als oberste Autorität im Damen-Golf weiter ausbauen konnte.

Inzwischen haben auch im Fernen Osten, vor allem in Japan, die Damen begonnen, professionell Golf zu spielen, so daß seit den späten sechziger Jahren auch dort ein Golf-Zirkus entstehen konnte. Aber wie in den Vereinigten Staaten dauerte es eine gewisse Zeit, bis er richtig in Schwung kam. Die Japaner wurden sich ihres hohen Spielniveaus erst bewußt, als 1977 Chako Higuchi, die führende japanische Golferin, in die USA kam und die LPGA-Meisterschaft gewann. Dadurch weitete sich der japanische Golf-Zirkus auf annähernd vierzig Turniere pro Jahr aus, bei denen recht ansehnliche Preisgelder gewonnen werden können.

Erst seit 1979 gibt es – unter der Leitung der Women's Professional Golf Association (WPGA) – auch in Europa für Golfproetten die Möglichkeit, diesen Beruf auszuüben. Von anfänglich zwölf zweitägigen Turnieren wuchs der europäische Golf-Zirkus auf fünfzehn viertägige Wettkämpfe im Jahr 1984, plus ein vom Fernsehen übertragenes Turnier, an dem auch die besten amerikanischen und japanischen Golfspielerinnen teilnehmen werden. Der Kern des europäischen Damen-Golf-Zirkus besteht aus britischen Spielerinnen, doch inzwischen zählt die

Jo Anne Carner gehört in den USA zu den erfolgreichsten Spielerinnen des Jahres 1983. Sie ist eine der wenigen, die über eine Million Dollar Preisgelder kassieren konnte.

WPGA auch Spielerinnen aus Schweden, Spanien, Sri Lanka, Deutschland, Südafrika und Australien zu ihren Mitgliedern.

Seit sich Jenny Lee-Smith bei der LPGA-Tour 1977 die notwendige Erfahrung geholt hat, gehört sie zu den führenden Golferinnen des europäischen Verbandes.

Zur Spitzengruppe der Damen zählen auch Muriel Thomason und Cathy Panton, die Tochter des Ryder-Cup-Spielers John Panton.

Genau wie Jenny Lee-Smith konnten sie bei den amerikanischen Turnieren wertvolle Erkenntnisse sammeln.

Die Ausrüstung

Es gab Zeiten, in denen man fast die gesamte Golfausrüstung beim Clubtrainer auf dem Platz erstehen konnte, oder man ging in ein Kaufhaus mit Sportabteilung. Allerdings hielt man damals auch nur die Grundausrüstung bereit: Schlägersätze, Bälle und Tees, Golfschuhe, wasserdichte Baumwollkleidung, Schirme, Golftaschen zum Tragen und vielleicht noch die sehr teuren Golfhandschuhe.

Pros, die es sich nicht leisten konnten, das alles auf Lager zu haben, bedienten ihre Kunden mit Hilfe von Katalogen. Doch der Mitte der fünfziger Jahre in Großbritannien einsetzende Golfboom machte diesem Verkaufssystem ein Ende. Das lag nicht nur an dem begonnenen Preiskampf zwischen den Herstellern, sondern auch an den immer länger werdenden Lieferzeiten.

Die Industrie für Freizeitartikel war im Kommen. Die Leute verdienten mehr Geld und hatten mehr Zeit, die sie mit sportlichen Aktivitäten ausfüllten. Und da Golf für Menschen aller Altersklassen attraktiv ist, war hier der Boom am größten. Die Tage, als man mit Kragen und Krawatte spielte und in Hosen, die selbst für Gartenarbeit zu schäbig gewesen wären, waren endgültig vorbei. Viele neue Artikel überschwemmten den Markt, und überall entstanden neue Geschäfte. Vor allem die jüngeren Pros ließen sich von dem Angebot verführen.

Heute wirken diese Läden auf den größeren Plätzen eher wie Modeboutiquen. In den USA hat man oft Mühe, überhaupt noch einen Schläger zu entdecken. Golfhosen und -hemden, häufig mit dem Clubemblem, scheinen jetzt das Hauptgeschäft zu sein.

Das Aufkommen des Golf- oder Caddywagens um 1950 förderte das Entstehen immer neuer und manchmal recht überflüssiger Accessoires. Da man die Golftaschen jetzt nicht mehr tragen mußte, wuchsen sie im Umfang und bekamen immer mehr geräumige Taschen, die man alle irgendwie füllen mußte. Außerdem waren Extraschlaufen angebracht, so daß man nicht mehr nur den Schirm, sondern auch noch einen Sitzstock mitführen konnte.

Zu dem heute angebotenen Zubehör gehören Handtücher zum Säubern des Balls, Sticker, auf denen zu sehen ist, wo der Spieler schon war – oder gern gewesen wäre. Dann gibt es Täschchen für Halstücher und Handschuhe, falls es kalt ist; ein weiteres Täschchen für die Sonnenbrille, wenn es warm ist; wer will, kann sich Karten kaufen, auf denen man ohne Schreiber den Spielstand festhalten kann; und dazu gibt es wieder ein Täschchen, damit das Kärtchen nicht naß wird. Spezielle Ballreiniger werden altmodisch mit der Hand bedient, oder sie sind am Golfwagenrad befestigt, so daß der Ball auf dem Weg zum nächsten Tee automatisch gesäubert wird. Golfwagen mit Sitzen ermöglichen es dem Spieler, die Gangart einer Partie noch weiter zu verlangsamen. Darüber hinaus gibt es noch alle möglichen Vorrichtungen zum Säubern des Schlägerkopfes, zum Befestigen der Spikes an den Schuhen, zur Reparatur von Ballspuren und natürlich auch zum Flaschenöffnen. Mit tragbaren Rechen kann man Markierungen in Bunkern entfernen und mit Teleskopstangen Bälle aus dem Wasser fischen.

Die so vollgepackten Golfwagen brachten so viel Gewicht auf die Räder, daß die Plätze in Mitleidenschaft gezogen wurden. Deshalb baute man neue Wagen mit breiteren Reifen, wodurch alle vorausgehenden Modelle plötzlich altmodisch erschienen. Dann allerdings wurde es wieder schick, seine Tasche selbst zu tragen, das heißt, jetzt verschwanden auch die neuen Wägelchen wieder ganz plötzlich von der Bildfläche.

Die Golfschläger

Auch in der Entwicklung der Golfschläger (oder Clubs) gab es in den letzten Jahrzehnten entscheidende Veränderungen. In den zwanziger und dreißiger Jahren ersetzte man zunächst die traditionellen Holzschäfte durch Stahl. Dann versuchte man es eine Zeitlang mit Aluminium, bis Millionen aufmerksamer Golffans bemerkten, daß ihre Idole die Hände von diesen Schlä-

Ein kompletter Standardsatz von Hölzern und Eisen. Es fehlt nur der Putter.

AUSRÜSTUNG

Auch am Ende des Ausschwungs vibriert ein Schaft aus Kohlenstoff-Fasern noch nach. Nur ganz wenige Spieler wie Manuel Pinero sind bereit, dieses Risiko zu tragen, um größere Flugweiten zu erreichen.

gern ließen. Daraufhin verschwanden sie in der Versenkung. Als nächstes kam der Graphitschaft – und mit ihm gewaltige Preissteigerungen. Doch dann stellten die Spieler fest, daß der Drehmoment dieser Schlägerart dem Hickoryschläger glich und nur sehr wenige Spitzenspieler oder nur solche mit besonders kräftigen Handgelenken ihn benutzten. Ab sofort war auch dieser Schläger nicht mehr gefragt. Titanium war dann noch eine Zeitlang in Mode, und heute ist man wieder zum Stahl zurückgekehrt. Die Entwicklung der Schlägerköpfe ist ähnlich verlaufen. Anstelle des traditionellen Schlägersatzes aus Hölzern und Eisen traten »Metall-Hölzer«. Trotz dieser Bezeichnung weisen diese Schläger nicht ein Holzstückchen auf. Viele Pros behaupten, sie würden mit diesen »Hölzern« bessere Ergebnisse erzielen; vor allem ließen sich damit längere Schläge ausführen. Dabei dürfte es ausschlaggebend sein, daß bei diesen Konstruktionen der Schwerpunkt des Schlägerkopfes hauptsächlich bei der Schlägersohle liegt. Obwohl eine Anzahl von Pros diese »Metall-Hölzer« in ihren Schlägersatz aufgenommen haben, blieb die Mehrzahl der Pros bei den erprobten Persimmonhölzern. Eine Zeitlang schien es, als ob hölzerne Schlägerköpfe, die größtenteils noch immer in Handarbeit hergestellt werden, den gegossenen einheitlichen Metallköpfen weichen müßten. Doch inzwischen weiß man, daß die Handwerker unter den Schlägermachern glücklicherweise noch lange zu tun haben werden. Dafür gibt es hauptsächlich zwei Gründe: Erstens hat der Boom in der Golfartikel-Industrie zu viel Ausschußware geführt, und einige der rasch groß gewordenen Schlägerproduzenten waren ebenso rasch wieder verschwunden. Zweitens wurde klar, daß nichts das »Streichelgefühl« beim Schlagen des Balls zu übertreffen vermag, das nur ein Holz vermitteln kann.
Wie nicht anders zu erwarten, führten die Hersteller von Metallschlägern immer neue Kopfformen ein, die angeblich Weite und Präzision des Schlages verbesserten. Doch auch hier machte die Massenproduktion der gegossenen Metallköpfe das Bemühen um Qualität zunichte. Meistens beeindruckten solche Schläger mehr durch ihr Aussehen als durch Qualität. Deshalb haben die heutigen Schlägerformen wieder Anschluß an die Tradition gesucht – und gefunden.
Gegen Ende der siebziger Jahre war klar, daß keiner der bekannten Spitzenspieler die »modernen« Schläger verwendete. Sie spielten vielmehr mit den gleichen Sätzen, die sie schon zehn Jahre zuvor benutzt hatten. Die Extravaganzen der Golfausstattung hatten sich selbst überholt, und die altbewährte Handwerksarbeit fand wieder Anerkennung.
Glücklicherweise haben die meisten der renommierten Hersteller aufgrund ihrer Qualität die Flut billiger Massenware überlebt und nutzen

AUSRÜSTUNG

Oben: Auf der Drehbank werden laminierte Blöcke für Schlägerköpfe geformt, doch es bedarf der Hand eines Meisters, sie endgültig zu gestalten.
Unten links: Ein Meisterhandwerker bei der Arbeit.

Charlie Thompson hat schon als Junge bei Ben Sayers in Schottland gearbeitet, wo er heute Vorarbeiter ist.
Unten rechts: Die Schlagfläche eines Holzes wird mit Rillen versehen.

AUSRÜSTUNG

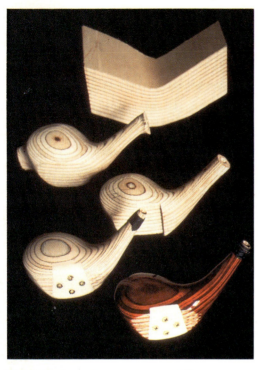

Die verschiedenen Phasen bei der Herstellung eines hölzernen Schlägerkopfs aus einem laminierten Block.

nun ihre Chance. Mit Genugtuung kann man feststellen, daß plötzlich in den Taschen der Pros anstelle der zerschrammten, zehn Jahre alten Hölzer und Eisen brandneue Modelle auftauchen, mit denen nicht nur sie, sondern auch Durchschnittsspieler gute Ergebnisse erzielen.

Die Wahl der Schläger

Früher konnte ein Spieler so viele Schläger mit sich tragen (und verwenden) wie er wollte. Manchmal brauchte er dafür gleich zwei Taschen. Doch dann einigte man sich auf einen Schlägersatz (oder Set) von vierzehn Stück, den Putter inbegriffen. Seitdem werden die Schläger nach Schlagwinkel (oder Loft, s. S. 38) durchnumeriert.
Bevor man die Schläger zu einem Satz zusammenstellte, hatten sie teilweise recht kuriose Bezeichnungen. Auf diese wollen viele Schlägermacher auch heute nicht verzichten und prägen sie auf den Schlägerrücken ein, und zwar zusätz-

lich zu den Nummern auf den Sohlen. Unsere heutigen Hölzer 1,2,3,4 und 5 entsprechen dem »Driver«, »Brassie«, »Spoon« und »Baffy«. Letzterer ist zwischen Holz 4 und 5 einzureihen.
Beim modernen Eisensatz unterscheidet man – entsprechend dem Schlagwinkel – fortlaufend zwischen den Eisen 2–9. Passend zur mitgeführten Schlägerzahl und den individuellen Voraussetzungen des Spielers gibt es noch drei weitere Eisen: ein Eisen 1 sowie den Pitching Wedge und den Sand Wedge. Die traditionellen Namen für die Eisen lauteten: Driving Iron für Eisen 1 und 2, Long Iron für 3, Mid-Iron für 4, Mashie für 5 und 6. Dazu gab es noch den Mashie Niblick, der zwischen dem heutigen Eisen 7 und 8 lag, sowie den Niblick zwischen 9 und Pitching Wedge. Zu den Schlägern, die jeweils nur für eine ganz bestimmte Situation benutzt wurden und mit der Einführung des Stahlschaftes verschwanden, zählt auch der Jigger. Das ist ein kurzes Eisen mit einer Lage (Winkel zwischen Sohle und Schaft), die normalerweise Eisen mit geringerer Schrägstellung des Blattes vorbehalten war, das aber dennoch dieselbe Schrägstellung wie Eisen 4 hatte. Man benutzte es für Running-up-Schläge, denen auf den windigen Links in Küstennähe natürlich besondere Bedeutung zukam.
Es gab auch Eisen mit besonders steiler Lage, bei denen aber das Blatt kaum größer war als ein Ball. Man nannte sie Rutting Irons, da man versuchte, mit ihnen den Ball aus Wagenspuren herauszuholen. Nach den damaligen Regeln war es nicht gestattet, den Ball anders zu bewegen. Auch Schläger mit Zähnen, die wie Kämme aussahen, hat es schon gegeben. Mit ihnen versuchte man Bälle aus dem Wasser zu schlagen, dessen Widerstand durch die »Kammzähne« verringert wurde.
Eisen mit besonders steiler Lage sollten den Ball selbst aus dem tiefsten Bunker befördern. Als diese Eisen dann in den dreißiger Jahren für regelwidrig erklärt wurden, ersann der berühmte amerikanische Pro Gene Sarazen den Vorläufer des modernen Sand Wedge. Sein breiter Flansch macht ihn besonders für Sand tauglich, bringt auf dichtem Gras jedoch Probleme. Durch den Südafrikaner Bobby Locke wurde dann ein

Handgeschmiedete Eisenblätter werden heute kaum noch angefertigt. Dieser alte Schmied zeigt, wie es gemacht wird.

AUSRÜSTUNG

Schläger mit fast derselben Schrägstellung, aber schmälerer Sohle populär, der dann als Pitching Wedge bekannt wurde.

Durch die Einführung numerierter Schläger in einem abgestimmten Satz wurde dem Spieler die Möglichkeit geboten, sich für Schläger zu entscheiden, die entsprechend seiner Größe, seines Gewichts, Alters und so weiter zusammenpaßten. Der ideale Satz für einen Durchschnittsspieler würde wie folgt aussehen: Hölzer 1, 3 und 4 oder 5; Eisen 3, 4, 5, 6, 7, 8 und 9; ein Pitching Wedge und ein Sand Wedge. Zusammen mit dem Putter ergibt das insgesamt dreizehn Schläger, so daß man noch ein Eisen 2 oder gar ein Eisen 1 hinzufügen kann, sofern es dem Spielstandard entspricht.

Als das Holz 2 noch allgemein üblich war, konnten sich zwei Anfänger einen Schlägersatz problemlos teilen. Der eine spielte mit den »ungerade«, der andere mit den »gerade« numerierten Hölzern. Durch das sehr steile Holz 1 ist das Holz 2 weitgehend verschwunden. So enthält ein halber Satz normalerweise die Hölzer 1 und 3 anstelle der »ungeraden« oder »geraden« Eisen. Bis vor kurzem war es möglich, mit einem halben Satz anzufangen und die fehlenden Schläger allmählich hinzuzukaufen. Durch die modernen Herstellungs- und Verkaufsmethoden mit ihren immer neuen Verbesserungen und Veränderungen ist dies aber nicht mehr möglich.

Ein Schlägersatz muß unbedingt auf den Spieler abgestimmt sein, wobei die Kosten erst an zweiter Stelle stehen dürfen. Wichtig ist, verschiedene Faktoren zu beachten, die hier in der Reihenfolge ihrer Bedeutung aufgezählt sind:

- ☐ Gesamtgewicht des Schlägers (Static Weight)
- ☐ Biegsamkeit des Schaftes (Shaftflex)
- ☐ Winkel zwischen Sohle und Schaft (Lage oder Lie)
- ☐ Schlagwinkel (Loft)
- ☐ Griffstärke
- ☐ Schlägerlänge

Bei einem neuen Schlägersatz darf man erwarten, daß all diese Faktoren optimal abgestimmt sind; bei gebrauchten Schlägern kann ein geschickter Pro eine Reihe davon nachträglich verändern und auf den Spieler zuschneiden. Doch es gibt Veränderungen, die so teuer und kompliziert sind, daß man sich besser gleich für neue Schläger entscheidet.

Gewicht (Static Weight): Damit ist sowohl das Eigengewicht des Schlägers gemeint als auch das sogenannte Schwunggewicht. Mit seiner Hilfe können alle Schläger eines abgestimmten Satzes, unabhängig von unterschiedlichen Formen und Längen, so gestaltet werden, daß sie dem Spieler das Gefühl geben, mit demselben Gewicht durchzuschwingen. Die Abweichungen beim Schwunggewicht sind äußerst gering, sie entsprechen kaum dem Gewicht eines Geldscheins, den man auf dem Schlägerkopf befestigt. Das bedeutet, daß man jeden Schläger sehr genau an die individuellen Gegebenheiten und Bedürfnisse eines Spielers anpassen kann. Bei den Standardschlägern wird ein leichtes Schwunggewicht als D 0 klassifiziert, ein mittleres als D 1, das schwere als D 2. Damenschläger haben ein noch geringeres Schwunggewicht, das als C 9 gekennzeichnet wird.

Um bei den verschiedenen Schlägern eines abgestimmten Satzes ein einheitliches Schwunggewicht zu erzielen, muß das Eigengewicht des Schlägers mit dem längsten Schaft sehr viel leichter sein als das des Schlägers mit dem kürzesten. Die Hersteller haben heute keinerlei Probleme, Sätze mit einheitlichem Schwunggewicht zu produzieren, allerdings gehen ihre Ansichten über das Eigengewicht der Schläger weit auseinander.

Im Durchschnitt wiegt der Driver 370,89 Gramm (oder 13 Unzen), was sich dann bis Holz 5 auf ungefähr 399,42 Gramm (oder 14 Unzen) steigert. Vom Eisen 1 mit dem gleichen Gewicht wie Holz 5 angefangen, bis Eisen 9, erhöht sich das Gewicht fortschreitend auf 442,22 Gramm (oder 15½ Unzen). Pitching Wedge und vor allem Sand Wedge sind noch in schwererer Ausführung lieferbar. Ersterer liegt meist etwas über dem Gewicht von Eisen 9, letzterer bei 456,48 Gramm (oder 16 Unzen). Damenschläger sind jeweils um knapp 28,35 Gramm (1 Unze) leichter.

Es scheint, daß der Unterschied von einem Bruchteil einer Unze die Eigenschaften eines Schlägers kaum beeinflussen kann. Doch wenn man weiß, daß der Schlägerkopf den Ball mit über 160 Stundenkilometer trifft, hat man schon eine bessere Vorstellung.

Biegsamkeit des Schaftes (Shaftflex): Schäfte werden mit unterschiedlicher Elastizität hergestellt (whippy = L oder A; medium = R; steif = S; extra steif = X). Schwächere Spieler kommen mit elastischeren Schäften sehr viel besser zurecht. Die Schlägermacher der Hickory-Ära schliffen die Schäfte mit Sandpapier ab, damit sie dünner und flexibler wurden. Ebenso sind die Stahlschäfte der Damenschläger heute um einiges schlanker als die der Herren. Will man steifere Schäfte, benutzt man dickere Röhren. Der steifste Schaft wird mit »X« gekennzeichnet und ist nur für sehr starke Turnierspieler geeignet. Doch auch sie werden diesen Steifheitsgrad nur beim Driver und vielleicht noch beim Eisen 1 bevorzugen, da hier die Festigkeit unter Druck Vorteile verspricht.

Die mit »S« klassifizierten Schäfte werden im allgemeinen von Pros und sehr starken Amateuren gespielt; das »S« steht für stiff (steif). Elastischer dagegen sind die mit »R« (regular) gekennzeichneten Schäfte, die von der Mehrzahl durchschnittlicher Spieler benutzt werden. Dann gibt es noch den »A«-Schaft, der ideal ist für starke Spielerinnen des schwachen Geschlechts oder aber für etwas ältere Spieler. Es handelt sich dabei zwar um einen weichen Schaft, der aber nicht zu stark federt. Der »L«-Schaft schließlich ist für durchschnittlich spielende Damen mit kleinen Händen gedacht. Ohne daß man übermäßig hart schlagen muß, wird der Schlägerkopf durch die Biegsamkeit des Schaftes stark beschleunigt auf den Ball treffen.

Es gibt zwei Möglichkeiten, die Elastizität eines Schaftes zu verändern, was aber nur durch erfahrene Pros vorgenommen werden kann. Will man ihn versteifen, muß zuerst der Schlägerkopf – gleichgültig ob Holz oder Eisen – abgenommen werden. Dieser wird dann etwas weiter ausgehöhlt, so daß der abgeschnittene und dadurch etwas dickere Schaft wieder eingepaßt werden kann. Je kürzer der Schaft, desto steifer wird er natürlich. Um ihm seine normale Länge wiederzugeben, wird dann am anderen Ende ein Verlängerungsstück angefügt, das mit dem zuvor entfernten Griff wieder fest verbunden werden muß.

Bei einem einzelnen Schläger, beispielsweise dem Driver, kann eine solche Abänderung durchaus sinnvoll sein. Doch bei einem ganzen, eventuell gebrauchten Schlägersatz ist sie schon aus finanziellen Gründen nicht empfehlenswert. Falls bei einem neuen Schlägersatz Korrekturen nötig sind, wurden Sie beim Kauf falsch beraten. Will man die Flexibilität eines Schaftes erhöhen, braucht man ihn nur zu verlängern. Das mag auf den ersten Blick unsinnig erscheinen, denn nur wenige Leute legen Wert auf überlange Schläger mit stark federnden Schäften. Für sehr gute Spieler allerdings kann es durchaus vorteilhaft sein, einen Satz besonders steifer Schläger zu verlängern, um sie so der Flexibilität des R-Schaftes anzugleichen.

Lage (Lie): Wenn man Schläger benutzt, die nicht die richtige Lage – das heißt den richtigen Winkel zwischen Sohle und Schaft – für die individuelle physische Beschaffenheit aufweisen, spielt man die ganze Runde quasi wie auf einer Hügelflanke – bergauf oder bergab, je nachdem, ob der Schlägerkopf flach aufliegt oder nach oben weist.

Gleichgültig, wie ungünstig der Schlägerkopf beim Aufsetzen steht, der unerfahrene Spieler wird immer versuchen, seine Sohle flach auf den Boden zu bekommen. Das kann bedeuten, daß er bereits beim Ansprechen falsch steht, wobei auch die Hände den Griff falsch umfassen.

Ein Schläger mit zu flacher Lage wird einen großen Spieler vornüber ziehen; seine Schultern kommen nach vorn und seine Hände senken sich in Richtung Knie. Das Umgekehrte wird eintreten, wenn ein kleinerer Spieler einen Schläger mit zu steiler Lage verwendet; Hände und Handgelenke werden durch das durchgedrückte Rückgrat nach oben genommen und behindern so einen flüssigen Schwung. Obwohl in beiden Fällen die Ausgangsposition denkbar schlecht ist, wird der »natürliche« Schwungablauf, und zwar in der Mitte des Schwungs, die falsche Stellung bis zu einem gewissen Grad ausgleichen. Mit welchem Erfolg, zeigt sich an den ausgeschlagenen Rasenstücken (Divot) und der Flugbahn des Balls, vor allem wenn ein Eisen verwendet wurde.

Wenn ein großer Spieler sich aufrichtet, um den Schaft in die korrekte Lage zu bringen, wird ein Schläger mit zu flacher Lage mit der Spitze in den Rasen schlagen. Dadurch verlangsamt er sich, und die Schlägerferse trifft auf den Ball, der nach rechts abdriftet.

AUSRÜSTUNG

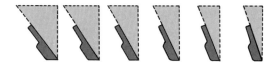

Die Schlagwinkel der Schlagflächen (Loft) bei einem ganzen Schlägersatz (von rechts nach links): obere Reihe – Hölzer 1, 2, 3, 4, 5; mittlere Reihe – Eisen 2, 3, 4, 5, 6, 7; untere Reihe – Eisen 8, 9, Pitching Wedge und Sand Wedge.

Schlagwinkel (Loft): Der Winkel zwischen Sohle und Schlagfläche richtet sich nach den für den Standard-Schlägersatz festgesetzten Normen, wobei einige Pros leichte Abweichungen bevorzugen, um den Ball noch weiter schlagen zu können. Die üblichen Schlagwinkel sind wie folgt:

	Schläger	*Schlagwinkel*	*Bezeichnung*
Hölzer	1	12 Grad	Driver
	2	14 Grad	Brassie
	3	16 Grad	Spoon
	4	20 Grad	Holz 4
	5	24 Grad	Holz 5
Eisen	2	19 Grad	
	3	23 Grad	Lange Eisen
	4	27 Grad	
	5	31 Grad	
	6	35 Grad	Mittlere Eisen
	7	39 Grad	
	8	43 Grad	
	9	47 Grad	Kurze Eisen
Pitching Wedge		52 Grad	
Sand Wedge		58 Grad	

Vor Jahren wurden Driver mit einem Schlagwinkel von nur 6 Grad hergestellt. Diese Schläger waren für Durchschnittsspieler praktisch unbrauchbar – sie bevorzugten statt dessen das Holz 2 (Brassie). Heute haben die Driver einen

Kleine Spieler führen den Schläger mit zu steiler Lage beim Durchschwung tiefer als beim Rückschwung. Dadurch wird sich die Schlägerferse in den Boden eingraben und die Spitze den Ball treffen. Wo die Innenseite des Schlägerkopfes auftrifft, entsteht ein tiefes Loch, und der Ball fliegt nach links weg.

Auch wenn ein neuer Schlägersatz genau auf einen Spieler zugeschnitten wurde, sollte er, nachdem er einige Wochen in Gebrauch war, ins Fachgeschäft oder zum Trainer zurückgebracht werden. Das Auge des Experten kann an den feinen Kratzspuren der Schlägerfläche erkennen, ob der Schläger mit der Schwungtechnik des Spielers korrespondiert. Vielleicht ist es nötig, die Lage etwas zu korrigieren. Auf jeden Fall muß der Schläger sich dem Spieler anpassen, und nicht umgekehrt.

PGA-Pros werden während ihrer Ausbildung darauf geschult, die Lage von Schlägern so zu korrigieren, daß sie der individuellen Körperbeschaffenheit eines Spielers gerecht werden. Eine solche Korrektur kann keinesfalls von einem Laien vorgenommen werden.

Die »Wölbung nach vier Seiten«, die auf der Schlagfläche aller Hölzer zu finden ist.

Loft von 12 Grad, wodurch sie auch von Anfängern relativ leicht kontrolliert werden können. Holz 2 ist aus diesem Grund fast in Vergessenheit geraten.

Viele Pros lassen den Loft bei ihren Schlägern um ein oder zwei Grad reduzieren, um dem Schlag mehr Kraft zu verleihen. Zum Beispiel wird das Holz 3 häufig auf 14 Grad abgeändert, was vor allem kräftige Schläge gegen den Wind erleichtert. Sehr gute Spieler verwenden auch häufig Eisen 1, das in unserer Liste nicht auftaucht, weil es sich nur für weite und niedrige Schläge eignet.

Für den durchschnittlichen Spieler sind die Standardlofts ideal. Für den Anfänger, der sich gebrauchte Schläger zulegt, kommt es darauf an, daß der Driver nicht zu alt ist und keinen zu kleinen Schlagwinkel hat.

Einen Driver mit mehr Loft zu versehen, ist eine überaus diffizile Angelegenheit. Ein gebrauchter Schläger nämlich hat immer eine »Wölbung nach vier Seiten«. Das bedeutet, daß die Schlagfläche nicht nur eine leichte Rundung von der Ferse zur Spitze, sondern auch von der Ober- zur Unterseite aufweist. Auch wenn es eine Reihe von Vermutungen dafür gibt, wieso sich Holz auf diese Weise verformen kann, ein Beweis dafür wurde noch nicht erbracht.

Eine einleuchtende Erklärung liegt bei den Spuren, die der Schlag vom Tee zurückläßt. Man würde annehmen, daß ein perfekter Abschlag auf der Schlägersohle gerade Spuren hinterlassen müßte. Aber das stimmt nicht. Vielmehr verlaufen sie immer leicht diagonal, woraus man schließen kann, daß die Schlagfläche immer leicht geöffnet ist, auch wenn Schaft und Schlägerkopf exakt gerade geführt werden. Die leicht gekrümmte Linie auf der Schlagfläche wäre dann der Beweis dafür, daß der Ball »gerade« getroffen wurde.

Gleichgültig, ob diese Vermutungen stimmen oder nicht, die Schlagfläche jedenfalls weist eine charakteristische Krümmung auf, ohne die der Ball weder sauber »abheben« noch so weit fliegen würde.

Auch keinem noch so begeisterten Amateur dürfte es gelingen, auf der Werkbank in der Garage den Loft seines Drivers zu verändern, ohne die Qualität des Schlägers zu beeinträchtigen. Selbst erfahrene Pros werden oft zögern, den Loft eines an sich guten Drivers zu vergrößern. Dazu muß nämlich nicht nur die Schlagfläche, sondern, nachdem man die Bodenplatte entfernt hat, auch die Schlägerrückseite abgeschliffen werden. Erst dadurch erhält die Schlagfläche die gewünschte stärkere Schrägstellung.

Griffstärke: Sie ist, sofern erforderlich, leicht zu verändern. Die modernen Allwettergriffe aus einer Mischung von Kork und Gummi werden für Damen wie für Herren in zwei Stärken geliefert. Hat eine Spielerin große und kräftige Hände, kann sie entweder einen Herrengriff anbringen oder den zu dünnen Schaft unter dem Griff mit einem Band umwickeln lassen, um so den Umfang zu vergrößern.

Benötigt ein Herr einen dickeren Griff, wird der Schaft unter dem Griff ebenfalls dicker umwickelt. Hat ein Spieler dagegen sehr kleine Hände, kann er einen Damengriff anbringen lassen, obwohl es unter Umständen nicht einfach ist, diesen über den vergleichsweise dicken Schaft eines Herrenschlägers anzubringen.

Allerdings gibt es ein Problem, wenn man die Griffstärken verändert: Dünnere Griffe lassen den Schlägerkopf schwerer, dickere leichter erscheinen. Ergeben sich daraus für den Spieler Schwierigkeiten, muß das Schlägergewicht angepaßt werden, weil der korrekte Griffumfang für eine gute Schwungtechnik unerläßlich ist. Zu dicke Griffe »dämpfen« Aktionen mit der Hand, während dünne sie »ermutigen«.

Griffe kann man selbst anpassen. Dazu entfernt man zuerst den Originalgriff und das alte Band, bevor man das neue bis zur gewünschten Stärke um den Schaft wickelt. Mit Mastix wird dann das Band gleitfähig gemacht, um den neuen Griff überstreifen zu können. Hat man die Bandage verstärkt, muß man sorgfältig darauf achten, daß der Griff nicht auf halbem Weg hängenbleibt. Sonst kann es passieren, daß er sich während der 24stündigen Trockenzeit nach oben verschiebt und die ganze Mühe vergeblich war. In allen Fällen zahlt es sich aus, den Schläger einem Fachmann – einem Pro – anzuvertrauen, da er für diese Korrektur kaum mehr verlangt als das Material kostet.

Schlägerlänge: Viele Anfänger sind sich im unklaren, welche Schlägerlänge sie brauchen, vor allem wenn sie überdurchschnittlich klein oder groß sind. Doch sie stellen bald fest, daß

AUSRÜSTUNG

sich die Schlägersätze in der Länge kaum unterscheiden. Das ist der unterschiedlichen Lage der Schläger in den einzelnen Sätzen zu verdanken. So wird ein großer Spieler Schläger mit einer steilen Lage verwenden, weil die Griffe höher über dem Boden liegen; der kleinere Spieler dagegen verwendet Schläger, die flacher liegen, so daß auch die Griffe niedriger zu fassen sind.

Es gibt einige wenige Ausnahmen, beispielsweise wenn ein Spieler ganz besonders groß ist oder sehr kurze Arme hat. In diesem Fall müssen die Schläger verlängert werden. Kürzen sollte man sie nie, außer für Kinder. Bei sehr klein geratenen Erwachsenen müssen die Lagen der Schlägerköpfe abgeflacht werden, um gute Schwünge zu ermöglichen. Kürzt man die Schäfte, kommt der Spieler zu nah an den Ball, was seinen Schwung behindert und damit die Weite des Balls beeinträchtigt.

Will man einen Schläger verlängern, muß zuerst der Griff entfernt werden. Dann wird ein guter Dübel eingepaßt, der mindestens zweimal so weit in den Schaft hineinreichen muß wie er darüber hinausragt. Schläger um mehr als 2,5 Zentimeter zu verlängern, kann gefährlich werden, denn gerade an der »Bruchstelle« werden sie beim Schwung besonders stark belastet.

Die Verlängerung eines Schlägers bedeutet gleichzeitig eine Erhöhung seiner Biegsamkeit und seines Schwunggewichts. Bei Hölzern kann man das dadurch ausgleichen, daß man die Bodenplatte entfernt und das Bleigewicht verringert.

Bei Eisen kann man lediglich versuchen, entsprechend viel Metall abzuschleifen, was große Geschicklichkeit erfordert.

Will man einen Schläger verkürzen, muß der Griff abgenommen und der Schaft mit einer Metallsäge abgeschnitten werden. Dabei werden sowohl die Flexibilität des Schaftes wie auch das Schwunggewicht verringert. Bei Hölzern kann man das Bleigewicht verstärken, um das alte, gewohnte Schlägergefühl wiederherzustellen; bei den Eisen müssen die Schlägerköpfe mit Bleiband entsprechend korrigiert werden.

Obwohl es geringe Abweichungen zwischen den einzelnen Schlägerfabrikaten gibt, sind die Standardlängen der Schläger für Herren wie folgt (die entsprechenden Schläger für Damen sind 2,54 Zentimeter kürzer):

Schläger	Länge
Driver	109 cm/43 in.
Holz 2	108 cm/42½ in.
Holz 3	107 cm/42 in.
Holz 4	105 cm/41½ in.
Holz 5	104 cm/41 in.
Eisen 1	99 cm/39 in.
Eisen 2	98 cm/38½ in.
Eisen 3	97 cm/38 in.
Eisen 4	95 cm/37½ in.
Eisen 5	94 cm/37 in.
Eisen 6	93 cm/36½ in.
Eisen 7	91 cm/36 in.
Eisen 8	90 cm/35½ in.
Eisen 9	89 cm/35 in.
Pitching Wedge	89 cm/35 in.
Sand Wedge	89 cm/35 in.

Unten: Der bei Wettbewerben sowohl von Amateuren wie von Pros wahrscheinlich am häufigsten eingesetzte »Ping«-Putter.
Rechts: Selbst ein Spitzenspieler wie Severiano Ballesteros benötigt einen perfekt ausbalancierten Putter – den »Ping«.

AUSRÜSTUNG

Der Putter

Von Anbeginn haben die Hersteller spezielle Putter auf den Markt gebracht, die teilweise aufgrund ihres Designs, mehr aber noch aufgrund des von ihnen vermittelten »Gefühls« die Golfer begeisterten und zu Bestsellern wurden.

Der berühmte Willie Park, der im Jahr 1860 die erste British Open gewann, war – genau wie später sein Sohn – berühmt für die von ihm gefertigten Putter. Damals war es das Nonplusultra, einen Willie-Park-Putter zu besitzen.

Die schottischen Schlägermacher bemühten sich fast alle um diesen Markt, der eine Zeitlang von einem mit »Gem« bezeichneten Putter beherrscht wurde. Er ist auch heute noch im Sortiment. Ben Sayers bot den »Benny« an, der mit seinem rechtwinkligen Griff als revolutionär galt. Der parallel zum Blatt stehende Griff gab ein Gefühl der Sicherheit und Genauigkeit beim Einputten. Nach den 1984 ausgearbeiteten »Rules of Golf« (Golfregeln) muß der Querschnitt aller Griffe kreisförmig sein – der herkömmliche Griff des Putters ausgenommen.

In den letzten Jahren drängten vor allem amerikanische Puttermodelle auf den Markt. Ein großer Teil davon war mit dem unterdessen schon traditionellen Center-Schaft ausgestattet, der bis zu Beginn der fünfziger Jahre in Großbritannien nicht zugelassen war. Zu den besten Puttern zählte der »Bulleseye«, der auch heute noch häufig von Amateuren, aber auch von Professionals gespielt wird.

Mitte der sechziger Jahre kam ein Putter auf den Markt, der wie ein verbogenes Stück Leitungsrohr aussah. Man nannte ihn nach dem beim Schlag verursachten Geräusch »Ping«. Doch darüber hinaus besaß er eine phantastische Balance, und seine Form gab ihm einen größeren »Sweet Spot«, der die Treffsicherheit verbesserte. Der Ping wird noch immer von den meisten Pros bevorzugt. Durch den Ping wurden auch die Konkurrenten wachgerüttelt – alle suchten nach dem Geheimnis des Erfolgs, was ganz allgemein die Entwicklung des Putters förderte. Erst wenn man eine gute Schlagtechnik beherrscht, kann man sich für den richtigen Putter entscheiden. Zunächst sucht man sich einen guten Marken-Putter aus – als Dame sollte man ein etwas leichteres und kürzeres Modell wählen –, mit dem man sich sicher fühlt. Im Lauf der Jahre

Die jüngste, im Jahr 1983 eingeführte Konstruktion, der »Verkehrtherum-Putter«. Vielleicht ist auch er nur eine kurzlebige Mode.

und mit wachsendem Können sollte man sich dann einen neuen, dem eigenen Spiel entsprechenden Putter leisten. Oft entscheidet man sich zu voreilig für ein bestimmtes Modell, mit dem man weniger Probleme zu haben glaubt. Dann aber wandert es schon bald in die für solche Zwecke eingerichtete »Tonne« im Proshop, wo man es für einen bestimmten Betrag los wird und ein neues erwerben kann.

Die Pflege der Schläger

Die sorgfältige Pflege der polierten Schlägerköpfe bei Hölzern kommt nicht nur ihrem Aussehen zugute, sondern schützt sie zugleich vor witterungsbedingten Schäden. Ein glänzendes Eisen, dessen Rillen regelmäßig gesäubert werden, garantiert eine bessere Schlagkontrolle. Viele Spieler zählen es zu den Freuden dieses Sports, ihren Schlägersatz mit Hingabe zu pflegen.

Hölzer: Beim Kauf eines Persimmonholzes muß man bis zu 500 DM anlegen, vor allem wenn es sich um einen der alten Macgregor-Schläger à la Tommy Armour handelt. Obwohl sie über fünfundzwanzig Jahre alt sein können und die gut abgelagerten Hölzer, aus denen sie gefertigt wurden, hart und dauerhaft sind, rechtfertigen sie nicht immer die stark überhöhten Preise, die mancher Turnierspieler dafür bezahlt.

Persimmon ist eine Ebenholzart, die in den USA, Australien und Japan vorkommt. Dieses Holz findet auch heute noch für Schläger Verwendung; man läßt ihm aber nicht mehr die nötige Zeit zum »Reifen« wie früher. Durch den großen Golfboom sind die alten Hölzer aufgebraucht, und die nicht ausreichend gelagerten Blöcke, die dann verwendet wurden, sind lange nicht so dauerhaft.

Deshalb begann man, die Schlägerköpfe in Verbundbauweise herzustellen, das heißt in einzelnen Schichten, die verleimt und gepreßt wurden. Wurde eine der Lagen brüchig, stützten die anderen sie ab. Schlägerköpfe dieser Art vermitteln bis heute noch am besten das Gefühl der alten Persimmonhölzer – vor allem aber sind diese laminierten Köpfe sehr viel preiswerter.

Man hat mit gewissem Erfolg versucht, jüngere Persimmonhölzer künstlich schnellzutrocknen, um ihre Widerstandskraft zu erhöhen. Trotzdem muß man auf sorgfältige Pflege achten. Werden die Hölzer während des Spiels naß, müssen sie gut abgetrocknet werden, bevor man sie unter normalen Temperaturbedingungen aufbewahrt.

Läßt man sie in den nassen Hüllen stecken, besteht die Gefahr, daß das Holz quillt. Das gilt übrigens für sämtliche Arten von Hölzern.

Eine der kritischen Regionen des Schlägerkopfes bei Hölzern liegt rings um das Insert – ein Einsatz aus Plastik oder anderen formbaren Materialien, der am Kontaktpunkt in die Schlagfläche eingefügt ist. Hier muß das Holz besonders widerstandsfähig sein wegen der Bälle, die nicht im »Sweet Point« getroffen werden, aber auch wegen der ständigen Berührung mit dem Boden. Springt der Lack ab, ist das Holz direkt den Platz- und Wetterbedingungen ausgesetzt, wodurch es sich rasch verzieht und brüchig wird.

Das ursprünglich aus Schnur, heute aus verschiedenen Arten von Kunststoffäden bestehende Verbindungsstück zwischen Schaft und Schlägerkopf, der sogenannte Hosel, löst sich nicht selten ab und sollte regelmäßig überprüft werden. Der im Schaftende befestigte Schlägerkopf braucht diesen Halt, da der Klebstoff mit der Zeit austrocknet. Dieser wird mit jedem Schlag rissiger, so daß sich der Kopf lösen kann. Vergißt man längere Zeit, darauf zu achten, wird der Schlägerhals irgendwann splittern.

Hölzer pflegt man, indem man sie – einschließ-

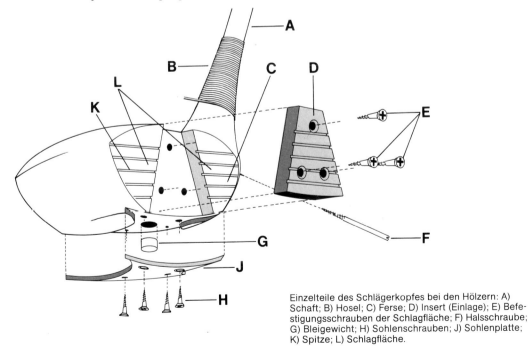

Einzelteile des Schlägerkopfes bei den Hölzern: A) Schaft; B) Hosel; C) Ferse; D) Insert (Einlage); E) Befestigungsschrauben der Schlagfläche; F) Halsschraube; G) Bleigewicht; H) Sohlenschrauben; J) Sohlenplatte; K) Spitze; L) Schlagfläche.

AUSRÜSTUNG

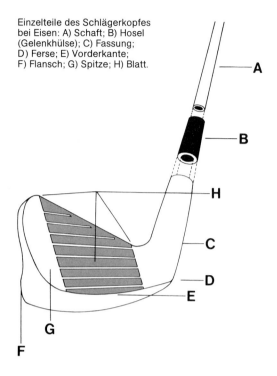

Einzelteile des Schlägerkopfes bei Eisen: A) Schaft; B) Hosel (Gelenkhülse); C) Fassung; D) Ferse; E) Vorderkante; F) Flansch; G) Spitze; H) Blatt.

lich der feinen Rillen auf der Schlagfläche – regelmäßig reinigt, bevor man dünn neuen Firnis aufträgt. Ist der Kopf bereits beschädigt, muß man das Holz zuerst wieder in seinen ursprünglichen Zustand versetzen. Man entfernt den alten Firnis und behandelt dann den Kopf mit Sandpapier, bis er glatt und sauber ist. Dann werden zuerst jene Teile dünn mit neuem Firnis überzogen, die nicht lackiert werden. Sind sie trocken, lackiert man den Rest in der gewünschten Farbe und versieht sie dann mit einem schützenden Lack.

Ist der Einsatz stark beschädigt oder dreht sich der Kopf im Schaft, sollte ein Fachmann den Einsatz austauschen und den Kopf wieder fest einfügen. Er und seine Mitarbeiter verstehen sich darauf, den Schlägern wieder ihre ursprüngliche Farbe und den Originalfirnis zu geben. Sofern es gewünscht wird, bringen sie auch das Markenzeichen wieder an.

Eisen: Sie verlangen keine übermäßige Pflege. Es genügt, wenn man sie immer sorgfältig trocknet und nicht feucht herumliegen läßt. Wenn Feuchtigkeit unter die Plastikhülse dringt, kann das untere Schaftende rosten, und zwar genau am Übergang zum Kopf, wo die größte Belastung beim Schlag liegt.

Es gibt für jedes Eisenblatt passende Plastikhüllen, die sich leicht überziehen und wieder entfernen lassen. Genau wie bei den Hölzern lohnt es sich, sie nach jedem Schlag überzustreifen. Eisenblätter werden besonders leicht beschädigt, wenn sie beim Herausziehen oder Hineinstekken in die Golftasche aneinanderstoßen. Dennoch sind Schutzhüllen für Eisen nicht so unbedingt erforderlich wie für Hölzer.

Vor allem nach Übungsrunden müssen die Rillen der Schlagflächen sorgfältig gereinigt werden. Durch die vielen Schläge setzt sich die Erde besonders in den Rillen fest. Die Rillen aber verbessern den Backspin (Rückwärtsdrall) des Balls und verhindern so, daß er über den nassen Grund weiterschlittert. Auch der Caddie des Pro wird die Eisenblätter immer sorgfältig säubern, bevor er sie in die Tasche zurücksteckt.

Schäfte und Griffe: Zuviel Feuchtigkeit hat auf den Chromschäften kleine Rostflecke zur Folge. Deshalb müssen sie in gewissen Abständen mit einem nicht scheuernden Chromreiniger abgerieben werden. Darüber hinaus bewahren sie dadurch ihren Glanz. Neue, aus einer Gummi-Kork-Mischung bestehende Allwettergriffe bedürfen einige Monate lang keiner Pflege und müssen erst dann mit heißem Seifenwasser abgewaschen werden. Je länger aber diese Griffe im Gebrauch sind, um so schneller greifen sie sich ab und trocknen aus – und um so häufiger müssen sie gereinigt werden. Ein Turnierspieler wird jedes Jahr zwei- bis dreimal die Griffe seines Schlägersatzes erneuern müssen. Spieler, die sehr häufig trainieren, verbrauchen unter Umständen noch mehr.

Früher waren allgemein Griffbandagen aus Leder üblich; heute sind sie selten geworden. Ein Grund dafür ist ihr Preis, der fast das Doppelte des modernen Allwettergriffs beträgt. Außerdem mußten sie häufiger ausgewechselt werden, es sei denn, man pflegte sie regelmäßig mit Lederöl. Vernachlässigt man sie aber, werden sie sehr glatt und schlüpfrig, vor allem wenn es kalt ist. Trotzdem sieht man Ledergriffe noch recht häufig an besonders alten Schlägern. Arnold Palmer beispielsweise, der nur Ledergriffe benutzte, sah man oft während einer Runde beim Wikkeln eines Griffs.

Weitere wichtige Ausrüstungsgegenstände

Heute werden dem Golfer jede Menge Accessoires angeboten; manche sind unerläßlich, viele aber auch reiner Luxus.

Golftaschen: Sie variieren in der Größe, je nach ihrem Zweck. Auf jeden Fall sollte man seine Golftasche – gleichgültig, ob man sie selbst trägt oder auf dem Caddywagen befördert – so groß wählen, daß man die Schläger leicht herausnehmen kann. Muß man Kraft aufwenden, werden die Griffe leicht beschädigt. Und ein neuer Griffsatz ist oft teurer als eine neue, größere Tasche. Für den halben Schlägersatz gibt es ein kleineres Golftaschenmodell, den Köcher. In einer Außentasche finden Bälle und Tees Platz. Wer jedoch das ganze Jahr über spielt, braucht eine große Tasche, in der auch wetterfeste Kleidung, eine Mütze und ein Handtuch untergebracht werden können.

Es gibt Taschen, die innen abgestützt sind, damit sie auf dem Caddywagen befördert werden können, ohne über den Schlägern zusammenzuklappen und sie vielleicht zu beschädigen. Trotzdem sind sie handlich und leicht und können über der Schulter getragen werden. Für Taschen aller Größen ist jedoch wichtig, daß der Tragriemen breit genug ist, weil er sonst in die Schulter einschneidet.

Wetterfeste Kleidung: Der Markt bietet heute wetterfeste Kleidung jeder Art; nur Baumwollartikel sind auf diesem Sektor verschwunden. Sie waren selbst in trockenem Zustand zu schwer und behinderten beim Spiel. Heute bevorzugt man leichte und geschmeidige Kunststoffe, die – zumindest nach Angaben der Hersteller – zugleich wasserdicht und luftdurchlässig sind. Auch scheinen die meisten Turnierspieler damit zufrieden zu sein, und nur einige von ihnen tragen noch immer die Überhosen und verzichten auf die Jacken, aus Angst, es könnte ihren Schlag beeinträchtigen. Die neue Allwetterkleidung schützt den Spieler nicht nur vor

Die modernen leichten Allwetteranzüge sind nicht nur wasserdicht, sondern garantieren dem Spieler vor allem Bewegungsfreiheit beim Schlagen. Hale Irwin schlüpft hier in einen Allwetteranzug, bevor er sich für den nächsten Schlag in einen Dornbusch begibt.

AUSRÜSTUNG

Da die Golftaschen immer größer und schwerer werden, müssen auch die Caddies immer jünger und fitter sein. Und natürlich wollen sie auch modisch aussehen wie Craig Stadlers Caddie auf diesem Foto.

AUSRÜSTUNG

Golfschuhe mit Spikes werden noch immer von den meisten Pros bevorzugt. Hier wechselt ein Fachmann die Spikes aus.

Nässe, sie läßt sich auch sehr klein zusammenfalten, so daß sie in der Golftasche Platz findet. Es empfiehlt sich allerdings, die Allwetterkleidung ab und zu zu lüften, da sonst das Material brüchig werden könnte.

Golfschuhe: Mit dem Aufkommen der Sohlen mit Gummistollen, die vor allem in den USA zunächst auf große Skepsis stießen, hat sich das Angebot von Golfschuhen sehr vergrößert. Als beispielsweise der Schotte Sandy Lyle bei seinem ersten amerikanischen Turnier mit diesem neuen Schuhmodell erschien, verlangte man, daß er sie gegen Schuhe mit konventionellen Spikes austausche. Da er keine Ersatzschuhe dabeihatte, mußte er sich welche kaufen. Heute erlauben allerdings auch die Amerikaner Schuhe mit Gummistollen.

Auf nassem Gras- oder Erdboden geben die alten Spikes dem Fuß zweifellos einen besseren Halt, weshalb viele Spieler sie weiterhin benutzen. Ein fester, sicherer Stand ist die Voraussetzung für jeden guten Schwung; außerdem unterstützt gutes, stabiles Schuhwerk die Kondition des Spielers auf den vielen Kilometern, die er zu bewältigen hat.

Golfhandschuhe: Ein sicherer Griff mit der linken Hand (beziehungsweise der rechten bei Linkshändern) ist für die Schwungtechnik von größter Bedeutung. Und dabei kann ein guter Handschuh sehr viel helfen. Es gibt zwar große Spieler wie Ben Hogan und Bill Rogers, die auf Handschuhe verzichten, aber sie sind Ausnahmen.

Auf jeden Fall ist ein guter und deshalb teurer Handschuh besser als zwei billigere. Am besten bewahrt man den Kunststoffbeutel auf, in dem der Handschuh gekauft wurde. Stecken Sie den Handschuh nach jeder Runde wieder hinein, damit er nicht austrocknet und spröde wird. Für besonders nasse Tage sollte man einen alten Handschuh bei sich haben, um den neuen zu schonen. Ein naß gewordener Handschuh muß nach dem Spiel gründlich abgetrocknet werden. Danach kann man ihn mit Handcreme wieder geschmeidig machen.

Golfwagen: Die in Großbritannien hergestellten Golfwagen (dort auch *trolley* genannt) zählen zu den besonders ausgewogenen Modellen. In anderen Ländern werden vielleicht phantasievollere Golfwagen produziert, aber Wagen dieser Art sind häufig sehr viel schwerer zu ziehen. Will man einen Golfwagen, der den hohen Anforderungen auf dem Platz tatsächlich gewachsen ist, muß man sich unter den vielen Modellen sehr genau umsehen. Vielleicht erscheint der Preis für einen guten Wagen im ersten Moment hoch – die lange Lebensdauer aber wird das ausgleichen.

Tees: Als Tees (Holz- oder Plastikstift mit einer konkaven Vertiefung am Kopf) die Sandhügel zum Aufteen des Balls verdrängten, gab es sie zunächst in vielen Formen und Größen. Das bekannteste Modell war die »Karotte«, benannt nach seinem Aussehen. Die Tees waren teuer und so dick, daß man sie unmöglich kaputtkriegen konnte, aber man verlor sie leicht. Eine Zeitlang experimentierte man dann mit Gummitees, doch auch sie erwiesen sich als nicht sehr handlich. Schließlich setzten sich allgemein Kunststofftees durch.

Einige Turnierspieler bevorzugen inzwischen wieder Holztees, weil sie auf der Schlagfläche der Hölzer keine Spuren hinterlassen. Auf manchen Plätzen in den USA werden Tees kostenlos verteilt oder in einem Behälter bereitgehalten. Nicht selten liegen sie nach Gebrauch dann über das Gelände verstreut, weil sich niemand die Mühe macht, sie wieder in den Behälter zurückzulegen.

Golfbälle: Neben den Schlägern zählen die Bälle zu den wichtigsten Ausrüstungsgegenständen.

Auch hier ist das Angebot sehr groß, wobei die Bälle in unterschiedlichen Härtegraden auf den Markt kommen. Die Größe allerdings wird über kurz oder lang einheitlich sein, da der englische Ball mit einem Durchmesser von 1,62 in. (ca. 4,11 cm) immer mehr durch den amerikanischen Konkurrenten von 1,68 in. (ca. 4,27 cm) verdrängt wird. Doch auch der größere Ball hat das ursprüngliche Gewicht von 46 Gramm.

Je nach dem Druck, mit welchem die langen Hartgummifäden um den Flüssigkeitskern des Balls gewickelt werden, entstehen unterschiedliche Kompressionen, die bei 80, 90 oder 100 liegen. Höhere Kompressionen sind durch die Bestimmungen des R & A und der USGA ausgeschlossen, da ein Ball mit nicht mehr als 76,2 m pro Sekunde den Schläger verlassen darf.

Zu dem traditionellen Ball mit Flüssigkeitskern kommt jetzt noch ein neueres Modell mit einem größeren Festkörperkern. Dabei gibt es Ausführungen, die mit weniger Hartgummifäden umwickelt sind, aber auch solche, die ganz ohne, also massiv sind. Ihr Vorteil besteht im weiteren Flug – was durch die Nachteile bei kürzeren Schlägen aber fast wieder ausgeglichen wird. Denn es ist sehr viel schwerer, diesen Bällen denselben Backspin zu geben wie den Bällen mit Flüssigkeitskern. Beim Einputten reagieren sie »härter«, und man vermißt das »sanfte« Gefühl, das der konventionelle Ball vermittelt.

Einige Turnier-Pros, die im allgemeinen den Festkörperball nicht schätzen, setzen ihn dennoch bei besonders langen Abschlägen oder bei starken Böen ein. In vielen Ländern ist das untersagt; dort muß vom ersten Tee an die gesamte Runde mit demselben Balltyp gespielt werden.

Die Dimpel auf der Schale des Balls haben viele Veränderungen erlebt. Nicht nur, was die Tiefe betrifft, sondern vor allem hinsichtlich der Formen. Einmal waren sie rund, dann quadratisch, drei- oder sechseckig und schließlich wieder rund. Es ist bekannt, daß ein Ball mit zu flachen Dimpeln keinen, ein Ball mit zu tiefen aber einen zu starken Auftrieb hat.

Dunlop produzierte mit seinem DDH einen Ball, der sowohl im Muster wie in der Anordnung der Dimpel revolutionär ist. Er ist als Dodekaeder angelegt (ein von zwölf gleichen regelmäßigen Fünfecken begrenzter Körper mit zwanzig Ecken und dreißig Kanten). Bei anderen Bällen, deren Schale aus zwei zusammengefügten Halbkugeln besteht, durchschneidet die Naht entweder eine Reihe von Dimpeln, oder sie bildet einen Wulst ohne Dimpel. Beim DDH aber laufen zehn Teilungskreise über die Außenfläche, ohne auch nur einen Dimpel zu tangieren. Die Dimpel selbst sind von unterschiedlicher Größe und, entsprechend dem Fabrikat, verschieden angeordnet. Dieser inzwischen erfolgreich erprobte Ball erfreut sich augenblicklich großer Beliebtheit.

Es ist wichtig, einen Ball zu wählen, der den individuellen Bedürfnissen entspricht. Ein durchschnittlich guter Spieler sollte sich für einen Ball mit Kompression 90 entscheiden. Die meisten Hersteller bieten neben einem qualitativ sehr anspruchsvollen Ball noch eine billigere Ausführung an.

Ein kräftiger junger Mann mit weiten Schlägen kann durchaus einen Ball mit Kompression 100 wählen. Nur an kalten Tagen sollte er einen 90iger Ball verwenden, da sich Gummi bei zu niederen Temperaturen nicht genügend erwärmt.

Allerdings siegt auch bei der Wahl des Balls nicht immer der gesunde Menschenverstand. So sollten zum Beispiel Damen mit meist zu kurzen Schlägen eigentlich einen »sanfteren« Ball wählen. Doch wenn sie erst einmal diese überraschenden Weiten mit dem besonders harten Ball erlebt haben, lassen sie sich im allgemeinen nicht mehr davon abbringen.

Für ganz besonders interessierte und kritische Golffans muß noch darauf hingewiesen werden, daß es auch zwei verschiedene »Häute« beziehungsweise Schalen für den Ball gibt – das Naturprodukt Balata und das Kunstprodukt Surlyn. Spitzenspieler behaupten, mit Balatbällen mehr Backspin zu erreichen – was ebenso für die Bälle mit Flüssigkeitskern gilt, mit denen die meisten von ihnen spielen.

Das Foto links zeigt die Entwicklung der Schale von Golfbällen, und zwar von der Lederhaut bis zum neuen Dunlop DDH. Von oben nach unten: ein federgefüllter Ball, ein Guttaperchaball, ein »Gutty« mit feinen Einkerbungen, zwei frühe Modelle mit Rautenmustern, das Brombeer- oder Bramble-Muster, das Gitter- oder Maschen-Muster, ein früher Ball mit Dimpeln, der Dunlop 65 und das neue Dunlop-DDH-Muster.

Der Golfschwung

In den vergangenen fünfzig Jahren hat es in der Welt des Sports grundlegende Veränderungen gegeben. Die gesundheitsfördernden Körperübungen haben sich zu unerbittlichen Wettkämpfen entwickelt, bei dem die Kontrahenten sich nicht selten an die Grenzen ihrer physischen und psychischen Leistungskraft treiben. Jeder Sport verlangt eine spezifische Ausrüstung, weshalb deren Hersteller ständig konkurrieren, immer auf der Suche nach neuen und noch besseren Produkten, die das spielerische Niveau verbessern sollen. Professionelles Golf macht darin keine Ausnahme.

Glücklicherweise aber unterliegt Golf sehr genauen Richtlinien, die vom Royal and Ancient Golf Club of St. Andrews (R & A), der United States Golf Association (USGA) und der Professional Golfers' Association (PGA) überwacht werden. Sie sorgen dafür, daß nicht auf den Markt kommt, was dem Charakter des Spiels abträglich sein könnte. So wird beispielsweise jeder neue Schläger- oder Balltyp sehr genau unter die Lupe genommen. Gelangen die Dachverbände dabei zu der Ansicht, daß bestimmte Neuerungen gegen die Interessen des Golfs verstoßen, werden sie als ungesetzlich erklärt und nicht zugelassen.

Innerhalb der durch diese Organisationen festgelegten, recht liberalen Richtlinien hat sich der Golfsport seit den dreißiger Jahren stark verändert – das gilt sowohl für die Ausrüstung wie vor allem für die Technik. Sie mußte sich beispielsweise den unterdessen höherentwickelten, handlicheren und aufeinander abgestimmten Schlägern anpassen. So weisen die Schläger eines Satzes nicht nur das gleiche Schwunggewicht auf, sondern sind auch hinsichtlich ihrer Lage so konstruiert, daß sie den individuellen Spielerbedürfnissen entsprechen. Da die Schäfte leichter geworden sind, hat sich auch das Gesamtgewicht (Static weight) der Schläger verringert. Außerdem werden die Driver heute mit größerem Loft gefertigt. Statt des in den dreißiger Jahren üblichen Schlagwinkels von vier oder fünf Grad, verfügen sie jetzt meist über einen Loft von zwölf Grad. Darüber hinaus wurde der Pitching Wedge eingeführt, ergänzt durch leichtere Sandeisen und Putter mit Mittelschäften.

So bemerkenswert diese Modifikationen bei der Ausrüstung sein mögen, die Veränderungen in der Schwungtechnik sind von wesentlich größerer Bedeutung.

In den dreißiger Jahren verdrängte der Stahl den Hickoryschaft. Der Stahlschaft erforderte aber beim Schwingen eine ganz neue Technik, was von vielen Spielern lange Zeit nicht wahrgenommen wurde. Da die damaligen Stahlschäfte technisch noch nicht ausgereift waren, hielten sich viele Skeptiker an das Altvertraute. Doch wenn man heute, nach einem halben Jahrhundert Erfahrung und Weiterentwicklung, zurückblickt, wird deutlich, wie unrecht sie hatten.

Während des Zweiten Weltkriegs kam der Golfsport in Großbritannien fast zum Erliegen. Andererseits wirkten sich die durch den Krieg forcierten technischen Fortschritte auch auf die Herstellung von besseren Schlägern aus, die nach einer angepaßten Technik des Golfschwungs verlangten.

Bezeichnenderweise ließen sich diese Veränderungen zuerst bei den amerikanischen Pros beobachten. Sie hatten damit schon vor Beginn des Kriegs experimentiert und schrieben auch dann noch Wettkämpfe aus, als die europäischen Nationen schon lange nicht mehr in der Lage waren, daran teilzunehmen. Zu jener Zeit besuchte der beste britische Spieler, Henry Cotton, die USA und versuchte sich in der neuen Technik. Doch er konnte ihr keinen Geschmack abgewinnen und kehrte zu seinem alten Stil zurück, mit dem er immerhin die British Open von 1934, 1937 und 1948 gewann.

Erst zu Beginn der sechziger Jahre begann eine größere Anzahl amerikanischer Pros auf dieser Seite des Atlantik an Wettkämpfen teilzunehmen. Davor hatte es nur den im Abstand von vier Jahren auf englischem Boden ausgetragenen Ryder Cup gegeben. Der Auftritt Arnold Palmers bei der British Open war der Anfang,

Die klassische Schwungbewegung von Jerry Pate. Unter den modernen Golfgrößen hat er wahrscheinlich die unkomplizierteste Technik.

GOLFSCHWUNG

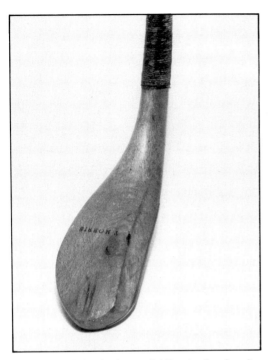

Die Charakteristika des langen Schlägerkopfes, der mit einem Hickoryschaft verbunden war, bestimmten die traditionelle Form des Golfschwungs.

und von da an kamen von Jahr zu Jahr immer mehr der besten Spieler der Welt auf die Insel – und mit ihnen die neue Technik.

Die Entwicklung des Schwungs wurde zunächst durch die Beschaffenheit der Ausrüstung beeinflußt, vor allem der der Golfbälle. Sie hatten eine Lederschale, die prall mit Federn gefüllt war – pro Ball benötigte man ungefähr zwei Zylinderhüte voll. Die Schläger dafür waren länger als heute und weniger stark angewinkelt und wurden mit einer weitausholenden Schwungbewegung geführt.

Der an den Schaft geleimte und durch eine Bandage gesicherte längere Schlägerkopf und der Schaft aus Hickory bewirkten, daß sich der Schlägerkopf beim Rückschwung öffnete, um sich dann beim Durchschwung wieder zu schließen. Die weitausholende Schwungbewegung führte zu einer seitlichen Körperverschiebung nach vorn oder hinten, dem gefürchteten »Scottish sway«. Jeder, der in Schottland zwischen 1539 und 1939 Golf lernte, eignete sich dieses »Schwanken« an. Unglücklicherweise hat sich diese Tradition bei manchen bis heute erhalten.

Die vor mehr als hundert Jahren gemachten technischen Fortschritte erlaubten nicht nur eine Verbesserung der Ballstruktur, sondern vor allem die Fertigung stabilerer Schläger. Der Durchbruch kam mit der Möglichkeit, den Schlägerkopf zu durchbohren und den Schaft fest einzufügen, was sich natürlich auch auf die Schwungbewegung auswirkte. Die Körperschwankung wurde geringer, da man mit neuen Grifftechniken die Bewegungen von Händen und Armen besser koordinieren konnte.

Harry Vardon, der viele Jahre lang Pro des South Herts Golf Club war, entwickelte den nach ihm benannten »Vardon«-Griff, der auch heute noch in aller Welt gelehrt wird. Früher wurde sogar behauptet, daß ihn 99 Prozent aller Pros spielen würden. Die Weiterentwicklung der Schläger und der Schwungtechnik ließen diesen Griff keineswegs verschwinden; doch heute wird er in leicht abgeänderter Form angewendet.

Bei der im Clubhaus des South Herts Golf Club hängenden Bronze von Harry Vardons Händen ist die linke Hand so weit über dem Griff (deshalb auch »überlappender Griff« genannt), daß man fast drei Knöchel sehen kann. Bei der modernen Schwungtechnik benutzt man einen Griff, bei dem normalerweise nur noch zwei Knöchel zu sehen sind; besonders starke Spieler zeigen sogar nur noch einen.

Natürlich ist nicht diese »Knöchelstatistik« ausschlaggebend für eine effektive Schwungtechnik, sondern die sich daraus ergebende Führung und Bewegung des linken Handgelenks. Je weniger Knöchel zu sehen sind, desto stärker ist das Handgelenk am höchsten Punkt des Rückschwungs nach außen gewölbt (zu Vardons Zeit war es nach innen gebogen).

Auch der »Scottish sway« wurde durch eine entschiedene Schulterbewegung ersetzt. Da das Handgelenk durch die Bewegung in »einem Stück« mehr in der Aushollebene verharrt, winkelt es sich fast automatisch an, was in der Golf-Fachsprache als »breaking« oder »cocking« bezeichnet wird.

Die wahrscheinlich bald nur noch mit 4,27 Zentimeter Durchmesser angebotenen Bälle haben aufgrund ihrer unterschiedlichen Härtegrade voneinander abweichende Flugeigenschaften. Spieler, deren fehlerhafte Schwungtechnik häufig zu hohe Schläge zur Folge hat, sollten sich Bälle mit niedriger Flugbahn zulegen; Spieler, die dagegen zu flach schlagen, solche, die etwas tiefere Dimpel aufweisen und dadurch eine höhere Flugbahn haben.

Vielleicht mag es manchen Spielern als unfair erscheinen, sich solcher »technologischer« Tricks zu bedienen, um sportliche Unzulänglichkeiten auszugleichen. Doch andererseits verlangt der größere Ball, der unabhängig von der Höhe der Flugbahn immer noch zur Seite ausbrechen kann, eine verläßliche und gleichmäßige Schwungtechnik. Auch er bietet also nicht nur Vorteile, sondern stellt bestimmte Anforderungen an den Spieler.

Genau wie die Bälle haben sich auch die Schäfte weiterentwickelt und kombinieren nun Schlagkraft mit geringem Gewicht. Dadurch hat sich natürlich das Eigengewicht des Schlägers mit verringert, und mit ihm die Schwungbewegung. Früher sah man allgemein weitausholende Rückschwünge, doch heute fällt ein Spieler wie

Ein Spieler, dessen Handgelenk rechtwinklig zur Schwungebene steht, wird nur selten überschwingen. Ein Beispiel ist Ben Crenshaw.

Ganz links sieht man den alten »Scottish sway«, der sich über Generationen entwickelte, als die Spieler noch Hickoryschäfte, Schläger mit flacheren Lagen und federgefüllte Bälle benutzten. Rechts im Vergleich die moderne Schwungtechnik.

Ben Crenshaw auf, der daran noch festhält.
Durch das »Schwingen in einem Stück« ist es möglich, in einer »Schwungebene« zu bleiben, wie es der legendäre Ben Hogan in den fünfziger Jahren formuliert hat. Zur Zeit der Hickoryschäfte wäre das völlig unmöglich gewesen, da der Schlägerkopf beim Rückschwung verdreht wurde. Die Arme wurden beim Rückschwung flacher geführt als beim Durchschwung.
Ungefähr in Hüfthöhe wurde dabei die Richtung gewechselt, wobei das bewußte Anwinkeln des Handgelenks den Schlägerkopf nach oben brachte, bevor der Durchschwung einsetzte. Es gab also innerhalb des Rückschwungs zwei verschieden gerichtete Bewegungen und folglich auch keinen einheitlichen Neigungswinkel der Schwungebene.
Als der Australier Peter Thomson sehr früh schon Erfolge verzeichnen konnte, wunderte man sich über seine recht unkompliziert wirkende Schwungtechnik - sie beruhte auf dem Schwingen in einer Ebene. Damals wirkte das noch ungewöhnlich, doch heute hat sich die »einfachere« Bewegung weitgehend durchgesetzt.
Peter Thomson hat sich um den Golfsport sehr verdient gemacht, indem er bewies, daß die Vorbereitung des Schlags am besten aus einer Position erfolgt, die der im Durchschwung fast völlig entspricht. Viele Pros sprachen von da an nicht mehr vom »Ansprechen« (»address«) des Balls, sondern vom »Einnehmen der Position« (set up to the ball). Und fast alle guten Spieler verhalten sich heute entsprechend. Das ist einer der Gründe dafür, daß wir heute immer jüngere Turniersieger erleben.

Von den Pros lernen

Die Weiterentwicklung der Schwungtechnik erleichtert dem Trainer das Unterrichten und dem Spieler das Lernen.
Wer glaubt, er könne Golf ohne Anleitung eines Pros lernen, irrt sich. Unglücklicherweise sieht es manchmal so aus, als ob Dilettanten größere Fortschritte machten als Anfänger, die sich einem Pro anvertrauen. Aber meist dauert es nicht lange, bis sich das Verhältnis umkehrt - und dann werden die Unterschiede in der Weiterentwicklung zusehends größer.

Es gibt Grundkenntnisse in der Spieltechnik, die auf keinen Fall vernachlässigt werden dürfen. Sie verlangen Selbstdisziplin und Geduld, doch das Ergebnis tröstet rasch über alle Mühe hinweg. Ohne diese Basis gibt es keine wirkliche Weiterentwicklung, keinen beständigen Fortschritt.
Viele Anfänger denken schon beim ersten guten Schlag, es genüge, diesen so häufig wie möglich zu trainieren, um ihn ein für allemal zu beherrschen. Doch das stimmt nicht. Ein solcher Zufallsschlag wird gerade dann nicht gelingen, wenn er beim Spiel beziehungsweise in einem Wettkampf entscheidend wäre.
Andere Spieler berufen sich auf die Top-Pros, die oft ganz unterschiedliche, aber dennoch erfolgreiche Schwungtechniken haben. Sie richten den Blick fast ausschließlich auf die Unterschiede und übersehen dabei das, was all diesen Varianten gemeinsam ist. Und das ist es, was den Erfolg ausmacht.
Es gibt bestimmte Formen des Golfschwungs, auf die alle Pros schwören - Grundtechniken, die allseits erprobt sind und sich immer wieder aufs neue bewähren. Kein Anfänger und kein Fortgeschrittener vernachlässigt sie ungestraft. Es gilt also, wenn möglich von Anfang an, unter der Anleitung eines Pros eine solide und saubere Technik zu erlernen, das heißt, eine solide Basis zu schaffen, von der aus ein Spieler mit natürlichem Talent und sehr viel Fleiß einen sehr hohen Standard erreichen kann. Aber auch der Durchschnittsspieler braucht diesen Ausgangspunkt zur Entwicklung einer verläßlichen Schwungtechnik, die ihm den Spaß an diesem Sport ein Leben lang erhält.

Die Schwungroutine der Pros

Obwohl jeder Schlag seine individuellen Besonderheiten hat, läßt er sich in drei Grundphasen zerlegen:
1. Einnehmen der Position (Set-up): Nachdem sich der Spieler entschieden hat, wie er den Ball schlagen will, wählt er den entsprechenden Schläger und begibt sich dann in die Schlagposition.

Arnold Palmer war einer der ersten, die einen überaus kraftvollen Schlag demonstrierten, bei dem das linke Handgelenk rechtwinklig zur Schwungebene stand.

GOLFSCHWUNG

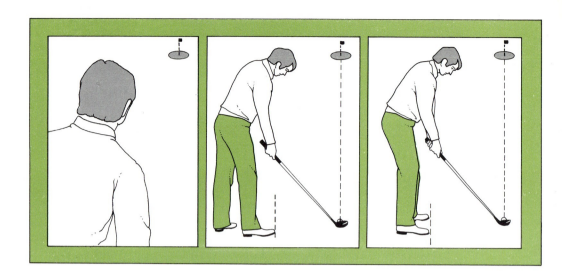

2. Rückschwung: Er dient der weiteren Schlagvorbereitung. Durch die aufeinander abgestimmte Ausholbewegung von Händen, Armen und Körper wird der Schläger zurückgenommen, um aus der richtigen Position und im richtigen Winkel den Ball ins Ziel schlagen zu können.

3. Durchschwung: Er beinhaltet sowohl die Gewichtsverlagerung wie den Ab- und Durchschwung der Arme, in dessen Verlauf die Hände den Schlägerkopf an und durch den Ball hindurchschwingen, bevor die Bewegung im Finish (des Durchschwungs) endet.

Das Einnehmen der Ausgangsposition (Set-up)

Ein sehr hoher Prozentsatz aller Schwungfehler hat seine Ursache in der falschen Ausgangsposition. Deshalb verwenden selbst Spitzenspieler viel Zeit auf die Verbesserung ihres Set-up. Vor allem für die vorsätzlich mit Spin geschlagenen Bälle ist der richtige Stand sehr wichtig, weil nur er den entsprechenden Bewegungsablauf gewährleistet.

Es ist bemerkenswert, wie viele Spitzenspieler beim Einnehmen der Schlagposition dieselbe Routine durchlaufen. Das ist keineswegs Zufall, denn jeder kopiert natürlich beim andern, was erfolgreich ist. Im übrigen werden selbst unter härtesten Rivalen freimütig Erfahrungen und Tricks ausgetauscht.

Erste Phase: Ausrichten des Schlägers, Position des Balls und Körperhaltung. Der Pro wird zunächst genau die Fluglinie des Balls fixieren.
Er hält den Schläger mit der rechten Hand, ungefähr eine Handbreit unterhalb vom Griffende. Die Schlagfläche ist zum Ball geöffnet und square (im rechten Winkel zum Ziel) ausgerichtet. Gleichzeitig wird der rechte Fuß so nahe wie möglich dort plaziert, wo er auch während des Schlags stehen soll.

Die richtige Plazierung des rechten Fußes gehört zu den wichtigsten Voraussetzungen für einen guten Schwung. Bein und Hüfte werden im rechten Winkel zur Fluglinie ausgerichtet, was für die Genauigkeit des Schlags wichtig ist. Bei normalem Auseinanderstellen der Füße wird der rechte leicht nach außen zeigen.

Zweite Phase: Ausrichten der linken Seite und Umfassen des Schafts. Nach Abschluß der ersten Phase und nochmaligem Fixieren der Fluglinie erfolgt ein aufeinander abgestimmter Bewegungsablauf.

Zuerst werden der linke Fuß und die linke Körperseite parallel zur Fluglinie ausgerichtet, wobei die rechte Hand den Schläger etwas nach vorn bringt, so daß ihn die linke in Höhe des Oberschenkels umfassen kann. Das gibt der linken Körperseite die notwendige Stabilität für einen weiten Ausholbogen. Verstärkt wird diese Haltung durch ein leichtes Anheben der linken Schulter, was durch ein Beugen des rechten Knies ausbalanciert wird.

Erst an diesem Punkt umfaßt die Rechte den Griff in der korrekten Schlagposition.

Dritte Phase: Die richtige Körperstellung, das »Wackeln« und der Druck nach vorn. Es kommt darauf an, das Rückgrat so weit vornüber zu beugen, wie es die Lage des gewählten Schlägers erfordert, um ihn in der Schwungebene ohne Richtungsänderung um den Körper führen zu können. Dabei ist die Kopfhaltung von größter Bedeutung. Wird sie verändert, verändert sich auch die Schwungachse des Körpers, so daß sein Gewicht nicht mehr gleichmäßig verteilt auf Beinen und Füßen ruht, was allein Beweglichkeit und Balance garantiert.

Pros werden immer zuerst die Körperhaltung ausrichten, bevor sie die Beine beugen, damit der Schwung den korrekten Neigungswinkel behält. Das »Wackeln« verfolgt zwei Absichten: Ein Spieler demonstriert durch die leichten Vor- und Rückbewegungen des Schlägers in Ballnähe, wie er zu schlagen beabsichtigt. Zugleich lockert er damit sich und seinen Schlag, der unter Druck sonst leicht verkrampft ausfallen könnte. Normalerweise erfolgt das »Wackeln« mit einer kombinierten Hand-, Gelenk- und Armbewe-

---

Da 90 Prozent aller Schwungfehler ihren Ausgangspunkt im falschen Set-up haben, ist es ratsam, sich die hier gezeigte Routine anzueignen. Nachdem man die Fluglinie überprüft und den passenden Schläger gewählt hat, nimmt man diesen zunächst in die rechte Hand und legt ihn so gegen den Ball, daß seine Schlagfläche zum Ziel zeigt. Gleichzeitig plaziert man den rechten Fuß so nahe wie möglich an die korrekte Position. Jetzt richtet man die linke Körperseite aus und nimmt den Schläger in die linke Hand, wobei man mit der rechten losläßt. Erst jetzt umfaßt man den Schläger mit dem korrekten Griff. Die linke Schulter wird dabei leicht angehoben und das rechte Bein etwas nach innen gebeugt.

GOLFSCHWUNG

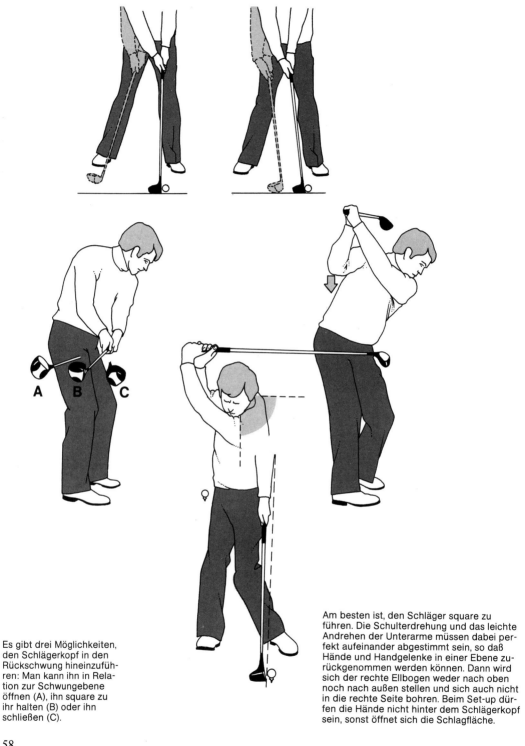

Es gibt drei Möglichkeiten, den Schlägerkopf in den Rückschwung hineinzuführen: Man kann ihn in Relation zur Schwungebene öffnen (A), ihn square zu ihr halten (B) oder ihn schließen (C).

Am besten ist, den Schläger square zu führen. Die Schulterdrehung und das leichte Andrehen der Unterarme müssen dabei perfekt aufeinander abgestimmt sein, so daß Hände und Handgelenke in einer Ebene zurückgenommen werden können. Dann wird sich der rechte Ellbogen weder nach oben noch nach außen stellen und sich auch nicht in die rechte Seite bohren. Beim Set-up dürfen die Hände nicht hinter dem Schlägerkopf sein, sonst öffnet sich die Schlagfläche.

GOLFSCHWUNG

gung; bei längeren Schlägern können aber auch Schulter und Knie mit ins Spiel kommen.
Der Druck nach vorn (»Forward press«) könnte bereits als Teil des Rückschwungs angesehen werden, sofern er diesen einleitet. Hände, Gelenke und rechtes Knie »drücken« dabei in Richtung Ziel. Das Zurückfedern dieser Bewegung wird von vielen Pros als Übergang in den Rückschwung verwendet.

Der Rückschwung

Er umfaßt jenen Bewegungsablauf, mit dem der Schläger über und hinter den Spieler geführt wird, bevor er kraftvoll und präzise durch den Ball schwingt. Die Bezeichnung könnte zu der Annahme verleiten, daß es sich hierbei um einen eigenständigen Schwung handelt, doch das stimmt nicht. Die Beobachtung von Pros zeigt, daß sie ihn lediglich als Schlagvorbereitung benutzen. Allerdings nehmen sie sich beim Rückschwung keineswegs dieselben Freiheiten heraus wie beim Ab- und Durchschwung.

Der nach hinten und oben schwingende Schlägerkopf bestimmt Richtung und Tempo dieser Bewegung. Der Pro bringt ihn dabei in eine genau kalkulierte Position, aus der heraus er – bei voll ausbalancierter Körperhaltung – im richtigen Neigungswinkel und in einer einheitlichen Schwungebene zum Durchschwung ansetzt.

Diese zweite Schwungphase kann mit dem Spannen eines Bogens oder einer Schleuder verglichen werden.

Beginn des Rückschwungs: Der Anfänger reagiert oft verwirrt, wenn er beginnt, den Schlägerkopf vom Ball wegzunehmen – es scheint, als ob dieser mit dem Boden verwachsen wäre. Die erfahrenen Pros vermeiden dies, indem sie den Schaft ihres Schlägers beim Set-up in die linke Hand plazieren, wodurch er nach vorn kommt. Bei Beginn des Rückschwungs ist dann der Schlägerkopf bereits vor den Armen und scheint rascher vom Boden abzuheben. Wer dagegen die Hände hinter dem Ball hat, muß den Schläger über den Turf ziehen, bis er vom Boden kommt.

Schlagvorbereitung: Zuerst geht die Bewegung

Um seine besonders starke Schulterdrehung beim Rückschwung voll ausspielen zu können, nimmt Tom Watson die linke Ferse nach oben.

GOLFSCHWUNG

von den Händen aus; Arme und Schultern kommen aber fast gleichzeitig mit ins Spiel, da sie Spannweite und Stabilität der Ausholbewegung maßgebend beeinflussen. Durch den so koordinierten Bewegungsablauf werden die Voraussetzungen für den Durchschwung in einer Ebene geschaffen. Dabei werden die Unterarme leicht gedreht, während die Handgelenke angewinkelt sind, um den Schlägerkopf in die richtige Ausgangsposition zu bringen. Sie bestimmt Richtung und Neigungswinkel des nachfolgenden Schwungs.

Bei normalen Schlägen winkelt sich das linke Handgelenk so an, daß der Schlägerschaft – der beim Set-up noch eine gerade Verlängerung des linken Arms ist – im höchsten Punkt der Ausholbewegung einen Winkel von nicht weniger als neunzig Grad mit ihm bildet. Das rechte Handgelenk dahinter ist »eingerastet«, während der Ellbogen Richtung Boden weist.

Damit diese Schlagvorbereitung wirklich kraftvoll und locker zugleich erfolgen kann, müssen Hüften, Beine und Füße in den Bewegungsablauf miteinbezogen werden. Kurz nachdem die Ausholbewegung vom Oberkörper initiiert wurde, beginnen sie sich einzuschalten. Sie sind für die Balance des Körpergewichts verantwortlich und bereiten zugleich dessen Verlagerung vor. Das linke Knie und der Knöchel stabilisieren die Ausholbewegung und sorgen dafür, daß die Schultern nicht kippen. Nur so kommt eine kontrollierte und präzise Schlagvorbereitung zustande.

In der letzten Phase der Schlagvorbereitung liegt der in »einem Stück« und ohne Richtungsänderung in einer Ebene zurückgeführte Schläger fast horizontal zum Boden und damit parallel zur Fluglinie. Die Schultern sind um neunzig Grad aus der Ausgangsposition beim Set-up herausgedreht, der linke Arm und der Schlägerschaft zeigen mindestens denselben Winkel. Beobachtet man Pros bei der Schlagvorbereitung, läßt sich – sogar bei ausgesprochen »sanften« Schlägen – zweierlei feststellen: Erstens drehen Sie den Schlägerkopf leicht nach rechts und kippen ihn fast unmerklich so ab, daß sich die linke Seite der Schlagfläche zum Ball dreht. Dadurch kann der Pro seinen Abschwung leicht innerhalb der beim Rückschwung beschriebenen Kurve ansetzen. Beim Durchschnittsspieler ist es oft umge-

Gute Spieler versuchen häufig, den Abschwung innerhalb des Rückschwungs zu halten. Dabei bleibt es allerdings beim äußeren Anschein; denn die zentrifugalen Kräfte beim Abschwung wirken denen beim Rückschwung genau entgegengesetzt. Trotzdem sollte man es versuchen, um ein zu weites Hinausschwingen des Schlägerkopfes zu vermeiden.

kehrt. Zweitens wird im Augenblick der Gewichtsverlagerung auf das rechte Knie die linke Hüfte vorgeschoben. Beides wird als Übergang zum Abschwung genutzt.

Der Durchschwung

Er erfolgt in drei Phasen: Abschwung, Schlag und Ausschwung. Sie werden unter einer Überschrift zusammengefaßt, weil bei einem guten Spieler die einzelnen Phasen so flüssig und unmerklich ineinander übergehen, daß selbst der Treffmoment voll in den Schwung integriert wird.

Der Pro wird immer versuchen, bis in den Ausschwung hinein flüssig durchzuschwingen, weil sonst die Gefahr besteht, daß er gegen und nicht »durch« den Ball schlägt.

Abschwung: Die beim Rückschwung zuletzt in den Bewegungsablauf einbezogenen Körperteile – Hüften und Beine – leiten nun den Abschwung ein. Viele Berufsspieler behaupten, als erstes die linke Hüfte seitlich in Richtung Ziel zu verschieben. Stimmt das, so gehören sie zu jenen Spielern, die die linke Ferse nicht anheben; sonst wäre es unmöglich, allein die Hüfte zu bewegen. Linke Hüfte, Bein und Fuß reagieren vielmehr in einer koordinierten Bewegung,

GOLFSCHWUNG

Man sollte immer den Eindruck haben, daß der Abschwungbogen enger ist als der Bogen des Rückschwungs. Lee Trevino, dessen Rückschwung ziemlich steil erfolgte, ist hier mit einer Schleife in den Abschwung gegangen, um diesen Effekt zu erreichen.

meist unterstützt vom Körpergewicht, das sich während des Rückschwungs auf das rechte Knie verlagert hat.
Als entgegengesetzte Kraft zu den Bewegungen der unteren Körperhälfte wirkt das zentrifugale Schwunggewicht des Schlägerkopfes. Dadurch wird der Winkel zwischen Arm und Schaft noch kleiner. Schultern und Arme setzen an, den Schläger in den Abschwung und durch den Ball zu führen, das heißt, Sie »ziehen« dabei zunächst an ihm, wobei der rechte Ellbogen dicht an die rechte Körperseite gedrückt wird und der Winkel zwischen Armen und Schaft sich verengt.
Ein guter Spieler wird sich bei der Einleitung des Abschwungs immer auf die Schwungbahn konzentrieren, die der Schläger bis zum Ball beschreiben soll. Bei einem vollen Schlag versucht er, den Schlägerkopf innerhalb der Rückschwungbahn zu führen. Beachtet er das nicht, wird im Zusammenspiel des sich nach links verlagernden Körpergewichts mit dem Zurückdrehen der Schultern und der auf den Schlägerkopf einwirkenden Zentrifugalkraft der Radius der Abschwungbahn zu groß. Der Ball kann dann nicht mehr korrekt getroffen werden.
Schlag (Treffmoment): Der Ball wird kurz vor der

GOLFSCHWUNG

Während das Körpergewicht seitlich nach links verlagert wird, schwingt der Schlägerkopf etwas steiler als beim Rückschwung in Richtung Ball. Das bedeutet, daß der tiefste Punkt des Schwungbogens vor dem Ball liegt und die Schlagsequenz »Ball, dann Boden« lautet.

Verglichen mit dem Rückschwung, führt bei einem guten Spieler die starke seitliche Verschiebung der linken Hüfte zu einem »engeren« Abschwung. Als Ergebnis liegt der tiefste Punkt eines vollen Schlags einige Zentimeter vor dem Ausgangspunkt der Ausholbewegung. Das führt dazu, daß sich der Schlägerkopf im Treffpunkt noch immer in einer Abwärtsbewegung befindet, was dem Ball seinen starken Rückwärtsdrall gibt. Gleichzeitig gestattet das dem Spieler, bei vielen seiner Schläge den Ball näher beim linken Fuß zu plazieren.

Die Pros von heute wissen, daß man nicht mehr an der absolut steif gehaltenen linken Körperseite vorbeischlägt; doch im Treffmoment ist ein bestimmter Widerstand notwendig, um Hände und Schlägerkopf square zur Fluglinie zu brin-

Bewegung getroffen, mit der der Pro Schlägerkopf und Schaft wieder in eine Linie mit seinem linken Arm bringt, der am höchsten Punkt des Rückschwungs einen Winkel von neunzig Grad zu ihm bildet. Der rechte Arm und die rechte Hand treten jetzt voll in Aktion. Die Unterarme, die während des Rückschwungs teilweise angedreht waren, drehen sich zurück, und das rechte Handgelenk schnellt in den Schlag hinein. Seltsamerweise sind sich Pros bei kürzeren Schlägen – wie beispielsweise beim Pitchen – sehr viel eher bewußt, daß sie den Schlägerkopf in eine Linie mit Schaft und linkem Arm bringen als bei vollen Schlägen. Bei diesen reagiert der Schaft im letzten Teil des Abschwungs fast wie eine Peitsche. Deshalb erfolgen die Hand- und Gelenkaktivitäten mehr oder weniger unbewußt – doch sie sind natürlich am Schlag beteiligt. Wie sonst könnte die Vorderseite des Schlägerkopfs danach wieder mit Schaft und linkem Arm eine Linie bilden.

Die Vorwärtsbewegung von Armen und Körper führt zur Extension des Schwungs, wodurch der Schlägerkopf mehrere Zentimeter auf der Ziellinie bleibt. Das wird hier perfekt von Gary Player demonstriert, dessen Schläger bereits 60 Zentimeter oder mehr über den Treffpunkt hinaus ist, aber noch immer mit dem linken Arm eine Linie bildet.

GOLFSCHWUNG

Um einen gleichmäßigen Schwung zu erreichen, ist es wichtig, den Beugungswinkel des Rückgrats während des gesamten Bewegungsablaufs beizubehalten. Während des Übens ist besonders beim Set-up, am höchsten Punkt des Rückschwungs und am Ende des Ausschwungs darauf zu achten.

gen. Das wird erreicht, indem man den Kopf über der Stelle hält, von der der Schlag ausging, wobei die linke Gesichts- und Halsseite gespannt sind.

Ausschwung: Bei wichtigen Turnieren hat man nicht selten den Eindruck, daß selbst Pros unter Streß ihrer Ausschwungposition keine besondere Bedeutung zumessen. Man beobachtet, wie sie sich in den Schlag »hineinlehnen«, als ob sie damit noch die Flugbahn des Balls beeinflussen könnten. Beim Training allerdings sieht das ganz anders aus. Dabei halten sie, auch nachdem der Ball abgehoben hat, die Schlußposition betont lange durch.

Das ermöglicht den Spielern zu prüfen, ob sie auch nach Beendigung des Schwungs noch »in der Ebene« sind. Im Idealfall müßte das Rückgrat noch immer auf dieselbe Weise gebeugt sein wie in der Phase des Set-up und des Rückschwungs. Denn das ist ein Zeichen, daß Arme und Hände beim Schwung optimal »durch« den Ball hindurchgeschwungen sind. Selbst die Augen sollten sich bei der Ballbeobachtung parallel zur Schwungebene bewegen.

Ein Pro wird den Kopf beim Übergang vom Durch- zum Ausschwung nicht zu lange in der Ausgangsposition halten, weil das den Bewegungsablauf hemmen kann. Rechte Hand und Unterarm kommen dabei leicht über die linke Hand, wodurch sich der Schlägerkopf zu stark schließt. Je länger die Rücken von linker Hand und Unterarm square zur Flugbahn ausgerichtet bleiben, desto größer ist die Chance, daß der Ball gerade geschlagen wird. Die Schlagfläche wird von der natürlichen Körperdrehung im richtigen Moment geschlossen.

Die unmittelbar auf den Treffmoment folgende Phase des Durchschwungs ist als »Extension« bekannt; Pros versuchen hier einen Augenblick lang, die Schlagkurve zu »begradigen«. Das ist möglich, weil der Golfschwung keinen echten Kreis beschreibt. Würden Schaft und Schlägerkopf tatsächlich kreisförmig geführt, besäße der Schlag keinerlei Kraft. Vielmehr ist es so, daß sich am tiefsten Punkt des Schwungs ein starker Vorwärtsdrive entwickelt. Das kommt daher, daß nach den den Abschwung einleitenden Bewegungen von linkem Bein und Fuß jetzt das rechte Bein und der rechte Fuß in Aktion treten.

GOLFSCHWUNG

Oben: Jerry Pate am Ende eines perfekten Ausschwungs. Obwohl der Körper ganz durchgebogen ist, hat sein Kopf die ursprüngliche zentrale Position beibehalten. Ein gutes Beispiel für ein ausbalanciertes Finish.

Unten: Wer behauptet, man dürfe nicht kraftvoll durchziehen? Der unverwechselbar hohe Ausschwung der wahrscheinlich größten Golfpersönlichkeit – Arnold Palmer.

Nick Faldo beweist, daß die Augen nicht ausschließlich auf den Boden geheftet sein müssen. Während sein Schwung eine perfekte Bahn beschreibt, folgen seine Augen dem davonfliegenden Ball.

GOLFSCHWUNG

Deshalb kommt bei vielen Durchschwüngen die rechte Hüfte der Spieler so weit nach vorn. Die »Extension« des Durchschwungs bringt den linken Arm zu seiner vergleichsweise hohen Ausschwungsposition, in der er noch immer den Schlägerschaft stützt. Danach entspannt sich das rechte Bein, wobei nur noch die Fußzehen Bodenkontakt haben. Jetzt sind es die Außenseiten von linker Hüfte und linkem Bein, die das Körpergewicht tragen.

Der Schwung aus der Nähe betrachtet

Der Amateurgolfer kann unendlich viel aus den Erfahrungen der Pros lernen, die einen Großteil der Einzelphasen standardisiert haben. Selbst blutige Anfänger sollten versuchen, sich an Spitzenspielern zu orientieren. Das gilt vor allem für den Set-up, den Ausgangspunkt aller weiteren Bewegungsabläufe. Wie bereits erwähnt, sind die Ursachen aller Schwungfehler im großen und ganzen in einer falschen Ausgangsposition zu suchen.

Das Ausrichten

Zuerst wird der Schlägerkopf ausgerichtet und dann der Körper in die entsprechende Position gebracht – nicht umgekehrt, wie es bei vielen Amateuren zu beobachten ist. Deshalb wird als erstes die Vorderkante der Schlagfläche präzise gegen den Ball gelegt. Während der Set-up-Phase muß die Ausrichtposition immer wieder überprüft werden.

Selbst beim modernen Golfschwung, der Kopf und Augen erlaubt, bei längeren Schlägen der Bewegung zu folgen, sollte eine imaginäre Barriere aufgebaut werden, die der Schläger durchbrechen muß. Das wird erreicht, wenn der Kopf während des Schwungs in seiner zentralen Position sozusagen als fester Mittelpunkt verharrt. Wenn man sich allerdings krampfhaft bemüht, den Kopf nach unten gerichtet zu halten (siehe Insert), wird sich das linke Handgelenk beim Durchschwung zu früh anwinkeln, wodurch der Ball nach links abdriftet. Nur bei sehr kurzen Eisen kann der Blick auf den Boden gerichtet bleiben.

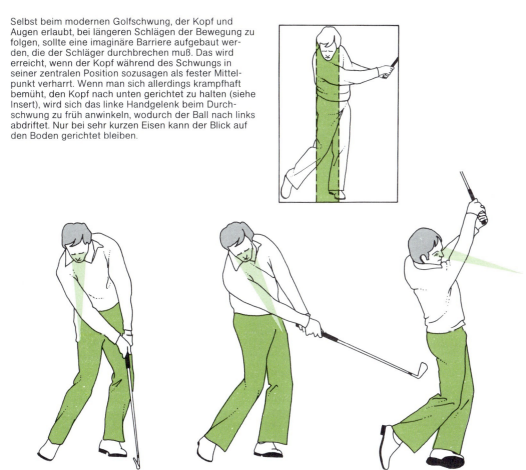

GOLFSCHWUNG

Der Stand (Stance)

Die Stellung des rechten Fußes ist sehr wichtig. Schon beim ersten Ansprechen des Balls sollte er so nahe wie möglich in die korrekte Schlagposition gestellt werden. Dazu muß man wissen, in welcher Entfernung zum Ball man stehen muß und an welchem Punkt gegenüber der von den Füßen gebildeten Linie er geschlagen werden soll.

Im allgemeinen wird die Stellung zum Ball schon durch die Wahl des Schlägers vorbestimmt. Übung und Erfahrung bestimmen für jeden Schläger eine bestimmte Distanz zwischen Fußposition und Ball – und daran sollte man festhalten.

Entfernung zum Ball: Die genaue Distanz zum Ball kann individuelle Abweichungen aufweisen. Je weiter entfernt der Spieler steht, desto stärker wird die Neigung der Schwungebene beeinflußt – es sei denn, sie wird durch die Körperhaltung ausgeglichen.

Es gibt eine sehr einfache Methode, die richtige Entfernung zu überprüfen: Nachdem man die Beine dem gewählten Schläger entsprechend auseinandergestellt hat, plaziert man den Schlägerkopf wie zuvor erwähnt gegen den Ball und lehnt den Schaft so weit zurück, daß das obere Griffende das linke Bein unmittelbar über der Kniescheibe berührt.

Mit etwas Übung wird man die Entfernung zum Ball ganz automatisch richtig wählen, aber zumindest am Anfang sollte man sie regelmäßig auf diese Weise überprüfen. Und bald wird man auch den rechten Fuß in jeder Situation in die richtige Position bringen.

Lage des Balls: Es gibt zwei Möglichkeiten, den Ball zu plazieren. Die eine wird als »Profi-Methode« bezeichnet und scheint vor allem für fortgeschrittene Spieler geeignet zu sein, ist aber relativ einfach zu übernehmen. Die für Anfänger empfohlene Position dagegen ist komplexer. Die Gründe dafür werden nachstehend noch erklärt. Für welche Methode man sich auch entscheidet, sie muß in Fleisch und Blut übergehen. Die Weite des Standes bei den einzelnen Schlägern und die Lage des Balls in Relation dazu müssen weitestgehend exakt sein, wenn man den rechten Fuß in Position bringt.

Glücklicherweise ist die Weite des Standes bei

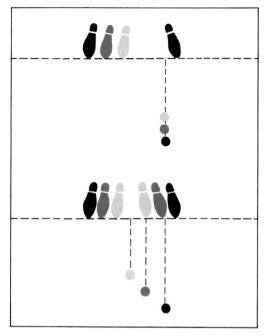

Die Ballposition eines Pros (oben): Der Ball liegt in Höhe des linken Absatzes, wobei der rechte Fuß bei kürzer werdenden Schlägern immer mehr nach links rückt. Darunter die für Anfänger empfohlene Ballposition, bei der nicht nur der Stand immer enger wird, sondern der Ball auch immer weiter nach rechts und näher zum Spieler plaziert wird, je kürzer der Schläger ist, den man verwendet.

den einzelnen Schlägern für beide Methoden gleich. Die Füße werden bei Schlägen mit den Hölzern ungefähr in Schulterbreite auseinandergestellt. Bei den langen Eisen stehen sie eine Spur weiter zusammen; bei den kurzen Eisen, die einen engeren Schwungbogen verlangen, stehen die Füße etwas weiter als die Hälfte der Schulterbreite auseinander.

Die meisten Pros bevorzugen ein Set-up, bei dem der Ball ungefähr auf der Höhe der Innenseite des linken Fußes geschlagen wird, unabhängig vom Schlägertyp. Dieser bestimmt lediglich die Weite des Standes und die Entfernung zum Ball.

Bei der komplexeren Position wird der Punkt, an dem der Ball geschlagen wird, in Relation zum Stand variiert. Schlägt man mit einem Holz, sollte der Punkt in Höhe der inneren linken Ferse

GOLFSCHWUNG

liegen. Er wandert dann jeweils um eine Umdrehung näher an diese heran, und zwar nach rechts, entsprechend der in der Reihenfolge eines Satzes benutzten Schläger. Bei den kurzen Eisen liegt er dann ungefähr in der Mitte zwischen den beiden Füßen. Mit Ausnahme ganz bestimmter niederer Schläge oder bei besonders ungünstigen Lagen sollte dieser Punkt nicht überschritten werden.

Obwohl es zunächst scheint, als ob die »Profi-Methode«, bei der der Ball immer in derselben Position geschlagen wird, für den Anfänger leichter zu erlernen wäre, überwiegen doch die Nachteile. Zuerst einmal besteht beim Ausrichten des Körpers die Gefahr, daß sich die Schulterlinie in bezug auf die Ziellinie öffnet, so daß man nicht mehr durch, sondern quer »über« den Ball schlägt.

Nachteilig ist auch, daß der Anfänger im Gegensatz zum Pro bei Abschwung nicht in der Lage ist, den Unterkörper korrekt in Richtung Ziel zu verschieben. Da der Pro am tiefsten Punkt des Schwungbogens auf diese Weise den Schlag lange genug »gerade« zum Ziel führen kann, kann er selbst mit einem kurzen Eisen den Ball auf der Höhe des inneren linken Fußes schlagen.

Außerdem hat der Pro keine Probleme, sich so zu postieren, daß der Kopf auch bei einer solchen Lage des Balls unverändert über dem zentralen Balancepunkt verharrt. Der Anfänger neigt dazu, sich nach links zu beugen, um den Kopf wieder über den Ball zu bekommen – und die Körperbalance ist dahin.

Füße und Hüften: Die »Annäherungsposition« des rechten Fußes sowie das Ausrichten des Schlägerkopfes beim Set-up bringen die linke Körperseite parallel zur Ziellinie. Würde man den rechten Fuß sofort im rechten Winkel dazu setzen, wäre es sehr kompliziert, den linken Fuß und die linke Hüfte korrekt auszurichten.

Auf diese Weise erreicht man einen leicht geöffneten Stand, wobei der linke Fuß und die linke Hüfte etwas weiter von der Ziellinie entfernt sind als die rechte Körperseite. So bietet die rechte Hüfte dem Rückschwung genügend Stabilität und Gleichmäßigkeit, während die geöffnete linke Seite einen flüssigen Durch- und Ausschwung ermöglicht. Sind die linke und die rechte Körperseite exakt parallel zur Ballziellinie ausgerichtet, nennt man den Stand »square«

Beim Set-up wird zuerst der Schlägerkopf mit der rechten Hand gegen den Ball gelegt und der rechte Fuß in Position gebracht (A). Bei einer offenen Stellung steht der linke Fuß nicht ganz an der Ballziellinie (B). Steht man square, befindet sich der linke Fuß an der Linie (C), beim geschlossenen Stand muß der linke Fuß über die Linie hinaus (D). Der geschlossene Stand ist am schwersten einzunehmen; denn während man den linken Fuß etwas über die Ballziellinie hinausstellt, muß der rechte etwas zurückgenommen werden.

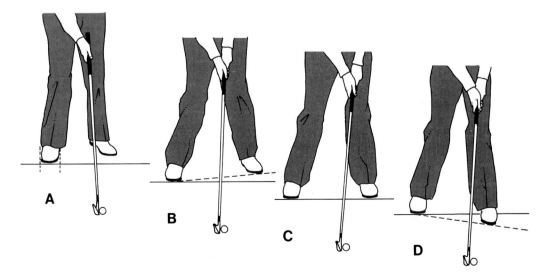

GOLFSCHWUNG

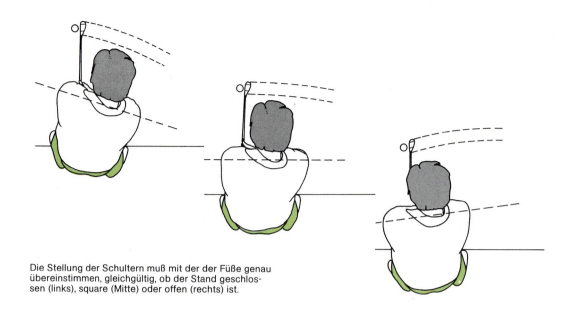

Die Stellung der Schultern muß mit der der Füße genau übereinstimmen, gleichgültig, ob der Stand geschlossen (links), square (Mitte) oder offen (rechts) ist.

Beim Einsatz des Drivers stehen die Füße weit auseinander und der Ball liegt näher beim linken Fuß; dabei zeigen die Schultern die stärkste Neigung (links). Je kürzer die Schläger und je enger die Stellung, desto flacher wird der Winkel zwischen ihnen.

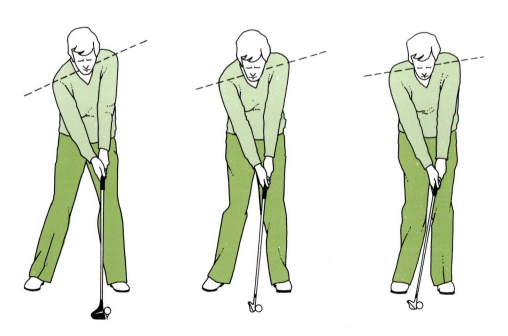

oder Parallelstand. Rückt aber die linke Körperseite näher an diese Linie heran als die rechte, entsteht ein geschlossener Stand, der den Durchschwung beträchtlich behindern kann. Denn um den Ball ins Ziel zu bringen, muß der Schläger um die linke Hüfte geführt werden, wobei man die Hände oder die Schultern und häufig sogar beide verrenken muß.

Schultern: Die Schlagvorbereitung während des Set-up verlangt einen ruhigen und überlegten Bewegungsablauf, wobei die Einzelphasen fast unmerklich ineinander übergehen. Auf diese Weise kommt die linke Schulter automatisch in die richtige Position und mit ihr der linke Arm und die linke Hand. Sie sind damit fast schon korrekt ausgerichtet für den Treffmoment, wenn der Schlägerkopf durch den Ball schlägt – und das ist auch der richtige Moment für den richtigen Griff.

Die Schultern bestimmen entscheidend die Schwungbahn des Schlägers und deren Neigung und müssen unbedingt korrekt ausgerichtet sein. Bei einem normalen Schlag stehen sie square, das heißt, die rechte und linke Schulter sind gleich weit von der Ziellinie entfernt – ihre Verbindungslinie verläuft also parallel dazu.

Werden längere Schläger verwendet, hebt sich die linke Schulter über die rechte an. Beim Schlagen mit dem Driver gegen einen Ball, der hoch aufgeteet und im breiten Stand weit nach vorn gerückt ist, kann die linke Seite des Körpers oft mehr als eine Handbreit höher stehen als die rechte. Am anderen Ende der Skala, bei Verwendung eines Pitching Wedge beispielsweise, stehen die Füße enger und der Ball liegt weiter zurück; die Schultern zeigen jetzt nur noch einen fast unmerklichen Neigungswinkel.

Die Schultern in die richtige Position zu bringen, ist für die Gesamthaltung entscheidend. Dabei muß das Rückgrat so weit gebeugt werden, daß die Schwungebene die richtige Neigung zum Ball bekommt. Erst danach beugt man die Beine, um dem Schwung die nötige Bewegungsfreiheit zu geben. Beugt man sie zuerst, ist das Rückgrat zu gerade, was die Schwungebene negativ beeinflußt.

An diesem Punkt der Standeinnahme muß man sich für den passenden Griff entscheiden. Unterschiedliche Schläge verlangen subtile Griffanpassungen. Deshalb wird vor dem endgültigen Umfassen des Schafts die Vorderkante des Schlägers gegen den Ball gelegt und erst dann richtig zugefaßt. Viele Spieler wählen ihren Griff schon vor dem Set-up; aber manche sind so ungeschickt, den Griff bei in die Luft ragendem Schläger zu wählen – als ob für jeden Schlag derselbe Griff passen würde.

Der Vardon-Griff

Wie die Hände den Griff umfassen und wie sie zusammenwirken, dürfte der wichtigste Einzelfaktor der Golftechnik sein. Deshalb sollte man seinen Griff bei jeder Gelegenheit üben, bis er in Fleisch und Blut übergegangen ist – sei es im Büro mit Hilfe eines zusammengerollten Magazins oder zu Hause mit dem Schürhaken.

Obwohl man noch immer vom »Vardon«-Griff spricht, wie er von dem englischen Pro praktiziert wurde, so sind doch einige Veränderungen zu beobachten. Man kann heute bei den meisten Spielern nur noch zwei Knöchel der linken Hand von oben erkennen, bei starken Turnierspielern sogar nur noch einen, im Gegensatz zu drei zu Vardons Zeiten, als Hickoryschäfte und schlechtere Bälle mehr Handgelenkaktion beim Schwung erforderten.

Viele der jüngeren Spieler verschränken heute auch den kleinen Finger der rechten Hand mit dem Zeigefinger der linken, während diese beim ursprünglichen Griff überlappten.

Der Vardon-Griff hat ganz bestimmte Vorteile. Obwohl die Hände gegeneinanderstehen, sind sie so zusammengefügt, daß sie völlig unterschiedliche Funktionen in perfekter Harmonie ausführen können. Die das obere Griffende umfassende linke Hand gibt dem Schwung Stabilität und Kraft; der rechte Zeigefinger und der Daumen am unteren Griffende sind vor allem für die »gefühlvollen« Schläge zuständig, bei denen es hauptsächlich auf Präzision ankommt.

Linke Hand: Für den Griff sind vor allem drei Partien der linken Hand wichtig: der obere Teil des Handtellers, der untere Ballen und die Finger. Während der untere Handballen sich gegen das Griffende preßt, drücken die drei letzten Finger von unten, der Zeigefingerballen von oben dagegen. Drückt man fester, fühlt man, wie sich die Muskeln auf dem Armrücken bis hinauf zum Ellbogen spannen. Sie vor allem halten den

GOLFSCHWUNG

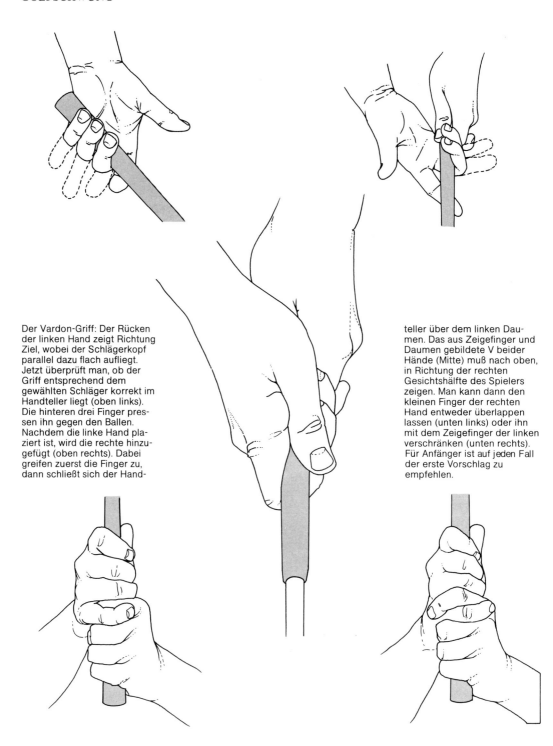

Der Vardon-Griff: Der Rücken der linken Hand zeigt Richtung Ziel, wobei der Schlägerkopf parallel dazu flach aufliegt. Jetzt überprüft man, ob der Griff entsprechend dem gewählten Schläger korrekt im Handteller liegt (oben links). Die hinteren drei Finger pressen ihn gegen den Ballen. Nachdem die linke Hand plaziert ist, wird die rechte hinzugefügt (oben rechts). Dabei greifen zuerst die Finger zu, dann schließt sich der Handteller über dem linken Daumen. Das aus Zeigefinger und Daumen gebildete V beider Hände (Mitte) muß nach oben, in Richtung der rechten Gesichtshälfte des Spielers zeigen. Man kann dann den kleinen Finger der rechten Hand entweder überlappen lassen (unten links) oder ihn mit dem Zeigefinger der linken verschränken (unten rechts). Für Anfänger ist auf jeden Fall der erste Vorschlag zu empfehlen.

GOLFSCHWUNG

Schläger am höchsten Punkt des Rückschwungs im Übergang zum Abschwung, wenn die Hebelkraft am größten ist, und im Treffmoment durch den Ball hindurch.

Die linke Hand winkelt sich im Verlauf des Rückschwungs gegen den Unterarm an, was jenen Winkel zwischen Schaft und Arm ergibt, der für den Schwung von größter Bedeutung ist.

Rechte Hand: Die Rechte ist die eigentliche Schlaghand und hat eine völlig andere Aufgabe als die Linke. Die rechte Hand muß so geschmeidig sein, daß sie die Beschleunigung des Schwungs durch den Ball kontrolliert und zugleich sensibel bleibt für Schläge wie Pitches und Chips. Deshalb umfaßt sie den Griff vor allem

Obwohl Gary Players linkes Handgelenk square zur Schwungebene steht, hat sich das Schlägerblatt in Relation dazu geöffnet. Das geschieht nur, wenn man mit der Linken den Griff so umfaßt, daß höchstens noch ein Knöchel zu sehen ist.

GOLFSCHWUNG

mit den Fingern und berührt ihn kaum mit dem Handteller. Beim Rückschwung paßt sich die rechte der linken Hand völlig an, wobei das Gelenk automatisch nach hinten kippt. Das bedeutet nicht, daß ihr Griff schlaff ist, garantiert aber eine geschmeidige Reaktion. Die meisten Aktionen der rechten Hand erfolgen unwillkürlich – vor allem bei kraftvollen Schlägen. So zwingt die Hebelwirkung des Schlägers beim Übergang vom Rück- zum Abschwung die rechte Hand noch weiter nach hinten. Im Verlauf des Ab- und Durchschwungs bis zum Treffmoment richtet sie sich dann wieder gerade. Besonders bei den empfindlichen Pitches, bei Bunker-Schlägen und allgemein bei den kurzen Eisen kommt es auf die rechte Hand an – alles Schläge, die nur gelingen, wenn Gefühl und Timing richtig kombiniert werden.

Harry Vardons Hände. Die im Clubhaus des South Herts Golf Clubs hängende Bronze zeigt den Griff, der alle Veränderungen überdauert hat und am weitesten verbreitet ist.

Überlappen kontra Verschränken: Wenn wir die Hände in der zuvor beschriebenen Weise um den Griff legen, stellen wir fest, daß wir einen Finger »zuviel« haben. Die Frage ist, wohin mit ihm, ohne daß der Griff an Kraft und Gefühl, das heißt der Spieler an Kontrolle verliert. Entweder man läßt den kleinen Finger der rechten Hand den Zeigefinger der linken überlappen oder man verschränkt sie. Das Problem wurde durch eine vor allem Kindern und Damen mit sehr kleinen Händen empfohlene Grifftechnik gelöst, bei der die Hände den Schaft separat umfaßten. Auf diese Weise konnte man sämtliche Finger um den Griff legen, was nicht ganz so kräftigen Spielern angeblich mehr Schwungkraft verleihen sollte. Aber der Erfolg war, daß die Hände nicht mehr zusammen, sondern unabhängig voneinander operierten. Dadurch kam der Schläger beim Rückschwung zu weit nach hinten, und beim Durchschwung »überholte« die rechte Hand die linke, wodurch nicht mehr voll durch den Ball geschlagen, sondern nur noch nach im »geklatscht« wurde.

Vor Jahren dann entdeckte man, daß die Hände so nahe wie möglich beieinanderliegen müssen, um gleichmäßig und kraftvoll rück- und durchziehen zu können. Deshalb spreizte man den linken Daumen ab, so daß er überhaupt keinen Griffkontakt mehr hatte. Als man ihn dann aber wieder an den Griff brachte, weil die Gefahr bestand, daß die Hände sich zu unabhängig voneinander bewegten, legte man ihn in die durch den Handteller der rechten Hand gebildete Höhlung. Dafür mußte man den kleinen Finger dieser Hand »opfern« und vom Griff abheben, was bedeutete, ihn mit dem Zeigefinger der linken zu überlappen oder zu verschränken. Erst ab den dreißiger Jahren, als man bei Jack Nicklaus den »verschränkten Griff« sah, wurde dieser kopiert. Heute scheint diese Variante von einer großen Anzahl jüngerer Spieler bevorzugt zu werden. Es sind vor allem solche, die wie Jack Nicklaus kleine Hände haben. Auf jeden Fall ist dieser Griff besser, als wenn man die Hände voneinander trennt. Spieler mit besonders kleinen Händen sollten leichtere Schläger mit schmaleren Griffen wählen.

Die Qualitäten des »überlappenden Griffs« zeigen sich hauptsächlich beim Set-up, wenn der Schläger in die linke Hand genommen wird. Man hat dann sofort ein Gefühl der Stärke, wenn die rechte Hand hinzugefügt wird. Der »verschränkte Griff« schwächt dieses Gefühl dagegen wieder ab, weil sich die Vorderfront der linken Hand öffnen muß, um den kleinen Finger der rechten aufzunehmen.

Die Experten achten immerhin darauf, daß beim »verschränkten Griff« die rechte Hand vor allem mit den Fingern zufaßt, während weniger erfahrene Spieler dazu neigen, den kleinen Finger bequemer unterzubringen, wodurch sich plötzlich der Handteller zu eng um den Griff legt. Der kleine Finger muß so postiert werden, daß die übrigen neun davon profitieren können.

Der Schläger in der linken Hand

Wenn man beim Set-up den Schläger nicht zuerst in die linke Hand nimmt, wird sich das negativ auf die Zusammenarbeit der Hände beim Schwung auswirken. Und führt man die Linke zurück zur Körpermitte und faßt erst dort den Schläger, knickt das linke Handgelenk ein. Vielleicht hat man dann trotzdem das Gefühl, der Schläger würde gut in der Hand liegen, doch die durch den linken Arm gebildete Linie weist viel zu weit nach rechts vom Ball.

Bevor man mit der Schlagvorbereitung im eigentlichen Sinn beginnt und zum Rückschwung ansetzt, muß der Schlägerkopf mit Handgelenk und linkem Arm eine Linie bilden. Ist das Gelenk geknickt, operieren die Hände unabhängig von Armen und Körper. Der Rückschwung zeigt dann zu viel Hand- und Gelenkaktion und zu wenig Bewegung im Schulterbereich. Da dieser aber den Abschwung einleitet, bleiben Schaft und Schlägerkopf hinter der Körperbewegung zurück, so daß der Ball mit offener Schlagfläche getroffen wird, was zu einem unerwünschten Slice führt.

Es ist also wichtig, den Schläger beim Set-up in Höhe des linken Schenkels mit der linken Hand zuerst zu umfassen und diese Position beizubehalten. Blickt man dann von oben auf den Griff, sieht man die Knöchel von Zeige- und Mittelfinger. Das zeigt, daß der Rücken von Hand und Unterarm, genau wie die Vorderkante des Schlägers, Richtung Ziel zeigt. Und daran darf sich, während man den Griff bildet, nichts ändern. Entsprechend dem gewählten Schläger zeigen die hinteren Fingerglieder nach unten. Beim

GOLFSCHWUNG

Driver, der automatisch zum Anheben der linken Schulter führt und bei dem die Hand ungefähr fünfzehn Zentimeter vom Oberschenkel entfernt ist, sollten die Finger ziemlich gerade nach unten zeigen. Bei kürzeren Schlägern berührt die Hand fast den Schenkel, und die Finger weisen ungefähr in Richtung Ferse.

»Kurzer« Daumen: Bei jedem Schläger kreuzt der Griff den Handteller in einem anderen Winkel. Wie stark, das läßt sich an der Lage des Daumens erkennen. Je schräger der Griff über dem Handteller liegt, desto »kürzer« ist die Berührungsstelle des Daumens entlang der Schaftoberseite. Das unterstützt die flachere Schwungbahn des längeren Schlägers. Hierbei liegen Arm und Schaft praktisch auf derselben Linie.

»Langer« Daumen: Beugt sich der Oberkörper bei den kürzeren Schlägern weiter über, liegt der Griff zunehmend senkrechter im Handteller, und der Berührungspunkt des Daumens auf der Schaftoberseite ist »länger«. Das erlaubt dem Handgelenk eine schärfere Bewegung in die bei diesen Schlägern typische steile Schwungbahn.

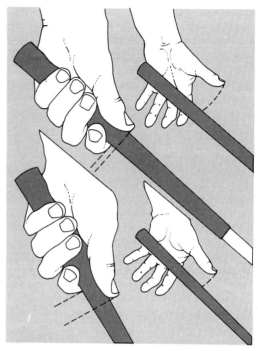

Je nach gewähltem Schläger kann sich der Winkel verändern, in dem der Griff die linke Hand kreuzt. Bei einem Holz (oben) werden linke Hand und linker Arm relativ weit vom Körper abgehalten, um die Hand zu plazieren. Der Griff liegt also ziemlich schräg zwischen Handteller und Fingern, wobei der Daumen nur leicht vom Zeigefinger abgespreizt ist. Deshalb spricht man vom »kurzen« Daumen. Verwendet man einen kürzeren Schläger (darunter), ist die linke Hand sehr viel näher am linken Oberschenkel, und der Griff liegt fast in einem rechten Winkel zum Handteller. Das ist der Griff mit dem »langen« (und vom Zeigefinger weiter abgespreizten) Daumen.

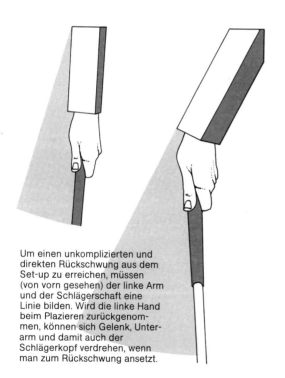

Um einen unkomplizierten und direkten Rückschwung aus dem Set-up zu erreichen, müssen (von vorn gesehen) der linke Arm und der Schlägerschaft eine Linie bilden. Wird die linke Hand beim Plazieren zurückgenommen, können sich Gelenk, Unterarm und damit auch der Schlägerkopf verdrehen, wenn man zum Rückschwung ansetzt.

Man erkennt diese Griffvariationen der linken Hand an der Stelle, an der der Schaft die Hand verläßt.

Das Anlegen der rechten Hand

Auf keinen Fall darf man beim Anlegen der rechten Hand den Winkel der linken verändern. Mit zum Ziel geöffneter Handfläche umgreifen die Finger der Rechten den Griff. Es gilt, der Versuchung zu widerstehen, den Griff zu verstärken, indem man den Schläger anwinkelt und ihn so stärker in die Handfläche drückt. Während des Schwungs muß die rechte Hand sich bewegen, als ob sie über ein Scharnier mit der linken verbunden wäre. Dazu gehört eine sensible Griffhaltung, damit die nötige Geschmeidigkeit gewährleistet ist – und das gelingt nur, wenn die rechte Hand hauptsächlich mit den Fingern zufaßt.

Die rechte Hand wird von den Griffvariationen der linken nur am Rande beeinflußt. Bei längeren Schlägern aber darf sie nie Ursache dafür sein, daß der rechte Unterarm höher als der linke kommt. Nur bei kurzen Schlägen, wenn der Schwung steiler erfolgt, ist die rechte Hand, bei abgewinkeltem Gelenk, in manchen Fällen leicht über der linken.

Der rechte Zeigefinger ist um den Griff gebogen wie bei einem Gewehrabzug; der Daumen greift fast auf dieselbe Weise rechts um den Griff herum und drückt dagegen. So entsteht eine Höhlung unter dem Handteller für den Daumen der linken Hand, der etwas rechts von der Griffmitte auf dessen Oberseite liegt.

Hand- und Gelenkbewegungen

Es gibt ein altes »Golferwort«, nach dem man immer nur »so gut sein kann wie die Hände«. Beobachtet man Severiano Ballesteros, der wahrscheinlich die beste Handarbeit in diesem Sport vorführt, wird man ihm zustimmen müssen.

Der Spanier ist davon überzeugt, daß er dies der Zeit als Caddy in der Nähe von Santander in Nordspanien zu verdanken hat, wo er jede Art von Schlag mit dem einzigen Schläger trainierte, der ihm zur Verfügung stand – dem Eisen 3. Wäre es ein Schläger mit stärkerem Loft gewesen, hätte er nicht der Spieler werden können, der er heute ist. Mit einem Eisen 3 hinter dem Caddy-Schuppen zu pitchen, muß ein unglaubliches Training gewesen sein.

Die Hände müssen beim Golf eine ganz besondere Art von Kreativität entwickeln. Sie bereiten nicht nur Handgelenke und Unterarme darauf vor, zusammen dem Schlägerkopf die notwendige Schwungkraft zu geben, sondern bringen den Schläger auch auf die Schwungbahn und halten ihn in der Schwungebene. Obwohl die Schulter- und Körperausrichtung die Basis für die korrekte Ausführung dieser wichtigen Schlagphasen bilden, müssen Hände und Finger dabei die Feinarbeit leisten.

Je kürzer der beabsichtigte Schlag, desto wichti-

Beim Anlegen der rechten Hand muß man sehr überlegt vorgehen. Greift man falsch, können Unterarme und Schultern die korrekte Set-up-Position verlieren, was Schwungbahn und Schwungebene negativ beeinflußt. Die Unterarme müssen auf gleicher Höhe square zur Ziellinie stehen (oben). Eine »starke« Plazierung der rechten Hand (unten links) bringt den rechten Ellbogen nach unten, so daß der Rückschwung zu weit nach innen gezogen wird und der Durchschwung flach ausfällt. Mit einer »schwachen« Plazierung der rechten Hand (unten rechts), die weiter oben auf dem Griff liegt, kommt der rechte Arm höher als der linke, so daß der Rückschwung nach oben und außen gezogen wird. Der Durchschwung erfolgt dann zu steil.

GOLFSCHWUNG

ger eine sensible Führung der Hände. Einen vollen Grundschlag kann man relativ leicht erlernen und regelmäßig produzieren, wenn man die Routine von Set-up, Rück- und Durchschwung ständig trainiert. Doch aus einer engen Lage einen dieser raffinierten Cut-up-Schläge anzubringen, verlangt mehr als nur Routine. Man muß dafür ein ganz bestimmtes »Tastgefühl« entwikkeln, das im Notfall eine Veränderung der Schwungbahn, das Verlassen der Schwungebene und ein Verstellen des Blattes erlaubt, um dann den Ball gerade so herausschnipsen zu können.

Die Schlagvorbereitung der Hände muß abgeschlossen sein, wenn die Arme nach oben genommen werden und der Körper sich aufspult. Glücklicherweise erlaubt unser Griff beiden Händen, ihre sehr unterschiedlichen Aufgaben in perfekter Harmonie zu erfüllen. Das Gelenk der linken Hand winkelt sich an, so daß der Daumen mit der Speiche eine Linie bildet – vergleichbar mit dem Halten eines Hammers. Beim Golf wird der »Hammer« allerdings von einem nach unten schwingenden und sich dabei leicht andrehenden Arm geführt, außerdem trifft er

Erfolgt die Handaktion beim Rückschwung square (wobei das linke Handgelenk so angewinkelt ist, daß sich der Daumen in Richtung Unterarmspeiche bewegt), bleibt der Handrücken in einer Linie mit dem Unterarm, was weitgehend der Schwungebene entspricht.

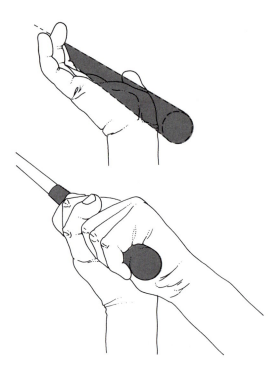

Beim Rückschwung muß das rechte Handgelenk dem sich anwinkelnden linken wie ein Scharnier folgen, um den Schlägerkopf kräftig und mit steigernder Geschwindigkeit durch den Ball schwingen zu können.

nicht von oben, sondern von der Seite auf den Ball.

Das Gelenk muß mindestens einen Winkel von neunzig Grad bilden; bei besonders kraftvollen Schlägen kann sich der Winkel noch vergrößern, weil die Hebelwirkung des Schlägers das Handgelenk noch weiter abbiegt. Ist das Gelenk nicht weit genug angewinkelt, spielen die Schultern beim Schlag eine zu starke Rolle. In diesem Fall muß man seinen Griff überprüfen.

Indem die rechte Hand vor allem mit den Fingern zupackt, bewegt sie sich geschmeidig und, zusammen mit der linken, ganz ähnlich wie beim Applaudieren. Auch dabei winkelt sich das rechte Handgelenk gegen den Unterarm an, bleibt jedoch flexibel. Die rechte Hand paßt sich also der linken an, während sie den Schläger beim Schwung führt und stützt.

In den Schlag hinein: Während sich der Körper abspult und die Arme nach unten bis zur tiefsten

GOLFSCHWUNG

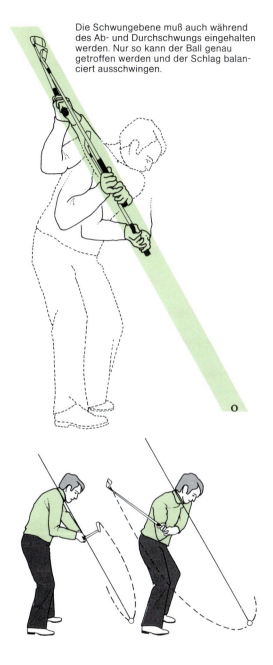

Die Schwungebene muß auch während des Ab- und Durchschwungs eingehalten werden. Nur so kann der Ball genau getroffen werden und der Schlag balanciert ausschwingen.

Schwingt man zu steil und außerhalb der Schwungebene, kommen die Schultern zu früh ins Spiel, und man schlägt über den Ball (links). Ist der Schwungbogen zu flach (rechts), beschreibt der Schlägerkopf eine Bahn »von innen nach außen« und muß verdreht werden, um den Ball zu treffen.

Stelle der Schwungbahn schwingen, lockert sich das linke Handgelenk. Dabei richtet sich die rechte Hand und das Gelenk allmählich gerade. Geschieht dies zu früh, schwingt der Schläger »außerhalb« der Ballziellinie. Versäumt man aber das Geraderichten, schwingt der Schlägerkopf »innerhalb« dieser Linie und kann zu einem Schlag von »innen nach außen« führen, wodurch der Ball geslict wird.

Ob man einen aggressiven Drive oder einen sanften kurzen Schlag mit dem Eisen spielt – das Geraderichten der Handgelenke im richtigen Augenblick bringt die Hände in die korrekte Position für einen Schlag durch den Ball. Die seitliche Körperverschiebung, die den Schwung am tiefsten Punkt seiner Bahn etwas weiter »gerade« verlaufen läßt, als es bei einer echten Kreisbewegung der Fall wäre, ermöglicht auch den Händen, den Schlägerkopf etwas länger »durch« den Ball zu führen. Auf keinen Fall sollte man das Gefühl haben, daß sich die Hände getrennt bewegen. Man braucht der rechten Hand nicht »nachzuhelfen«, da sich der rechte Arm automatisch weiter streckt als der linke und diesen im Ausschwung »überholt«.

Heikle Schläge: Will man aus einem Bunker oder dem weichen Rough heraus einen hohen Ball spielen, wird man den Schläger sehr viel steiler und nicht mehr in einer Ebene führen, um ihn dann quer durch den Ball zu schwingen. Dabei wird man sich der Aktion der rechten Hand besonders bewußt. Tatsächlich ist die linke Hand bei einem solchen Schlag weitgehend passiv, während die Finger der rechten an ihr vorbei das Schlägerblatt unter den Ball dirigieren und diesen praktisch »hochschnipsen«.

Arme und Schultern

Beim Schwung müssen Arm- und Schulterbewegungen perfekt koordiniert werden, was man sich immer wieder bewußt machen muß. Das bedeutet allerdings nicht, daß sich Arme und Schultern exakt in dieselbe Richtung bewegen; schließlich sind sie nicht starr miteinander verbunden. Viele Pros bewegen Arme und Schultern entsprechend ihrer Physis sowie Schlägerlänge und Angriffswinkel in Relation zum Ball in verschiedenen Ebenen. Trotzdem beginnt dieses »Teamwork« im ersten Augenblick, wenn der Schläger zum Rückschwung vom Ball ge-

GOLFSCHWUNG

nommen wird – und zwar unabhängig von der Art des beabsichtigten Schlages. Gleichgültig, ob kurzer Pitch oder voller Drive, Arme und Schultern haben gleich wichtige Funktionen. So sollten sie den höchsten Punkt des Rückschwungs gleichzeitig erreichen, um dann ebenfalls synchron den Abschwung einzuleiten, der sie zusammen durch den Ball und in einen harmonischen Ausschwung hineinführt. Nur so können sie sich gegenseitig optimal unterstützen.

Arme: Wenn die Schultern beim Set-up für einen kurzen Schlag mit einem Eisen deutlich nach vorn gebeugt sind, wobei die Hände tief und unmittelbar vor dem linken Oberschenkel gehalten werden, dominieren die relativ stark angewinkelten Handgelenke die Arme.

Bei längeren Schlägern richtet sich der Rücken immer mehr auf, dabei wandern die Hände mit nach oben und gehen in Distanz zum linken Oberschenkel – aus dieser Position können die Arme die Form der Schwungbahn sehr viel entscheidender beeinflussen. Je weiter sie ausgreifen müssen, beispielsweise beim Driver, desto größer wird die Bahn des Rückschwungs, bevor sich das Anwinkeln der Gelenke bemerkbar macht. Deshalb ist die Schwungebene bei kurzen Schlägern steiler, bei langen entsprechend flacher.

Doch die Arme haben beim Rückschwung nicht nur die Aufgabe, den Schwungbogen entsprechend weit zu gestalten, sondern dienen auch der Vorbereitung eines möglichst kräftigen Schlags.

Es ist vor allem die Drehung der Unterarme, die dem Schwung Kraft gibt. Sowohl der rechte wie der linke Unterarm drehen sich beim Rückschwung nach rechts von den Oberarmen weg; während des Abschwungs drehen sie sich wieder zurück und stehen im Treffmoment wieder gerade; beim Durch und Ausschwung vollziehen sie dann eine Drehung in die entgegengesetzte Richtung.

Es gab einige Verwirrung hinsichtlich dieses Bewegungsablaufs, als man begann, das linke Handgelenk in einer Ebene mit dem linken Arm anzuwinkeln. Die Frage war, wie sollte die Schlagfläche im Treffmoment wieder gerade stehen, wenn nicht die rechte Hand beim Ab- und Durchschwung die linke »überholte«? Dabei genügt es völlig, wenn die angedrehten Arme wieder in die ursprüngliche Position kommen – und das geschieht auf ganz natürliche Weise. Um den Bewegungsablauf besser zu verstehen, braucht man nur die Arme mit einander zugewandten Handtellern horizontal auszustrecken und dann beide Unterarme aus den Ellbogen heraus nach rechts zu drehen, bis der linke Handrücken und der rechte Handteller nach oben weisen. Genau so weit drehen sich die Unterarme auch beim Rückschwung, um dann beim Durchschwung wieder in die ursprüngliche Position zu kommen.

Eine Zeitlang dachte man, dies könnte nur dadurch geschehen, indem man die Schlagfläche von einer »geöffneten« in eine »geschlossene« Position dreht, wobei diese Bewegung der des Körpers entgegengesetzt wäre. Aber während die Unterarme die oben beschriebene Drehung vollziehen, machen die Schultern genau dasselbe, und zwar exakt zur selben Zeit und gleich stark, wodurch der Bewegungsablauf integriert wird.

Zu frühes und zu spätes Treffen des Balls: Oft schreibt man ein zu frühes oder zu spätes Treffen des Balls falschen Aktionen der Hände zu. Dabei trifft man zu früh, wenn der Schlägerkopf vor den Händen am Ball ist, und dieser wird nach links verzogen. Schleift man dagegen den Schlägerkopf hinter den Händen her, trifft man den Ball zu spät und verzieht ihn in Relation zur Ziellinie nach rechts.

Versucht man, den ersten Schlag mit den Händen zu verzögern oder den zweiten zu beschleunigen, so wird auch das zu keinen guten Ergebnissen führen. Das zu frühe Treffen hat seine Ursache darin, daß die Unterarme zu früh zurückzudrehen beginnen. Werden sie dagegen beim Ab- und Durchschwung zu spät zurückgedreht, wird der Schlägerkopf im Treffmoment mehr durch den Ball gezogen als geschlagen.

Die Sequenz links zeigt, wie eng Körperdrehung, Hände und Arme zusammenwirken. Die Schulterdrehung setzt mit dem Rückschwung ein und endet, wenn die Hände den höchsten Punkt dieser Phase erreichen. Im Treffmoment sind die Schultern wieder in die Set-up-Position zurückgedreht, dann schwingt der ganze Körper mit ins Finish hinein. Jede dieser Phasen muß locker in die nächste übergehen, so daß ein flüssiger und kraftvoller Bewegungsablauf garantiert ist.

GOLFSCHWUNG

Aus der Set-up-Position rotieren die Unterarme in den Rückschwung hinein (oben). Beim Durchschwung erfolgt eine entgegengesetzte Rotation. Vorausgesetzt, die Schultern werden rechtzeitig voll gedreht, führt das nicht – wie früher vermutet – dazu, daß sich die Schlagfläche in Relation zur Schwungebene öffnet. Zum besseren Verständnis dieser Bewegungsabläufe streckt man beide Hände mit zueinander geöffneten Innenflächen parallel aus (links außen) und dreht sie dann nach rechts (links) – genauso sollten sich auch die Unterarme während des Rückschwungs drehen.

GOLFSCHWUNG

Man kann bei vielen Pros feststellen, daß sie zwischen den einzelnen Schlägen Rückschwünge simulieren, indem sie mit zueinander geöffneten und parallel gehaltenen Handtellern Arme und Schultern zurückschwingen, um zu prüfen, ob sich ihre Unterarme simultan drehen. Anschließend simulieren sie auf dieselbe Weise den Ab- und Durchschwung. Ballesteros macht diese Übung immer. Er weiß, wie wichtig das Zusammenspiel zwischen Armen und Schultern ist.

Schultern: Auch der Neigungs- und Drehwinkel der Schultern stiftete eine Zeitlang große Verwirrung. Viele glaubten, daß eine Linie von der rechten über die linke Schulter im höchsten Punkt des Rückschwungs geradewegs zum Ball führen müßte. Doch das tat sie nur, wenn der Spieler die linke Schulter hängen ließ, was unweigerlich die Schwungebene zerstörte.

Heute weiß man, daß die Schultern zusammen mit Armen und Händen den Abschwung einleiten. In dieser Phase sind es vor allem die Muskeln an der Unterseite des linken Arms und des Schulterblatts, die den Schläger auf seine Bahn nach unten und durch den Ball ziehen. Im Treffmoment kommt dann die rechte Körperseite ins Spiel; es sind die Muskeln des rechten Oberarms und Schulterblatts, die jetzt beim Schlag für Kraft und Präzision verantwortlich sind. Die Schlagvorbereitung ist folglich auf diese beiden Funktionen ausgerichtet. Nimmt man ein Foto, das einen Spitzenspieler im Augenblick des vollendeten Rückschwungs zeigt, dann wird eine Linie vom Ball unter der linken Achsel hindurch zur rechten Schulter führen. Das demonstriert die korrekte Drehebene der Schultern. Es genügt, wenn sich die Schultern drehen, sie brauchen nicht in Richtung Ball zeigen. Jede gute Haltung basiert darauf, daß sich das Rückgrat entsprechend dem gewählten Schläger beugt. Nur so kann eine einheitliche Drehebene eingehalten werden.

Füße und Beine

Eine gute Fuß- und Beinarbeit ist unerläßlich. Sie dient nicht nur der korrekten Gewichtsverlagerung, sondern hat auch wesentlichen Einfluß auf Tempo und Balance des Schlags.

Um zu prüfen, ob an der höchsten Stelle des Rückschwungs die Schwungebene noch eingehalten wird (links), zieht man vom Schläger bis zum Ball eine imaginäre Linie. Sie muß über die rechte Schulter und unter der linken Achsel hindurch verlaufen. Wer versucht, beide Schultern mit dem Ball auf eine Linie zu bringen, wird sie verdrehen und dadurch den Ball falsch treffen.

GOLFSCHWUNG

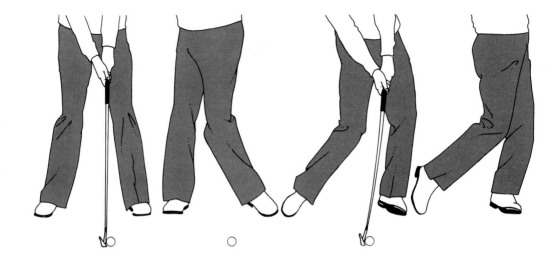

Während sich das Körpergewicht beim Rückschwung auf die rechte Körperseite verlagert und vom rechten Bein gestützt wird, bereitet sich das linke auf die mit dem Abschwung beginnende Verlagerung nach links vor. Auffällig ist bei Pros das Verhalten der Knie, die während des gesamten Schwungs in ungefähr der gleichen Höhe bleiben – eine der Voraussetzungen für eine ausbalancierte Haltung.

Beim Rückschwung dreht sich die linke Kniescheibe ganz automatisch nach innen, so daß sich das Bein beugen muß, was eigentlich zu einer »Verkürzung« (gegenüber dem rechten Bein) und dem Absacken der linken Körperseite führen müßte. Und genau das kann man bei vielen Amateurgolfern beobachten. Darüber hinaus schiebt sich bei ihnen auch noch das rechte Hüftgelenk nach außen, wo es unbeweglich verharrt und so den Abschwung behindert. Der Pro dagegen hat zwei Methoden, um das Becken annähernd waagrecht zu halten und den Schläger flüssig zu schwingen.

Die eine besteht darin, die linke Ferse anzuheben, so daß beide Hüftseiten in gleicher Höhe zum Boden bleiben. Bei der zweiten und etwas komplizierteren Methode muß das rechte Bein gebeugt bleiben, obwohl es bis zum beginnenden Abschwung das Körpergewicht stützt.

Der durch diese Kniehaltung erreichte stabilisierende Effekt läßt die Hüfte zuerst locker nach rechts und dann in den Durchschwung hinein

Gute Fuß- und Beinarbeit sind nicht nur Voraussetzung für die korrekte Verlagerung des Körpergewichts, sondern geben durch einen ausbalancierten Bewegungsablauf dem Schwung Kraft und Tempo. Bei sehr guten Spielern fällt auf, daß sie die Knie während des gesamten Schwungs in gleicher Höhe zu halten versuchen. Viele erreichen das durch ein Anheben der linken Ferse während des Rückschwungs.

nach links drehen. Richtige Kniearbeit sorgt also dafür, daß die Hüftdrehung auf ganz natürliche Weise erfolgt. Dabei wird sie im Rückschwung durch die Position des gebeugten rechten Beins dominiert, während die seitliche Gewichtsverlagerung nach links Ab- und Durchschwung bestimmt.

Durchschwung: Auch die Fuß- und Beinarbeit hat zunächst vorbereitenden Charakter. Sie sollte so flüssig wie möglich und als integrierter Bewegungsablauf erfolgen, da jedes überhastete Zurücknehmen des Schlägers dazu führt, daß das rechte Kniegelenk sich versteift und den Übergang in den Abschwung mit seiner Richtungsänderung behindert.

Entscheidend wird die Fuß- und Beinarbeit beim Schwung durch den Ball. Nur den Bruchteil einer Sekunde nachdem die linke Körperseite den Schläger in den Abschwung »hinabzieht«, drücken das rechte Bein und der Fuß nach vorn Richtung Ziellinie.

Wenn sich der Schlägerkopf dem Ball nähert, muß das rechte Knie voll in den Schwung hineindrehen. Das gibt dem Schlag mehr Kraft und ermöglicht der Hüfte, unbehindert weiterzudrehen. Geschieht das nicht, droht die von Pros am meisten gefürchtete Gefahr, daß die rechte Schulter und die linke Körperseite »überholt«, wodurch die Schlagfläche (in Relation zum Ball) nach innen gedreht wird. Durch das Hineingehen des rechten Knies in den Abschwung kann der Flug des Balls weitgehend kontrolliert werden. Je früher das Knie reagiert und die rechte Ferse abhebt, desto höher wird die Flugkurve. Auf diese Weise lassen sich Schläge auch bewußt slicen beziehungsweise so anschneiden, daß sie von links nach rechts rotieren (Fade). Geht das Knie nicht so stark mit und bleibt die Ferse am Boden, wie es normalerweise bei sehr breitbeiniger Stellung geschieht, fliegt der Ball niedriger und eher mit Linksdrall wie bei Hook Shots.

Die Schwungebene

Die Schwungebene wird durch die Neigung, in der die Schwungbahn um den Spieler verläuft, bestimmt. Sie hängt von der Physis des Spielers, der Länge des Schlägers und der eventuellen Bodenneigung ab.

Normalerweise wird ein großer Spieler steiler schwingen als ein untersetzter, es sei denn, er benutzt überlange Schläger.

Wer mit einem abgestimmten Schlägersatz spielt, bei dem vom längsten (Driver) bis zum kürzesten Schläger (Wedge) die Standardreduktionen gelten, wird mit dem längsten Schläger am flachsten schwingen. Je kürzer der Schläger ist, desto steiler wird die Schwungebene. Glücklicherweise bedeutet dies nicht, daß man dreizehn verschiedene Schlagwinkel beherrschen muß (für den vierzehnten Schläger, den Putter, spielt das sowieso keine Rolle), denn bei kürzeren Schlägern wird das Rückgrat entsprechend nach vorn gebeugt, so daß es sich dem Loft anpaßt.

Wenn ein Schlag die Schwungebene nicht einhält, liegt die Ursache in einer falschen Stellung. Hält man beispielsweise die Hände beim Set-up zu tief, wird das Rückgrat zu sehr gebeugt, wodurch sich beim Rückschwung die Handgelenke zu früh einschalten. Das führt dazu, daß man den Schaft fast senkrecht nach oben nimmt und die Schwungebene zu steil ausfällt.

Ruht zu viel Körpergewicht auf den Fersen, ist das Rückgrat zu gerade und die Handgelenke krümmen sich beim Set-up nach hinten. Außerdem stehen sie zu hoch, was die Handbewegungen verzögert, so daß Schultern und Arme den Schwung zu stark beeinflussen. Doch ohne die Führung der Hände wird die Schwungbahn sehr flach.

Schwungebene und moderner Schwung: Da beim modernen Golfschwung Hände und Gelenke so bewegt werden, daß der linke Handrücken immer in einer Linie mit dem linken Unterarm bleibt, hat der Spieler das Gefühl, »gerade« zu schwingen. Betrachtet man die Schwungbahn, die eine natürliche Kurve beschreibt, im Seitenriß, so zeigt sich, daß vom tiefsten Punkt, dem Ball, bis zum höchsten Punkt des Rückschwungs tatsächlich eine Gerade durch den Nackenansatz des Spielers verläuft. Und auch der linke Arm bewegt sich, von oben gesehen, entlang dieser Linie.

In jener Zeit, als man beim Durchschwung den Schlägerkopf aus einer geöffneten in eine geschlossene Position drehte, wich der linke Handrücken bis zu fünfundvierzig Grad von der mit dem Unterarm gebildeten Linie ab. Das bedeutete, daß der Rückschwung in zwei Richtungen erfolgte – zuerst nach innen und dann, wenn die Gelenke sich anwinkelten, nach oben. In diesem Fall gab es also keine Gerade vom tiefsten zum höchsten Punkt des Rückschwungs.

Die als »unkomplizierte Schwinger« bekannten Spitzenspieler haben innerhalb der jeweiligen Schwungebene die direkteste Linie für ihren Schlag gefunden. Sie achten vor allem darauf, daß sich das linke Handgelenk anwinkelt, ohne die mit dem linken Unterarm gebildete Linie zu verlassen – das heißt, der Schläger wird »square« zur Schwungebene geführt.

Vor einigen Jahren konnte man immer wieder beobachten, daß nicht wenige Spieler square zur Schwungebene mit square zur Ziellinie verwechselten, was ihrem Schlag nicht gut bekam.

Schwungebene und Durchschwung: Die Schwungebene muß nicht nur beim Rück-, sondern auch beim Ab- und Durchschwung (siehe auch S. 57–65) eingehalten werden. Das gelingt nur, wenn auch die Neigung des Rückgrats bis über den Teffmoment hinaus konstant gehalten wird; auch am Ende des Ausschwungs sollte sie

GOLFSCHWUNG

Links: Der Golfstil Tommy Hortons ist vor allem durch seine Hand- und Handgelenkaktionen geprägt. Beim Anwinkeln öffnet sich sein linkes Handgelenk gegenüber der Schwungebene.
Mitte: Jack Nicklaus' linkes Handgelenk winkelt sich square zur Schwungebene an.
Rechts: Lee Trevino wölbt das linke Handgelenk, so daß es zur Schwungebene geschlossen steht.

noch erkennbar sein. Kleinere Spieler, die den Schläger in einer flacheren Ebene um den Körper schwingen, sollten den Ausschwung nicht zu hoch beenden. Der krampfhafte Versuch, möglichst hoch auszuschwingen, würde nur ihre Balance beeinträchtigen. Wer dagegen in einer steileren Ebene schwingt, soll auch auf einen hohen Ausschwung achten.

Die Schwungbahn

Immer wieder wird über die vom Schlägerkopf durchlaufene Schwungbahn diskutiert. Wird der Schläger beim Rückschwung zu stark nach innen gezogen, spricht man von einem Schlag von »innen nach außen«. Holt der Spieler zu weit aus, ist es ein Schlag von »außen nach innen.«

GOLFSCHWUNG

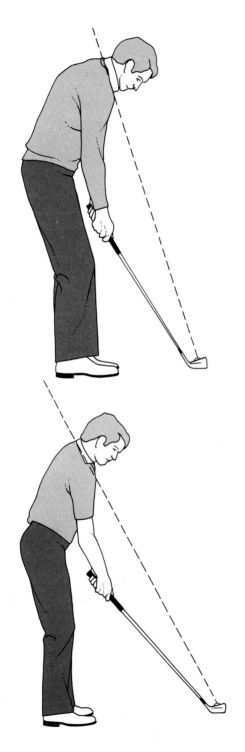
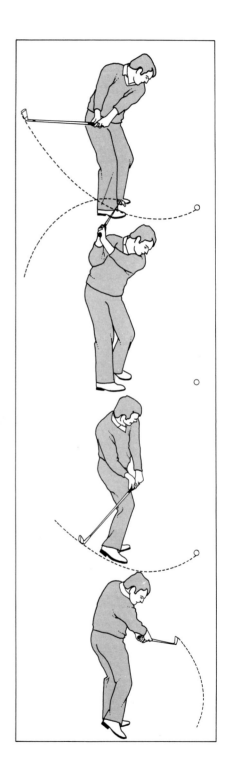

GOLFSCHWUNG

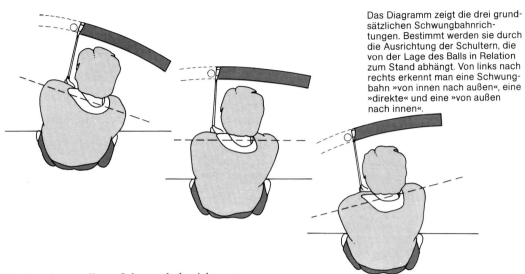

Das Diagramm zeigt die drei grundsätzlichen Schwungbahnrichtungen. Bestimmt werden sie durch die Ausrichtung der Schultern, die von der Lage des Balls in Relation zum Stand abhängt. Von links nach rechts erkennt man eine Schwungbahn »von innen nach außen«, eine »direkte« und eine »von außen nach innen«.

Doch solange diese Schwungbahnrichtungen nicht auch beim Ab- und Durchschwung beibehalten werden, sind die angedeuteten Konsequenzen nicht zwingend. Vielmehr ist es häufig so, daß man nach einem solchen Fehler versucht, mit einer Ausholschleife die Richtung des Abschwungs zu korrigieren.

Mit Schwungbahn bezeichnet man die vom Schlägerkopf beschriebene Kurve beim Abschwung in Richtung Ball; sie führt dann durch den Treffpunkt hindurch und in den Durchschwung. Die Schwungbahn kann dadurch genauer beschrieben werden, daß man sie in Relation zur Fluglinie sieht. Das Stück Boden zwischen ihr und dem Spieler ist »innen«, das jenseits der Linie »außen«.

Wenn ein Pro sich über die Schwungbahn klargeworden ist, die der von ihm beabsichtigte Schlag verlangt, führt er den Schlägerkopf entsprechend durch den Ball. Dazu muß er die Schulterausrichtung dem Schwung genau anpassen, weil sie die Richtung der Schwungbahn bestimmt. Will er den Ball auf einer Schwungbahn »von innen nach außen« treffen, nimmt er einen eher »geschlossenen« Stand ein, bei dem der Ball weiter hinten liegt. Für eine Schwungbahn »von außen nach innen« wird der Ball weiter vorn und mit »offenen« Schultern geschlagen.

Ein großer Spieler wird mit einem Eisen aus einem korrekten Set-up heraus in einer steilen Schwungebene schlagen (links außen, oben); ein kleinerer Spieler dagegen schwingt unter denselben Voraussetzungen flacher (links außen, unten). Die Sequenz links zeigt die alte Schwungtechnik, bevor die Vorteile einer einheitlichen Schwungebene bekannt waren. Mit der ersten Bewegung nahm man den Schläger nach innen bis auf Hüfthöhe zurück. Die zweite führte ihn mit »offen« angewinkelten Handgelenken nach oben. Damit die Schultern aufgrund der in dieser Position schwachen Handgelenke nicht zu sehr dominierten, mußte der Abschwung hinter dem Körper abfallen. Um den Ball dann square zu treffen, wurde der Schlägerkopf durch den Ball »gerollt«. Das bedeutete, der Schwung zerfiel in vier Richtungen – und vier Bewegungen.

Das Einüben des Grundschwungs

Es ist ratsam, Golf von Anfang an unter Anleitung eines Pros zu erlernen. Ist dies nicht möglich, sollte man sich von einem erfahrenen Spieler beraten lassen, der eine einwandfreie Technik beherrscht. Er kennt die schlimmsten Fehlerquellen und weiß im übrigen genau, worauf es ankommt. Der Anfänger wird zunächst Schwierigkeiten haben, sich an bestimmte Dinge zu gewöhnen; das gilt vor allem für den Griff. Leider ist er besonders schwer zu entwickeln, bildet aber die Voraussetzung für jede gute Technik. Schon die allerersten Schritte müssen genau überlegt werden, damit sich der Golf-Neuling innerhalb der ersten Monate die Grundsequenz von Set-up, Rück- und Durchschwung richtig aneignet. Um ihm Gelegenheit zu geben, aus seinen Fehlern zu lernen, sollte er mit einem Schläger beginnen, der über ausreichenden Loft verfügt – beispielsweise mit dem Eisen 8. Ein noch größerer Schlagwinkel ist nicht empfehlenswert, weil kürzere Schäfte dazu verleiten, die Schultern zu weit vorzubeugen und den Ball zu toppen (oberhalb des Zentrums zu treffen).

Der erste Schritt

Beim Grundschwung sollte die Reihenfolge der Übungen wie folgt festgelegt und genau befolgt werden:

☐ Plazierung des Balls
☐ Fuß- und Körperhaltung
☐ Griff
☐ Rückschwung
☐ Durchschwung

Plazierung des Balls: Als Anfänger sollte man den Ball auf der Mittellinie zwischen den beiden Füßen plazieren. Beim Üben ist es wichtig, sich eine gute Lage für den Ball auszusuchen. Ist der Boden hart, benutzt man ein kurzes Tee. Auf keinen Fall darf man den Ball »schaufeln«, sonst mißlingt der Schwung.

Fuß- und Körperhaltung: Man wählt ein Ziel, das deutlich außerhalb der eigenen Reichweite liegt. In dieser Übungsphase ist es noch nicht wichtig, besonders weit zu schlagen. Der Schwung muß sich aber immer auf ein Ziel hin orientieren. Es ist eine gute Übung, mit einem auf den Boden gelegten Schläger die Ballziellinie zu markieren. Von Anfang an stellt man sich square zu dieser Linie, das heißt, Zehen, Knie, Hüften, Schultern und vor allem Unterarme stehen parallel dazu. Gleichzeitig muß man lernen, das Ziel nur durch Drehen des Kopfes anzuvisieren. Dreht man dabei auch den Oberkörper, verschiebt sich die Schulterlinie nach links und bleibt vielleicht so stehen.

Zunächst wird man immer wieder eine andere Position für die Füße suchen, doch nach einigem Üben gibt sich das von selbst. Wichtig ist, das

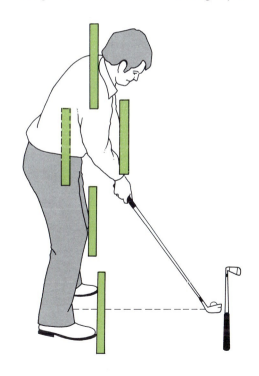

Schon in jungen Jahren ist es wichtig, bestimmte Phasen des Schwungs korrekt einzuüben. Hier erklärt Alex Hay seinem Sohn David die Bedeutung des Set-up.

Um sich besser daran zu gewöhnen, square zur Ballziellinie zu stehen, legt man beim Üben einen Schläger parallel zu ihr ins Gras.

EINÜBEN DES GRUNDSCHWUNGS

Rückgrat leicht zu beugen, wenn man den Schlägerkopf am Ball ausrichtet. Auf keinen Fall darf man mit gekrümmten Beinen das gesamte Körpergewicht auf den Fersen haben.

Griff: Beginnen Sie auf jeden Fall mit dem Vardon-Griff. Da man bei jedem Griff Zeit benötigt, sich daran zu gewöhnen, sollte man sofort die richtige Technik erlernen. Der Anfänger muß dabei besonders auf folgende Aspekte achten. Die Hände sollen den Griff umfassen, während der Schläger etwas vor dem Ball plaziert ist. Dadurch hebt sich automatisch etwas die linke Schulter, was sich auf die gesamte Haltung günstig auswirkt. Außerdem gehört es zu den Grundlektionen des Golfschwungs, gerade durch den Ball zu schwingen, statt ihn vom Boden hochzuschnipsen. Ein weiterer wichtiger Aspekt kann auch ohne Schläger geübt werden: Man hält beide Hände mit zueinander geöffneten Handflächen so vor sich, daß die Finger Richtung Boden zeigen; die rechte Hand sollte wegen der angehobenen linken Schulter etwas tiefer stehen. Dann führt man die beiden Handteller so zueinander, daß der Daumen der linken genau unter den Daumenballen der rechten Hand paßt; der Daumennagel ragt ungefähr zur Hälfte in den rechten Handteller hinein.

Nachdem Sie genau gespürt haben, wie sich die Hände zusammenfügen müssen, umfassen Sie auf dieselbe Weise den Griff. Vergessen Sie dabei nie, daß die Hände unter allen Umständen parallel und zusammen geführt werden müssen. Die nächste Bewegung ergibt sich ganz natürlich aus dem Anheben der linken Schulter: Die Hände drehen sich fast unmerklich nach rechts, so daß man zumindest zwei Knöchel der linken Hand sehen kann. Dabei muß darauf geachtet werden, daß die Vorderkante des Schlägerkopfes square zum Ball ausgerichtet ist.

Es macht nichts, wenn man zunächst noch drei Knöchel sieht; doch die Hände müssen sich leicht nach rechts drehen, weil das Andrehen der Unterarme in dieselbe Richtung für einen guten

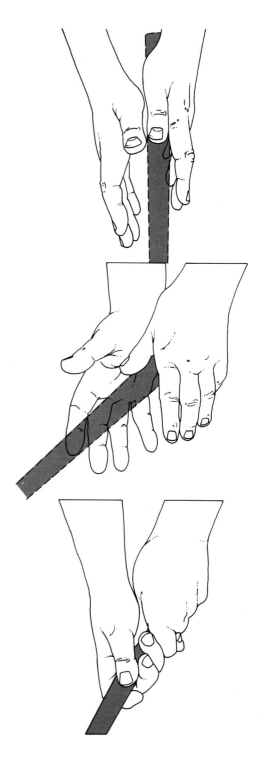

Die Zeichnungen rechts zeigen eine einfache Methode, die Hände richtig um den Griff zu legen. Zuerst werden die geöffneten Handflächen parallel zueinander auf dem Griff plaziert. Dann schmiegt sich der linke Daumen so unter den Daumenballen der rechten Hand, daß er ungefähr zur Hälfte in den Handteller hineinragt. Jetzt können die übrigen Finger so zugreifen, daß beide Hände optimal zusammenarbeiten.

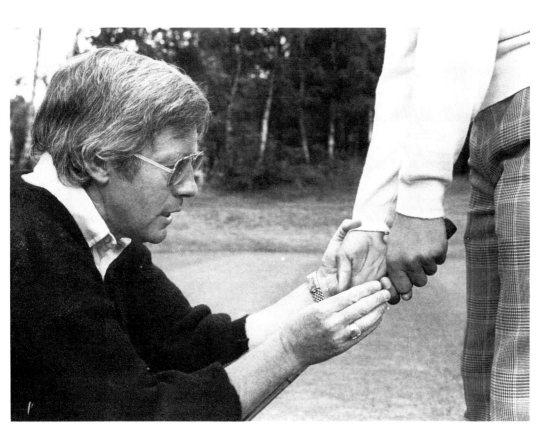

Der wichtigste Einzelfaktor beim Golf ist der Griff. Hier zeigt Alex Hay einem Schüler, wie man mit den Fingern der rechten Hand zugreift statt mit der Handfläche.

Rückschwung unerläßlich ist. Dadurch setzt dann auch die Schulterdrehung rechtzeitig ein, um den Schläger in der Schwungebene zurücknehmen zu können. Gelingt das nicht, wird der Ball nur mit einer Bewegung aus dem Handgelenk geschlagen.

Das Griffende sollte sich bequem in den linken Handteller einschmiegen. Anfänger lassen es häufig zu weit in die Mitte der Handfläche rutschen. Erst wenn der Griff korrekt in der linken Hand liegt, fassen die Finger der rechten zu, wobei Zeigefinger und Daumen eine Art Zangenbewegung machen. Und schließlich überlappt dann noch der kleine Finger der rechten den Zeigefinger der linken Hand.

Rückschwung: Denken Sie immer daran, daß diese Bewegungsphase zur Vorbereitung des eigentlichen Schlags dient, wobei Sie sich im klaren sein müssen, was Sie mit dem Schlag erreichen beziehungsweise vermeiden wollen. Keinesfalls hat diese Bewegungsphase die Aufgabe, den Ball möglichst hoch in die Luft zu schlagen. Der das entscheidet, ist der Schlägermacher, der den Schlägerkopf mit einem bestimmten Schlagwinkel versehen hat. Vielmehr ist das Ziel ein Schwung, der als integrierter Bewegungsablauf gerade durch den Ball Richtung Ziel schlägt. Zuallererst sollte man also das Zusammenspiel von Händen, Armen und Schultern üben, um den Schläger damit zunächst nach rechts zurück- und dann nach links durchzuschwingen. Dabei konzentriert man sich vor allem auf den tiefsten Teil des Schwungbogens, also auf den Treffbereich.

Da man die linke Hand und den linken Unterarm absichtlich so weit gedreht hat, daß drei Knöchel zu sehen sind, schwingt der Schläger automatisch leicht innerhalb der Ziellinie zu-

EINÜBEN DES GRUNDSCHWUNGS

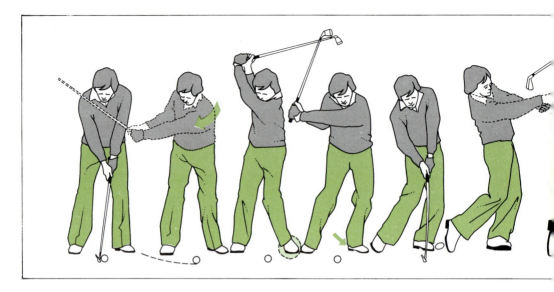

rück. Das sollte die Schultern ins Spiel bringen, wobei zugleich das Körpergewicht nach rechts verlagert wird und die linke Ferse sich anhebt. Die umgekehrte Gewichtsverlagerung leitet dann den Ab- und Durchschwung ein. Bei den ersten Schwungversuchen sollte man den Schläger nur bis in Hüfthöhe zurücknehmen. Hat man erst einmal ein paar gute Schläge gespielt, werden das sich steigernde Tempo und die wachsende Begeisterung die Ausholbewegung automatisch vergrößern. Haben Sie sich erst einmal einen korrekten Griff angewöhnt, erfüllen auch die Handgelenke ihre Funktion korrekt. Doch man sollte sie immer wieder kontrollieren und vor allem darauf achten, daß sie nie starr sind.

Durchschwung: In dieser Übungsphase sollten Sie sich nicht auf den Abschwung konzentrieren. Es geht vor allem darum, das Körpergewicht durch eine seitliche Verschiebung auf das linke Bein und den linken Fuß zu verlagern, damit die Arme den Schläger Richtung Ball und Ziel schwingen können.

Es ist wichtig, in dieser kritischen Schlagphase die natürlichen Reflexe bewußt zu kontrollieren. Der Anfänger neigt dazu, das Körpergewicht auf dem rechten Fuß zu lassen, um nur mit einer Bewegung aus den Handgelenken heraus den Schlägerkopf unter den Ball zu führen und nach oben zu schnipsen.

Man muß immer wieder üben, den Abschwung durch die seitliche Körperverschiebung nach links einzuleiten. Auf diese Weise befinden sich die Hände leicht vor dem Schlägerkopf und führen ihn tatsächlich »durch« den Ball und nicht nur »gegen« ihn.

Der Ausschwung sollte so lange gehalten werden, bis der Ball aufgetroffen ist. Auch der Ausschwung soll, genau wie der Rückschwung, in der Anfangsphase nicht viel weiter als bis in Hüfthöhe erfolgen, mit dem Schlägerkopf in Richtung Ziellinie.

Gelingt es, den Ball regelmäßig in Zielrichtung zu schlagen, wird der Schwung immer länger und kraftvoller werden. Dabei entwickelt sich allmählich ein Gefühl für den Rückschwung, der ungefähr drei Viertel der Länge von Ab- und Durchschwung haben sollte. Dadurch ergibt sich eine klare Struktur des gesamten Schwungs, angefangen von der Schlagvorbereitung bis zum Finish des Ausschwungs, die auch beim Gebrauch anderer Schläger gültig ist.

Der zweite Schritt

Die Schläger eines vollen Satzes können nach Gruppen geordnet werden, die man systematisch erprobt, nachdem man die Technik des Grundschwungs beherrscht. Wie bereits erwähnt, gliedern sich die Schläger wie folgt:

Kurze Eisen: Sand Wedge, Pitching Wedge, Eisen 9 und 8

EINÜBEN DES GRUNDSCHWUNGS

Nachdem man den Bewegungsablauf des Grundschwungs eingeübt hat (die gestrichelten Linien zeigen, wie weit Rück- und Durchschwung dabei gehen sollten), kann man den Schwungbogen allmählich bis zum vollen Schwung vergrößern.

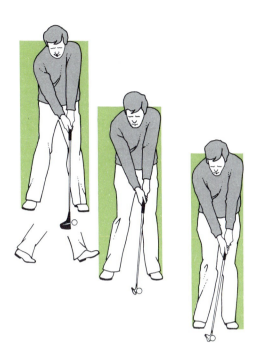

Mittlere Eisen: 7, 6, 5
Lange Eisen: 4, 3
Fairway-Hölzer: 5, 4, 3
Driver

Natürlich kann man noch andere Schläger in den Satz aufnehmen, aber sie sind für den Durchschnittsspieler weder erforderlich noch empfehlenswert. Man muß schon sehr viel Erfahrung haben, um mit den langen Eisen 1 und 2 erfolgreich umgehen zu können. Auch das Holz 2, das heute nur noch selten gefertigt wird, kann nur in der Hand eines Experten bei Schlägen vom Boden seine Qualitäten zeigen.

Lage des Balls: Sammelt man seine ersten Erfahrungen mit einem der kurzen Eisen, ergeben sich beim weiteren Training mit anderen Schlägern einige Änderungen. Das bezieht sich vor

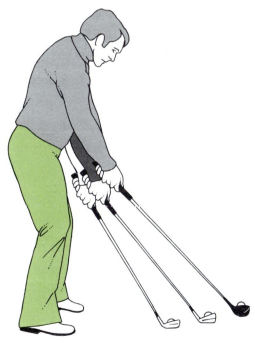

Oben rechts: Die breiteste Fußstellung beim Set-up entspricht ungefähr einer Schrittlänge – vom Absatz des vorderen zu den Zehen des hinteren Fußes. Bei kürzer werdenden Schlägern und reduziertem Schwung rücken die Füße allmählich zusammen.
Rechts: Die Lage (oder Lie) eines jeden Schlägers ist so konstruiert, daß das Griffende immer ungefähr denselben Abstand zum Boden hat. Die Hände allerdings müssen die verschiedenen Schläger in verschiedenen Abständen zum Boden umfassen, um die erforderliche Schwungbahn zu ermöglichen. Bei den kürzesten Eisen beginnt es bei ungefähr fünf Zentimeter und geht bis zu fünfzehn Zentimeter beim Driver. Dadurch richtet sich das Rückgrat immer mehr auf, und die Schwungebene wird flacher.

EINÜBEN DES GRUNDSCHWUNGS

allem auf die Lage des Balls. Er muß aus seiner zunächst zentralen Position auf der Mittellinie zwischen den Füßen allmählich weiter nach vorn rücken, bis er auf Höhe der Innenseite der linken Ferse liegt, wenn man mit dem Driver spielt. Es ist allerdings ratsam, bei den ersten Versuchen vom Tee aus mit einem der Fairway-Hölzer zu schlagen, bis man genügend Selbstvertrauen für den Driver gewonnen hat.

Breite des Standes und Entfernung zum Ball: Der breiteste Stand (Füße ungefähr in Schulterbreite) ist für das Spiel mit dem Driver erforderlich. Je kürzer dann der Schläger, desto enger wird der Stand, bis er bei einem kurzen Eisen nur noch zwei Drittel des Maximums mißt. Das Einnehmen des richtigen Standes wurde bereits ausführlich besprochen, doch hier noch eine Ergänzung: Spielt man mit den kurzen Eisen, ist die linke Hand beim Set-up ungefähr acht Zentimeter vom linken Oberschenkel entfernt; diese Entfernung nimmt mit den längeren Schlägern allmählich zu, bis sie beim Driver fünfzehn Zentimeter beträgt.

Diese Methode hat noch den Vorteil, daß sie den Spieler dazu erzieht, die linke Hand in gleicher Linie mit dem linken Oberschenkel zu halten. Viele Spieler haben die Hände beim Set-up zu nahe an der Körpermitte, wodurch die Stellung des linken Handgelenks beeinträchtigt wird.

Das Einüben des vollen Schwungs

Hat man es geschafft, den Ball (unter Berücksichtigung des jeweiligen Schlagwinkels) mit dem Grundschwung auf die richtige Flugbahn zu bringen, beginnt man mit dem Einüben des vollen Schwungs. Das sich steigernde Selbstvertrauen führt automatisch dazu, daß der Schwung länger wird, und zwar zurück und durch den Ball.

Unten: Auf diese Weise läßt sich ohne Schläger ein Gefühl für die korrekte Schwungebene einüben. Während der linke Zeigefinger auf den Ball zeigt, schwingt der rechte Arm diagonal nach oben. Ändert man das Ziel für den Zeigefinger, kann man sehr gut beobachten, wie sich die Schwungebene bei unterschiedlichen Schlägerlängen mitverändert. Visiert man einmal mit dem linken, dann mit dem rechten Zeigefinger das Ziel an und läßt die Arme entsprechend rück- oder durchschwingen, kann man Tempo und Beinarbeit des Schwungs trainieren.

EINÜBEN DES GRUNDSCHWUNGS

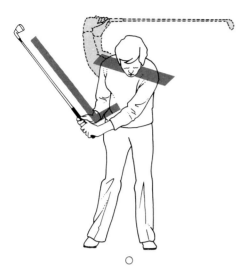

Wenn die Drehung der Schultern die von Armen und Handgelenken nicht ganz mitvollzieht, wird der Schwungbogen stark eingeschränkt. Außerdem krümmt sich beim Durchschwung der linke Arm.

Setzt man jetzt nicht frühzeitig genug Hände und Gelenke ein, winkeln sich die Ellbogen zu stark an.

Die Schwungebene

Ohne eine klare Vorstellung davon, wie die Schwungebene um den Körper verläuft, wird mit großer Wahrscheinlichkeit durch das Anwinkeln der Handgelenke Richtung und Neigungswinkel der Schwungbahn ständig verändert.

Um sich diese Vorstellung zu verschaffen, empfiehlt sich die folgende Übung ohne Schläger: Man nimmt gegenüber dem Ball Aufstellung, als ob man mit einem mittleren Eisen schlagen würde. Mit korrekt gebeugtem Rückgrat weisen die beiden ausgestreckten Zeigefin-

Mit länger werdenden Schlägern verändert sich der Schwungcharakter. Beim Set-up mit einem Schläger mit großem Loft (unten) befindet sich das Griffende nur wenige Zentimeter vor dem linken Oberschenkel, und die Schultern sind deutlich nach vorn gebeugt. Die Schwungebene verläuft verhältnismäßig steil. Bei länger werdenden Schlägern und weiter nach vorn plaziertem Ball richtet sich das Rückgrat auf, und die Schwungebene wird flacher. Man erkennt das hier in drei Phasen, vom Set-up über den Rück- bis zum Ende des Durchschwungs.

ger auf den Ball. Dann schwingt der rechte Arm nach oben und hinter den Körper, bis er diagonal über dem linken steht, der weiterhin auf den Ball zeigt. Der so demonstrierte Neigungswinkel entspricht weitgehend dem der Schwungebene für einen korrekten Schlag.

Danach schwingt der rechte Arm zurück, bis der ausgestreckte Zeigefinger wieder Richtung Ball zeigt, während der linke gleichzeitig in derselben Ebene nach oben schwingt – genau wie der Schläger beim Durchschwung.

Bei dieser Übung lassen sich nicht nur Richtung und Neigungswinkel des Schwungs veranschaulichen, sondern der Anfänger lernt so auch die korrekte Gewichtsverlagerung zuerst auf den rechten, dann auf den linken Fuß.

Dieselbe Übung wiederholt man mit etwas größerem Abstand zum Ball, als ob man mit einem der längeren Schläger spielen wollte. Dadurch wird der Neigungswinkel der ausgestreckten Arme kleiner, was automatisch eine flachere Schwungebene zur Folge hat. Zugleich wird ersichtlich, wie sich die Beugung des Rückgrats unvermeidbar auf die Neigung der Schwungebene auswirkt.

Handgelenk: Das Anwinkeln des linken Handgelenks, dem das rechte in den Rückschwung hinein folgt, bezweckt, daß der Winkel zwischen dem linken Arm und dem Schaft möglichst weit ist, damit Ab- und Durchschwung kraftvoll durchgeführt werden können. Benutzt man ein kurzes Eisen, bemerkt man, daß sich die Hände beim Rückschwung schon verhältnismäßig früh einschalten. Viele Anfänger fürchten, daß der Schläger damit zu scharf nach oben kommen könnte. Doch das geschieht nur, wenn man dabei zwei entscheidende Faktoren des Schwungs ignoriert: das Einhalten der Schwungebene und die volle Schulterdrehung. Ohne die Schulterdrehung wäre es völlig belanglos, ob die Hände zu früh oder zu spät einsetzen; ohne sie gäbe es gar keinen Schwung.

Hat man erst einmal einige Erfahrungen gesammelt, entwickelt sich auch das richtige Timing von Händen und Handgelenkbewegungen bei ihrem Zusammenspiel mit Körperdrehung und Fußarbeit. Und der volle Rückschwung schafft die Grundlage für einen korrekten und kraftvollen Durchschwung, der den Ball über eine immer größere Distanz zu befördern vermag.

Meistert man dann noch jene Phase, in der Hände und Gelenke in derselben Ebene wie beim Rückschwung Richtung Ball schwingen und sich wieder geraderichten, um unmittelbar darauf den Schlägerkopf durch den Ball zu führen, kann man weiterer Fortschritte sicher sein.

Der Rhythmus der Schlagvorbereitung überträgt sich auf den Durchschwung, der im Ausschwung seinen Abschluß findet. Genau dann, wenn sich der Körper voll ins Finish hineingedreht hat, bewähren sich die oben beschriebenen Übungen: Jetzt wird die Bewegung rechts nur noch leicht mit den Zehenspitzen abgestützt, während der gesamte Körper in Richtung Fahne gedreht ist. Diese Haltung muß beibehalten werden, bis der Ball auftrifft. Inzwischen kontrolliert man die Beugung des Rückgrats – sie muß dieselbe sein wie beim Set-up und am höchsten Punkt des Rückschwungs.

Kommt der Ball in Relation zu den Füßen weiter nach vorn, muß sich die linke Schulter leicht über die rechte heben, obwohl das bedeutet, daß sich das rechte Knie leicht nach innen krümmt und der rechte Ellbogen sich lockert. Versucht man die Schultern auf gleichem Niveau zu halten, kommt der rechte Arm höher als der linke, was Schwungbahn und -ebene beeinträchtigt.

EINÜBEN DES GRUNDSCHWUNGS

Bei den kurzen Eisen werden die Hände und Handgelenke tiefer gehalten und winkeln sich beim Rückschwung früher an. Das führt zu einem engeren Schwungbogen und einem steileren Durchschwung Richtung Ball. Je länger die Schläger, desto weiter entfernen sich die Hände vom Körper, während sich das Rückgrat aufrichtet. Die Folgen sind ein weiterer Schwungbogen und eine geringere Handgelenkaktion.

Wie längere Schläger den Schwung beeinflussen

Es wäre falsch, zu lange nur mit kurzen Schlägern zu üben. Auch wenn man zunächst mit längeren Schlägern eine Reihe von Fehlschlägen verbuchen muß, darf man sich nicht verleiten lassen, wieder zum »sicheren« Eisen 8 zu greifen. Da dieser Schläger Fehler leichter verzeiht, besteht die »Sicherheit« oft nur in der Einbildung des Spielers, der gar nicht merkt, was er alles falsch macht.

Übt man mit immer längeren Schlägern, nimmt der Schwierigkeitsgrad deutlich zu. Man sollte sich also ruhig Zeit lassen, bevor man sich dem Driver zuwendet. Ein Holz 3 wird lange sehr viel ermutigendere Ergebnisse bringen. Mit länger werdenden Schäften und sich verringernden Schlagwinkeln wächst die Versuchung, den Ball härter zu schlagen, um ihn möglichst weit zu treiben. Ein solches Forcieren verkürzt den Abschwungbogen, so daß die Arme zu früh zurückdrehen und der Schlag an Wirkung verliert.

Mit den länger werdenden Schäften rutscht auch der Ball immer weiter nach links, während sich die Entfernung des Spielers zu ihm entsprechend vergrößert. Dabei muß das Rückgrat allmählich aufgerichtet werden, und die linke Schulter kommt etwas höher als die rechte.

Unterläßt man diese Anpassung, läuft man Gefahr, einen der häufigsten und schlimmsten Fehler im Golf zu begehen. Denn wenn der rechte Unterarm höher kommt als der linke, erhält der Rückschwung von Anfang an eine falsche Richtung. Die so gehaltenen Arme führen den Schläger dann außerhalb der Ziellinie statt leicht innerhalb, wie es sein sollte.

Als Anfänger sollte man bei längeren Hölzern in der Set-up-Phase den rechten Ellbogen leicht nach unten drücken, so daß eine Linie über die Unterarme leicht rechts neben das Ziel weist. Auf diese Weise ist es sehr viel einfacher, eine flachere Schwungebene zu erreichen, wie sie für längere Schläger notwendig ist.

Hände und Handgelenke: Bei kürzeren Schlägern setzt die Bewegung von Händen und Gelenken fast unmittelbar mit dem Rückschwung ein. Als Anfänger wird man aber bei längeren Schlägern besonderen Wert auf einen weiten Ausholbogen legen. Denn das zu frühe Einsetzen der Hand- und Gelenkaktionen beschränkt selbst bei Einhaltung der Schwungebene Körperdrehung und Beinarbeit. Diese für einen längeren Schläger (wie zum Beispiel der Driver) unerläßliche weitere Schwungbahn gibt den Händen mehr Zeit und Raum für ihre Aktion. Die enger und in steilerem Neigungswinkel verlaufende Schwungbahn bei Schlägen mit kurzen Eisen verlangt dagegen einen früheren und deutlicheren Handgelenkeinsatz. Je länger dann die Schäfte werden und je flacher die Schwungbahn, desto stärker wird das Gefühl, weit ausholend zu schwingen. Die Bewegungen des Handgelenks werden dabei nicht mehr so deutlich wahrgenommen. Anfänger fürchten sich oft davor, daß der weite Bogen des Schlägers zu einem »Schwanken« des Kopfes – zuerst nach rechts, dann nach links – führt. Man sollte es eher in Kauf nehmen als das gegen die Schwungrichtung verlagerte Körpergewicht. Die beste Übung gegen dieses Schwanken ist die oben beschriebene Lektion, bei der man ohne Schläger versucht, mit gestreckten Armen die Schwungebene einzuhalten.

Fehler beim Schwingen

Es gibt viele Details des Grundschwungs, die fehlerhaft sein können – manche von Anfang an, andere schleichen sich im Lauf der Zeit ein, weil man versäumt, seine Technik immer wieder vom Clubtrainer überprüfen zu lassen.
Dieses Kapitel analysiert eine ganze Reihe dieser Fehler, wobei nicht zufällig, sondern systematisch vom Set-up bis zum Finish vorgegangen wird. Jeder gute Trainer wird bestätigen, daß die meisten Fehler bereits in der Set-up-Phase zu finden sind und behoben werden können, bevor noch der Schläger in Aktion tritt.

Das Ausrichten des Schlägers

Ein häufiger Fehler besteht darin, sich beim Set-up zuerst in Position zu stellen und den Griff zu umfassen, bevor man sich am Ziel orientiert, um den Schlägerkopf entsprechend auszurichten. Genau umgekehrt muß es sein. Ist der Körper nicht korrekt ausgerichtet, verdreht man zum Ausgleich wahrscheinlich den Schlägerkopf, anstatt ihn als Orientierung für die Stellung zu benutzen.
Gleichgültig, wie man den Schlägerkopf verdreht, er wird immer Richtung und Neigung der Schwungbahn beeinflussen, so daß die Schwungebene um den Körper nicht eingehalten werden kann.

Die Lage des Balls

Wenn die Füße falsch plaziert sind, so daß der Ball im Verhältnis zum Stand nicht in Position liegt, wird das den Schwung stark beeinträchtigen. Liegt der Ball zu weit vorn, müssen sich die Schultern öffnen, selbst wenn die Füße korrekt zur Ziellinie ausgerichtet sind.
Im Gegensatz zum beabsichtigten Slice, bei dem Fußstellung und Schultern geöffnet sind, ist hier der Körper nur in der Taille verdreht. Das behindert den Rückschwung, so daß der Schläger zu steil nach oben schwingt und beim Durchschwung zu wenig Kraft entfaltet – er schlägt eher quer »über« als »durch« den Ball.

Auch Turniersieger können schlechte Schwünge produzieren. Hier blickt Carl Mason ängstlich einem verschlagenen Ball nach.

Liegt der Ball dagegen zu weit hinten, schließt sich die Schulterlinie gegenüber der Ziellinie. Als Folge schwingt man den Schläger sehr eng um den Körper zurück. Dieser sogenannte »flache Schwung« kann zwei negative Konsequenzen haben. Ein kurzer Schwung wird sehr stark von »innen« nach »außen« gehen und den Ball nach rechts treiben, es sei denn, man dreht die Schlagfläche nach innen, was einen Hook zur Folge hat.
Bei einem längeren Schwung führen die Hände den Schläger zu abrupt nach oben, weil sie durch den zu engen Bogen um den Körper in ihrer Funktion behindert werden. Das aber bedeutet, daß der Rückschwung in zwei Richtungen zerfällt. Und wenn es nicht gelingt, diese beim Abschwung »umzukehren«, wird der Ball viel zu steil getroffen.

Der Griff

Zweifellos gibt es keine verläßliche Golf-Technik ohne die richtige Schlägerhaltung. Die Hände müssen von Anfang an mit geöffneten Handflächen parallel auf dem Griff plaziert werden – und diesen Griff beibehalten.
Schwache linke Hand: Ist sie auf dem Griff nach links verrutscht, dreht auch der Arm nach links und wird im Rückschwung zu schwach.
Um diese »schwache Position« zu korrigieren, dreht der linke Arm bei Einsetzen des Rückschwungs sofort nach rechts, wodurch sich die Schlagfläche öffnet. Bleibt sie beim Durchschwung in dieser Position, was meist der Fall ist, wird der Ball geslict.
Starke linke Hand: Rutscht die linke Hand über den Griff und zeigt drei oder gar vier Knöchel, dreht auch der rechte Arm in dieser Richtung mit. Das hat zur Folge, daß der Schlägerkopf im Treffpunkt oft gewaltsam nach innen gedreht wird – je nachdem, wie viele Knöchel ursprünglich zu sehen waren.
Schwache rechte Hand: Rutscht die rechte Hand zu weit über den Griff, was häufig in Kombination mit einer schwachen linken zu beobachten ist, arbeiten die beiden beim »Öffnen« der Schlagfläche zusammen.

FEHLER BEIM SCHWINGEN

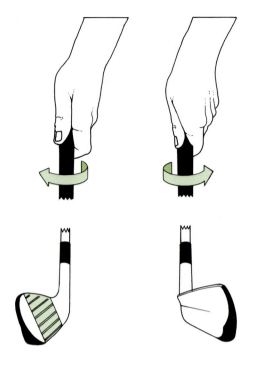

Mit einem »schwachen« Griff der linken Hand (links) wird das Einleiten des Rückschwungs äußerst schwierig. Man wird zur Verstärkung den linken Unterarm verdrehen und dadurch die Schlagfläche öffnen. Korrigiert man diesen Fehler beim Durchschwung nicht, wird der Ball geslict. Bei einem »starken« Griff dagegen (rechts) sieht man mehr Knöchel als üblich. Hier besteht die Gefahr, daß sich der Unterarm zu früh und zu stark in den Schlag hineindreht, was sich auf das Schlägerblatt so auswirkt, daß der Ball als »Hook« verzogen wird.

Hat die linke Hand dagegen die korrekte Position, während die rechte zu weit über den Griff rutscht, kommt das rechte Gelenk über das linke, und die Schwungbahn wird von »außen« nach »innen« verzogen. Dabei verschiebt sich auch die Schulterlinie, das heißt, die rechte Schulter steht höher als die linke.
Starke rechte Hand: Das ist der bevorzugte Griff unerfahrener Spieler, vor allem jener, die sich ihre Technik selbst beigebracht haben. Sie neigen dazu, den Griff mit dem Handteller ihrer »starken« (rechten) Hand und sämtlichen Fingern zu umfassen. Dabei verdreht sich der rechte Arm nach rechts, mit dem starken Impuls,

sich im Treffpunkt wieder zurückzudrehen. Erfahrene Spieler wissen, daß die rechte Hand sich so bewegen sollte, als ob sie über ein Scharnier mit der linken verbunden wäre. Deshalb muß der Griff vor allem mit den Fingern umfaßt werden. Sie geben dem Schlag mehr Genauigkeit, ohne daß dieser an Kraft verliert. Nur so wird verhindert, daß sich die rechte Hand und der Schlägerkopf verdrehen.
Die »schwache« Version der Hände wird als »Slicer-Griff« bezeichnet, da in beiden Fällen der Schlägerkopf geöffnet wird. Die »starke« Version dagegen dreht die Schlagfläche nach innen.
Die schlimmste Kombination ist die einer »schwachen« Linken mit einer »starken« Rechten. Daraus entstehen sehr unregelmäßige »Erfolge«. Der Ball fliegt mal in die eine, mal in die andere Richtung, so daß eine richtige Einschätzung so gut wie aussichtslos ist. Meist allerdings wird diese besonders ungünstige Kombination den Ball nach links verziehen.

Stellung und Schulterausrichtung
Wenn linke Schulter und linker Fuß nicht im sel-

Wenn man die rechte Hand zu weit über den Griff rutschen läßt, »schwächt« man sie (links). Der beim Set-up auftretende Druck (in Pfeilrichtung) kehrt sich beim Rückschwung um und »öffnet« die Schlagfläche. Verharrt sie beim Durchschwung in dieser Position, entsteht wieder ein Slicespin. Die »starke« rechte Hand wird von Anfängern bevorzugt (rechts), weil sie das sichere Gefühl vermittelt, kräftig zupacken zu können. Da sie aber nicht parallel zur linken Hand aufliegt, dreht sie während des Durchschwungs die Schlagfläche nach innen (siehe Pfeilrichtung), was einen Hook zur Folge hat.

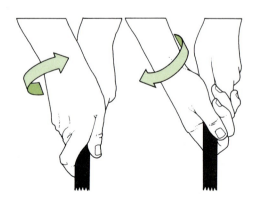

FEHLER BEIM SCHWINGEN

Eine falsche Distanz zum Ball hat negative Auswirkungen auf die Körperhaltung, vor allem auf die Neigung des Rückgrats, die die Schwungebene bestimmt. Streckt man sich zu sehr nach dem Ball, krümmt sich das Rückgrat zu stark und man schwingt zu steil. Steht man dagegen zu nah am Ball, wird das Körpergewicht nach hinten auf die Fersen verlagert, wobei das Rückgrat fast in die Vertikale kommt und die Schwungebene zu flach ausfällt.

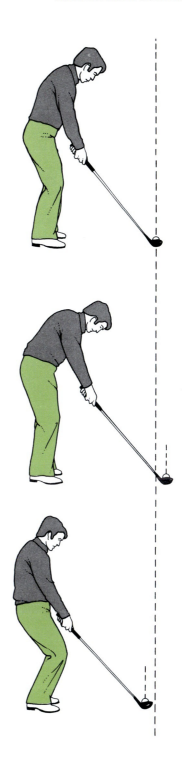

ben Abstand zur Flugbahn stehen, so daß sich eine offene Stellung ergibt, wird die Schwungbahn des Schlägers den Ball von »außen« nach »innen« erreichen und nach links treiben. Wie im Abschnitt über das Slicen beschrieben, wird der Versuch, die Schlagfläche square zum Ziel zu halten, in diesem Fall dazu führen, daß über und nicht durch den Ball geschlagen wird. Das Ergebnis ist ein Slice. Hat der Spieler aber das Ziel aus den Augen verloren, wie seine (falsche) Stellung vermuten läßt, fliegt der Ball auf gerader Bahn links am Ziel vorbei.

Geschlossener Stand: Der in diesem Buch beschriebene Set-up-Vorgang sollte auch den Anfänger davor bewahren, Füße und Schultern in Relation zur Ziellinie geschlossen zu postieren. Geschieht es dennoch, wird die Schwungbahn den Ball von »innen« nach »außen« erreichen und nach rechts verziehen. Sofern man die Schlagfläche nicht während des Schlags verdreht, wird der Ball geradeaus und rechts am Ziel vorbeifliegen. Doch die meisten Spieler mit einer »starken« rechten Hand drehen die Schlagfläche nach innen und beenden den Ausschwung dann auch automatisch in geschlossener Position – ein Versuch, zwei Fehler ins Positive zu kehren. Machmal kann das sogar gelingen, doch nie wird daraus ein perfekter Golfschwung.

Die falsche Position

Man darf weder zu weit entfernt vom Ball stehen noch zu nahe.

Zu weit entfernt: Für einen gleichmäßigen und effektiven Schwung ist eine zentrale Kopfhaltung unerläßlich. Wenn man sich nach dem Ball strecken muß, senkt sich der Kopf und wird durch die Schulterbewegungen ins »Schwanken« gebracht. Auch das Körpergewicht kommt dann so weit nach vorn, daß die Beine sich verkrampfen, um die Balance halten zu können.

Das macht sie für den Schwung immobil. Der Ball wird dann fast nur noch aus den Handgelenken heraus geschlagen, wodurch eine übertrieben steile Schwungebene entsteht.

Zu nah: Diese Position zwingt den Spieler, das Körpergewicht fast ganz auf den Fersen zu lassen, um überhaupt Platz für den Schwung zu bekommen. Dadurch wird das Rückgrat zu sehr gestreckt, was sehr negative Auswirkungen auf die Schwungebene zur Folge haben kann. Es ist sehr schwer, einen Ball aus dieser erzwungenen flachen Ebene heraus gut zu treffen.

Andere Schwungfehler

Wie zuvor erwähnt, schleichen sich die meisten Schwungfehler bereits beim Set-up ein. Doch es gibt auch einige andere, die nach einem korrekten Set-up den Schlag beeinträchtigen können.

Das Schwanken

Vor allem Damen glauben, daß sie aufgrund ihrer körperlichen Beschaffenheit beim Rückschwung einfach vom Ball »wegschwanken« müssen, um Arme und Schläger voll zurücknehmen zu können. Das ist Unsinn; denn wenn sie beim Einsetzen des Rückschwungs sofort beginnen würden, die Schultern aufzudrehen, gäbe es dieses körperliche »Handicap« überhaupt nicht. Das Schwanken ist vor allem bei den Spielern zu beobachten, die den Rückschwung in zwei getrennten Bewegungsabläufen absolvieren. Zuerst schwingen sie weit ausholend nach rechts und bringen erst dann durch das Anwinkeln der Handgelenke den Schläger nach oben. Häufig wollen sie gerade durch die weite Ausholbewegung das »Schwanken« vermeiden, doch das abrupte Nachobennehmen des Schlägerkopfes ist zwangsläufig die Folge.

Bei einem direkten Rückschwung in einer Ebene bereiten sich Hände und Handgelenke gleichzeitig mit den nach hinten und oben schwingenden Armen auf die eigentliche Schlagbewegung vor, so daß keine absichtlich weite Ausholbewegung notwendig ist.

Das Lockern des Griffs am höchsten Punkt

Häufig wird dieser Fehler kraftlosen Händen zugeschrieben; aber es gibt noch andere, plausiblere Ursachen dafür. Die erste ist, genau wie beim Schwanken, eine zu weite Ausholbewegung beim Rückschwung, so daß die Arme, voll gestreckt, weit hinter den Körper kommen. Dabei bleibt es allein Händen und Handgelenken überlassen, den Schläger in Schlagposition zu bringen. Die Fliehkraft des Schlägerkopfes muß größtenteils mit den hinteren Fingern der linken Hand kompensiert werden, wozu diese einfach zu schwach sind.

Die zweite und häufigere Ursache ist ein falscher Griff, vor allem wenn eine »schwache« linke Hand beim Rückschwung ein Verdrehen des Schlägers zuläßt. Der Schlägerkopf dreht sich in eine offene Position und zwingt die linke Hand zum Nachgeben, so daß der Griff verrutscht.

Den Ball zu früh treffen

Selbst Spitzenspieler fürchten sich vor diesem Fehler, der sich dann einschleicht, wenn die untere Körperhälfte beim Durchschwung steif bleibt, so daß die Hände den Schlägerkopf zu früh gegen den Ball führen, um ihn überhaupt abschlagen zu können. Dabei überholen die Schultern die Hüften, und der Spieler lehnt sich in das Finish des Schwungs hinein.

Das geschieht nur selten denjenigen Spielern, die den Abschwung mit einer leichten Seitwärtsverschiebung der linken Hüfte nach links einleiten. Hände und Schultern werden dadurch erst später eingesetzt, so daß der Ball nicht zu früh getroffen wird.

Der unbewegliche Unterkörper rührt meist daher, daß beim Rückschwung die linke Ferse am Boden kleben bleibt. Sofern man nicht außerordentlich gelenkig ist, wird dadurch die untere Körperhälfte so statisch, daß der Abschwung nur mit Verrenkungen eingeleitet werden kann.

Schwerpunkt auf dem falschen Fuß

Da man beim Golf den Ball mit einem Schwung von rechts nach links schlägt, scheint es ganz natürlich zu sein, daß sich der Körperschwerpunkt entsprechend verlagert, genau wie bei einem Kind, das einen Stein wirft. Doch immer wieder sieht man Spieler, die selbst im Finish den größten Teil ihres Körpergewichts noch auf dem rechten Fuß haben – obwohl sie alles versuchen, es nach links zu bekommen.

Sie bemühen sich so sehr, daß sie schon beim

FEHLER BEIM SCHWINGEN

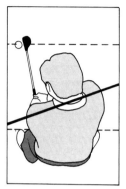

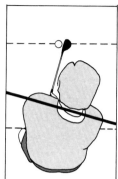

Wenn die Schultern beim Set-up in Relation zur Ziellinie geschlossen sind (rechts), kann der Rückschwung mit einer tatsächlich vollen Schulterdrehung erfolgen. Die Schwungbahn verläuft dann von innen nach außen durch den Ball.
Sind die Schultern aber im Verhältnis zur Ziellinie geöffnet (links), ist die Drehung der Schultern begrenzt. Der Schlägerkopf wird dann von außen nach innen durch den Ball schlagen.
Drehen die Schultern nicht mindestens die erforderlichen 90 Grad aus der Ziellinie heraus, liegt der zurückgenommene Schläger auch nicht parallel zu ihr (unten links), sondern zeigt auf einen Punkt links vom Ziel.
Wird der Schläger dagegen zu weit zurückgenommen, drehen sich die Schultern zu weit (unten rechts) oder das linke Handgelenk kippt um – oder beides. In letzterem Fall kommt der rechte Ellbogen stark nach oben.

FEHLER BEIM SCHWINGEN

Rückschwung den Schwerpunkt krampfhaft über dem linken Bein zu halten versuchen, mit dem Erfolg, daß die besonders unter Druck stehenden Muskeln über dem linken Knie – quasi im »Rückstoß« – das Körpergewicht nach rechts und oben drücken. Dabei ist es ganz einfach: Das Körpergewicht muß immer entsprechend der Schwungrichtung des Schlägers verlagert werden – beim Rückschwung nach rechts, beim Ab- und Durchschwung nach links.

Schläger jenseits der Ziellinie

Am höchsten Punkt des Rückschwungs sollte der Schläger eigentlich parallel zur Ballziellinie stehen. Doch bei manchen Spielern weicht er statt dessen nach links (davon) ab.
Wird es bemerkt, versucht der Spieler häufig, dies durch ein weiteres Anwinkeln der Handgelenke zu korrigieren. Die eigentliche Ursache für diesen Fehler liegt aber in der falschen Stellung der Schultern, die nicht die erforderlichen neunzig Grad (mindestens) aus der Ziellinie herausgedreht sind.
Aber auch für diese unzureichende Schulterdrehung gibt es mehrere Gründe. Der wichtigste dürfte in der Set-up-Position zu suchen sein. So hat ein zu weit vorn plazierter Ball zur Folge, daß sich die Schultern öffnen, und der von der Schulterlinie beim Takeaway gezeigte Winkel zur Flugbahn entspricht dann genau der Abweichung im höchsten Punkt des Rückschwungs.
Es gibt aber auch Spieler, deren Hüftumfang einfach keine entsprechende Drehung zuläßt. Wenn sie diesen Nachteil nicht dadurch kompensieren, daß sie die linke Ferse entsprechend hoch vom Boden abheben, werden sie nie die erforderliche Schulterdrehung erreichen.

Schläger diesseits der Ziellinie

Der Schläger kann aber am höchsten Punkt des Rückschwungs auch zu weit zurückgenommen sein, so daß er wieder nicht parallel zur Ballziellinie steht. Vermutlich wird dieser Fehler, dessen Ursache ebenfalls häufig im Set-up zu suchen ist, weniger auffallen. Ist der Ball in Relation zur Stellung der Füße zu weit hinten plaziert, ergibt sich eine geschlossene Schulterlinie. Der Rückschwung erfolgt dann zu nahe am Körper, wobei sich die Schultern mehr aufdrehen und der Schläger wahrscheinlich die Schwungbahn verläßt. Ein Hook hat seine Ursache nicht selten in einer zu starken Schulterdrehung.
Schwerwiegender sind allerdings jene Fälle, bei denen sich das linke Handgelenk gegenüber der Schwungebene zu weit geöffnet hat und kurz vor dem totalen »Umkippen« ist. Auch der rechte Ellbogen kann dann seine Position nicht mehr halten, weil er versucht, die Funktion des linken Handgelenks mitzuübernehmen, was sich sowohl auf die Schwungbahn wie auf die Schwungebene negativ auswirkt.

Der Schwung außerhalb der Ebene

Die korrekte Schwungebene wird durch die körperliche Beschaffenheit und durch die Schlägerlänge bestimmt. Allerdings spielt dabei auch das Gelände eine Rolle. Es gibt aber nicht wenige

Dreht man den Kopf in Richtung des davonfliegenden Balls, ohne vor allem die Neigung des Rückgrats zu verändern, bleibt die Schwungebene bis in den Ausschwung hinein erhalten. Hält man den Kopf dagegen krampfhaft auf den Boden gerichtet, kann der Ausschwung leicht verwackeln.

Spieler, die sich über die orthodoxen Methoden hinwegsetzen und individuelle Varianten erproben – häufig mit großem Erfolg.

So sind Tom Kite und Ben Crenshaw, die beiden amerikanischen Professionals, von recht untersetzter Statur und gehen ihre Bälle relativ steil an. Dagegen bevorzugt der aufstrebende und größere Bobby Clampett eine flachere Schwungbahn. Alle drei gehören zu den Spielern, die von den Standardregeln abweichen und trotzdem Spitzengolf bieten.

Im allgemeinen aber wird der Neigungswinkel der Schwungbahn selten bewußt gewählt, sondern beruht viel häufiger auf Ungenauigkeiten und Fehlern. Das Resultat sind kraftlose und ungenaue Schläge.

Schwingt man in einer zu flachen Ebene, folgt der Schlägerkopf einer übertrieben starken Schwungbahn von »innen« nach »außen«. Versucht man dann durch eine Verlagerung des Körpergewichts den Schlag nachträglich zu begradigen und ihm mehr Kraft zu geben, bleibt der Schlägerkopf höchstwahrscheinlich auf dieser Bahn und verzieht den Ball nach rechts. Nur indem man den Schlag verzögert (damit der Schlägerkopf sich schließen kann, um square zur Ziellinie zu kommen) gelingt es, gerade Bälle Richtung Ziel zu schlagen.

Ist der Schwung dagegen zu steil, führt das zu einer unzulänglichen Schulterdrehung, und der Schlägerkopf nähert sich dem Ball auf einer Bahn von »außen« nach »innen«. Das Ergebnis bei Hölzern ist, daß sie den Ball slicen, während kürzere Eisen ihn hooken.

Übrigens zeigen Kite und Crenshaw trotz ihres steilen Schwungs eine volle Schulterdrehung, was sie durch ein entschiedenes Abheben der linken Ferse vom Boden im höchsten Punkt des Rückschwungs erreichen.

Das Heben des Kopfes

Kein Buch über Golf wäre vollständig ohne einen Hinweis auf das Heben des Kopfes, obwohl darüber heute weniger diskutiert wird.

In früheren Jahren basierte die Theorie des Treffmoments darauf, daß der Schlägerkopf zu Beginn des Abschwungs geöffnet war und sich genau im richtigen Moment des Schwungs schloß. Der Ausdruck »gegen die linke Körperseite schlagen« drückt aus, wie von der Außenseite des linken Knöchels, über Knie, Oberschenkel und Oberkörper bis zur linken Halsseite eine imaginäre Barriere entstand, bei deren Durchbruch sich der immer schneller werdende Schlägerkopf schloß.

Ein Wegnehmen der Augen vom Ball oder gar ein Heben des Kopfes zerstörte diese Barriere sofort, weshalb die Spieler trainierten, den Ball mit unbewegtem Kopf zu fixieren – und das oft noch Sekunden, nachdem der Ball abgehoben hatte.

Heute schlagen die Spieler aufgrund der einheitlichen Körperdrehung »durch« und nicht mehr »gegen« den Ball. Würde man dabei wie in alten Zeiten den Kopf so lange in dieser Position halten, wäre der Durchschwung unnötig behindert. Deshalb läßt man zumindest die Augen dem Ball folgen. Dennoch ist auch heute noch eine imaginäre Barriere notwendig, die man dadurch erreicht, daß sich der Kopf zwar dreht, dabei aber seine vertikale, zentrale Position beibehält. Und auch das Rückgrat verharrt in derselben Neigung wie zu Beginn des Schwungs, so daß die Schwungebene bis ins Finish eingehalten wird. Viele der besten Spieler drehen unmittelbar nach dem Treffen des Balls den Kopf, verharren aber im übrigen in der Schlagposition. So erzielen sie einen kraftvollen und korrekten Durchschwung, wie er bei keinem Spieler zu finden ist, der den Kopf krampfhaft auf den Boden gerichtet hält.

Der perfekte Schwung

Egal, mit welchem Schläger er ausgeführt wird, ein perfekter Schwung trifft den Ball kraftvoll und mit stets gleichbleibender Präzision voll und gerade von hinten. Er wird dadurch auf gerader Bahn in Richtung Ziel geschlagen, wobei er keinen anderen als den durch den Loft des Schlägers hervorgerufenen Backspin aufweist. Jeder Golfer hätte gern einen solchen Schlag, aber auch kleine Abweichungen davon erbringen noch sehr zufriedenstellende Ergebnisse.

Der perfekte Schwung wird von zweierlei bestimmt: Erstens von dem Gefühl für die korrekten Hand- und Handgelenkbewegungen und deren Timing sowie dem Gefühl für einen gleichmäßigen Schwungbogen. Die sorgfältig eingeübte Hand- und Gelenkaktion schafft den für den Ab- und Durchschwung notwendigen Winkel zwischen Schläger und Armen. Nur so kann der Ball mit sich stetig beschleunigender Schlägerkopfgeschwindigkeit getroffen werden. Zwischen Händen, Handgelenken sowie Füßen und Fußgelenken besteht ein enges Zusammenspiel, wobei letztere viel zu Timing und Tempo des Schwungs beitragen. Zweitens von der durch Füße, Beine und Hüften unterstützten Drehbewegung von Oberkörper, Schultern und Armen, zuerst nach rechts und dann nach links, bei gleichbleibender Neigung des Rückgrats. Dadurch erreicht man eine einheitliche und nur durch den jeweiligen Schläger sowie die Physis des Spielers modifizierte Schwungebene.

Punkt zwei schafft die Voraussetzungen für »kreative« Hand- und Gelenkaktionen – und die Interaktion von Punkt eins und zwei führt dann zu einer gleichmäßigen und zuverlässigen Leistung.

Individuelle Schwungtechniken

Man kann einen Golfschläger auf vielerlei Arten schwingen und trotzdem, auch bei sehr unterschiedlichen Spielstärken, damit Erfolg haben. Manche haben ihre Varianten von Vorbildern

In der Geschichte des Golfsports gibt es viele irische Spieler mit sehr individuellen Schwungtechniken. Der augenblicklich beste irische Golfer, Eamonn Darcy, demonstriert links im Bild seine Version.

und Trainern übernommen, andere eigneten sie sich im Lauf der Zeit aufgrund persönlicher Erfahrungen an. Auch zuweilen recht unelegant wirkende Techniken können unter Druck zu Höchstleistungen führen.

So erntete Lee Trevino bei seinen ersten Auftritten für seinen Schwung harte Kritik. Doch nach seinem meteorhaften Aufstieg wurde er als einer der besten Golfer aller Zeiten gefeiert, der den Flug des Balls meisterhaft zu kontrollieren versteht.

Vor allem in Irland findet man zahlreiche Spieler mit unorthodoxen Schwungtechniken. So schwang Jimmy Bruen, der einer der besten Amateure seiner Zeit war, den Schläger wie einen Dreschflegel zuerst nach oben und außen, um ihn dann nach einer Ausholschleife nach unten und innen gegen den Ball zu schlagen. Und Fred Daly, der Sieger der British Open Championship von 1947, hatte ein eingebautes »Schwanken«, das man heute nur mit Stirnrunzeln quittieren würde.

Bei Harry Bradshaw verschwand die linke Hand fast völlig unter der rechten, wenn er den Schlägergriff umfaßte. Trotzdem hätte er um ein Haar 1949 die British Open auf dem Royal St. George's gewonnen. Doch dann landete in der letzten Runde der Ball in einer zerbrochenen Flasche, aus der er ihn nach heutiger Regel ohne Strafe hätte herausnehmen können. Damals aber mußte er ihn spielen, was ihn einen Extraschlag kostete. Dadurch konnte der Südafrikaner Bobby Locke gleichziehen und dann im Stechen gewinnen.

Bobby Locke holte sich viermal die British Open und siegte auch in den Vereinigten Staaten, was schon damals nur sehr wenigen Ausländern gelang. Seine Schwungtechnik machte aus jedem Schlag einen Hook, wobei die Flugbahn so weit nach links abwich, daß er seinen Körper um zwanzig bis dreißig Grad nach rechts von der Ziellinie ausrichtete, um in die richtige Richtung zu schlagen.

Die Amerikaner meinten zunächst, seine linke Hand wäre viel zu schwach, doch er beruhigte sie: »Machen Sie sich um mich keine Sorgen...

DER PERFEKTE SCHWUNG

ich werde die Schecks mit der linken Hand einstecken.« Und genau das tat er.

Ben Hogan, der von vielen als bester Spieler in der Geschichte des Golf angesehen wird, dürfte auch wegen seiner eigenwilligen Schwungtechnik berühmt bleiben. Vor seinen großen Erfolgen erlebte er allerdings eine ganze Reihe magerer Jahre, in denen er kaum seinen Lebensunterhalt verdiente. Während dieser Zeit arbeitete er an einer durch und durch artifiziellen Schwungtechnik, die seinen Schlägen eine unübertreffbare Präzision verlieh. Die moderne Schwungtechnik wäre ohne ihn und seine Bücher unvorstellbar.

Der augenblicklich beste Ire unter den Pros dürfte Eamonn Darcy sein. Auch er gewinnt wie viele seiner Vorgänger mit einer höchst eigenwilligen Schwungtechnik.

Die drei Methoden

Grundsätzlich gibt es drei recht unterschiedliche Möglichkeiten, den Golfschläger zu schwingen, und mit allen drei lassen sich gute Leistungen erzielen, vorausgesetzt man wählt die für die eigene Physis und das persönliche Temperament richtige Methode.

Jede der drei Varianten verlangt, daß die verschiedenen Bewegungsabläufe korrekt aufeinander abgestimmt sind, und zwar entsprechend der jeweils gewählten Methode. Es ist unmöglich, Bewegungsphasen der einen mit denen einer anderen zu koordinieren. Sie sind absolut unvereinbar. Deshalb ist es auch so wichtig, sich gerade als Anfänger an Vorbilder zu halten, sei es an einen Trainer, einen Top-Spieler oder an ein Buch wie dieses. Auf jeden Fall sollte man immer einen guten Golfer mit vergleichbaren körperlichen Voraussetzungen kopieren.

Die drei Methoden unterscheiden sich nach der

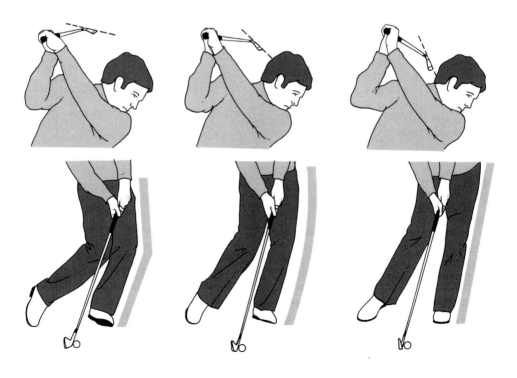

Die drei möglichen Positionen von Handgelenk und Schlagfläche in Relation zur Schwungebene am höchsten Punkt des Rückschwungs (von links nach rechts): geschlossen, square und offen. Darunter die entsprechenden Fuß- und Beinbewegungen, damit die Schlagfläche den Ball square trifft.

Art und Weise, wie Hände und Handgelenke während des Rückschwungs die Schlagfläche in Relation zur Schwungebene ausrichten. In der Reihenfolge ihrer sportgeschichtlichen Entwicklung gliedern sie sich in: »offen zur Ebene«, »square zur Ebene« und »geschlossen zur Ebene«.

Offen zur Ebene

Um den Schlägerkopf schneller an den höchsten Punkt des Rückschwungs zu bringen, drehen Hände und Handgelenke die Schlagfläche (unmittelbar nach ihrem Einsatz) in die offene Position. Die Hände müssen fühlen, wie weit sie gedreht wurden, um den Schlägerkopf beim Durchschwung korrekt zum Ball zu bringen. Diese Technik wird vor allem von älteren Spielern und nicht so kräftigen Damen bevorzugt, wogegen auch kaum etwas einzuwenden ist. Sie verlangt eine geringere Körperdrehung, und außerdem können (vorausgesetzt, der Schlägerschaft ist ausreichend flexibel) die Bewegungen gemächlicher und mit weniger Kraftaufwand erfolgen.

Gefährlich ist diese Methode dagegen für junge, kräftige und gleichzeitig unerfahrene Spieler. Denn bei dieser Technik bewegen sich die Arme in einem flachen Bogen um den Körper, bis sich dann die Handgelenke anwinkeln, um den Schläger in die richtige Ebene zu bringen.

Dadurch besteht beim Abschwung die Gefahr, daß zu steil zum Ball geschwungen wird. Ältere und erfahrene Spieler nehmen sich die Zeit, den Bewegungsablauf des Rückschwungs ruhig umzukehren; jüngere und übereifrige Anfänger aber ziehen den Schlägerkopf nach einer »Ausholschleife« ungeduldig in zu engem Bogen Richtung Ball.

Einer der Hauptgründe, weshalb diese Technik im modernen Training weitgehend verworfen wird, ist die äußerst geringe Zeitspanne, die dem Schlägerkopf unmittelbar vor dem Ballkontakt bleibt, um sich wieder square zu stellen. Im höchsten Punkt des Rückschwungs dreht er sich oft mehr als fünfundvierzig Grad aus der Schwungebene heraus – und diese Abweichung muß ausgerechnet in der Phase wieder korrigiert werden, in der der Schlägerkopf die größte Geschwindigkeit hat. Noch dreißig Zentimeter vor dem Treffpunkt ist er weit geöffnet, um dann, in ungefähr derselben Entfernung danach, geschlossen zu sein. Pros mit kraftvollen Schwüngen fanden dieses Timing zu riskant und änderten ihre Schwungtechnik.

Beim offenen Schwung muß der Schläger zuerst nach rechts gedreht werden. Dann winkeln sich die Handgelenke an und bringen den Schläger hoch, um dann diesen Bewegungsablauf umzukehren, allerdings ohne der Versuchung nachzugeben, ihn einfach auf enger Kurve nach unten durch den Ball zu ziehen. Also vier Bewegungen und vier Richtungen – genügend Gründe, um eine andere Technik vorzuziehen.

Square zur Ebene

Es spricht alles dafür, daß Spieler durchschnittlicher Größe und Stärke, ob männlich oder weiblich, sich für einen Schwung entscheiden, bei dem Hände und Handgelenke in einer direkten Schlagvorbereitung den Schläger square zur Schwungebene zurücknehmen.

Es gibt kaum Spieler, die nicht fähig wären, mit Hilfe eines korrekten Fuß- und Knieeinsatzes die Hüften so weit zu drehen, daß auch die Schultern am Ende der Ausholbewegung den erforderlichen Neunzig-Grad-Winkel zur Ziellinie aufweisen. Berücksichtigt man dann noch, daß am Ende des Rückschwungs auch der linke Arm in einem Winkel von mindestens neunzig Grad zum Schlägerschaft stehen sollte, besticht dieser Golfschwung durch seine fast schon mathematischen Methodik.

In einer einzigen Bewegung drehen sich Zoll für Zoll die Schultern, unmittelbar gefolgt vom Anwinkeln der Hände, bevor beide Bewegungsabläufe zusammen im selben Augenblick und in derselben Richtung den höchsten Punkt des Rückschwungs erreichen. Damit ist die Schlagvorbereitung abgeschlossen. Das Wichtigste bei dieser Bewegungssequenz ist, die einheitliche Schwungebene nicht zu verlassen.

Die zweite Phase dieser Methode ist der Durchschwung. Genau wie der Schläger zurückgenommen wurde, wird er jetzt »durch« und nicht »gegen« den Ball geführt, mit dem Ziel, bis ins Finish des Ausschwungs hinein wieder nur in einer Ebene und in einer Richtung zu schwingen.

Beherrscht man den Grundschwung tatsächlich

präzise, dürfte es keine Schwierigkeiten bereiten, durch die Gewichtsverlagerung auf die linke Hüfte und das linke Bein den Abschwung einzuleiten, wobei der Winkel zwischen Arm und Schaft noch spitzer wird. Die Begradigung der Handgelenke verzögert sich auf diese Weise automatisch bis zum Treffmoment, und der Ball wird voll und genau getroffen.

Beim Schlag »square zur Ebene« ist nur diese eine Handaktion notwendig, um den Schlägerkopf genau im richtigen Augenblick durch den Ball zu führen. Dabei gibt es weniger Abweichungen und Fehler als bei der »offenen Methode«.

Das ist der Grund, weshalb viele Pros diese Technik bevorzugen – zwei integrierte Bewegungen in nur zwei Richtungen. Das ergibt einen vergleichsweise einfachen und vor allem verläßlichen Schwung, was zum Beispiel Tom Watson sehr zu schätzen weiß. Als Harold Anderson den Open-Champion bei einem Dinner im August 1983 fragte, woran er beim Set-up denke, erwiderte Watson, daß er es sich dabei sehr viel einfacher mache als viele seiner Konkurrenten. Für ihn bestehe der Schwung nur aus zwei Bewegungen: Zuerst drehen Hände, Hüften, Schulter und Füße zusammen nach rechts, um dann vom höchsten Punkt des Rückschwungs aus diesen Bewegungsablauf in umgekehrter Richtung bis ins Finish hinein zu wiederholen.

Geschlossen zur Ebene

Sofern man diese Methode überhaupt empfehlen kann, bleibt sie besonders kräftigen und durchtrainierten Spielern vorbehalten. Sie kann dazu beitragen, den Ball sehr hart zu schlagen, ohne ihn zu slicen. Doch übertreibt man den Kraftakt, können heimtückische Hooks die Folge sein. Darüber hinaus hat sie nicht selten verheerende Auswirkungen auf das Rückgrat des Spielers. Beim Rückschwung dreht sich das linke Handgelenk nach unten, so daß sich die Schultern nur zu ungefähr drei Vierteln aus der Ziellinie herausdrehen. Dabei schließt sich die linke Hand fester um den Griff (im Gegensatz zum offenen Schwung, bei dem sich die Finger eher spreizen). Dieser verkürzte Rückschwung zwingt den Spieler, sehr viel bewußter und ener-

gischer durch den Ball zu schlagen. Dabei verringert sich die Gefahr, daß der Schlägerkopf den Ball vor den Händen erreicht und verzieht. Beherrscht man die Technik, trifft man beim Gebrauch der Eisen den Ball kraftvoll und präzise, bevor er den Boden berührt.

Ein weiterer Vorteil liegt darin, daß die verkürzte Schulterbewegung und das Verdrehen der Gelenke nach unten das gefürchtete »Schwanken« verhindern helfen.

Auf den ersten Blick scheint diese Methode also einige Vorteile zu bieten, aber auch die Nachtei-

DER PERFEKTE SCHWUNG

le sind nicht zu übersehen. So verlangt das Schließen der Schlagfläche eine engere Ausholbewegung beim Rückschwung, damit das nach unten gedrehte linke Handgelenk überhaupt auf die gewünschte Schwungebene kommen kann. Außerdem besteht immer die Gefahr, daß sich die Schultern nicht ausreichend drehen, um für den eigentlichen Schlag genügend Raum zu schaffen. Das führt dazu, daß der betreffende Spieler sein Rückgrat übermäßig verdrehen muß, um den Ball von hinten treffen zu können – und das ist für seinen Rücken auf die Dauer schädlich. Sind linkes Handgelenk und Unterarm im Treffmoment nicht deutlich vor dem Ball, wird der Schlägerkopf leicht verdreht, so daß er entweder zuerst den Boden trifft oder einen Hook fabriziert.

Linke Seite: Lee Trevino hat eine offene Position eingenommen.
Oben links: Tom Watson zeigt beim Set-up eine perfekte Square-Stellung.
Oben rechts: Bill Rogers, ein sehr leichtgewichtiger Golfer, nimmt den rechten Fuß zurück zu einer geschlossenen Position.

Der Ball mit Spin

Bei vielen Ballspielen ist der Spin von entscheidender Bedeutung. Das läßt sich besonders gut bei einem Tischtennisball beobachten, der so angeschnitten wurde, daß er im Flug nach einer bestimmten Seite abweicht. Doch auch der viel größere und schwerere Tennisball kann mit Spin geschlagen werden, was seine Flugbahn und sein Verhalten im Moment des Aufpralls beeinflußt. Wird ein Fußball vom Spieler entsprechend angeschnitten, kann er durch die Luft taumeln, als ob er die Balance verloren hätte.

Leider wird dieser Aspekt beim Golf weitgehend vernachlässigt. Nur Topspieler beschäftigen sich intensiv mit dem Spin und nutzen ihn für ihr Spiel. Vielleicht liegt das daran, daß der Schlag eines Spitzengolfers den Ball bis zu einer Geschwindigkeit von 200 Stundenkilometer beschleunigt, so daß er sehr viel eher einem Geschoß gleicht. Die meisten Golfer verstehen nur etwas vom Backspin, da er den Ball nach einem scharfen Schlag mit einem Eisen unmittelbar nach dem Auftreffen zum Stillstand kommen oder gar zurückrollen läßt. Dabei ließe sich mit dem bewußt eingesetzten Sidespin der Ball hervorragend kontrollieren.

Wenn man weiß, wie man den Ball auf seinem Flug nach der einen oder anderen Seite abweichen lassen kann, hat man die Möglichkeit, bestimmten Gefahren auszuweichen. Auch Schwungfehler lassen sich mit dieser Kenntnis leichter feststellen. Hat ein Spieler begriffen, wie man einen Spin durch einen entgegengesetzten ausgleichen kann, wird sein Schwung sehr rasch gleichmäßiger und erfolgreicher werden.

Die meisten Turnier-Pros spielen mit etwas Sidespin. Einige bevorzugen dabei den leicht von links nach rechts rotierenden Ball, den sogenannten »Fade«, andere wiederum den von rechts nach links drehenden, der als »Draw« bekannt ist. Bälle werden mit dem Driver vom Tee ab meist als Draw geschlagen, während das Grün mit den Eisen als Fade angespielt wird.

Der Drawspin kann als Verlängerung des vom Schlägerkopf beschriebenen Bogens um den Körper verstanden werden. Das bedeutet, daß man den Ball mit voller Kraft schlagen kann, um die größtmögliche Weite zu erzielen; der Spin läßt ihn dann sogar noch weiterrollen.

Wird das Schlägerblatt des Eisens dagegen energisch, aber gefühlvoll »unter« den Ball geführt, entsteht der Fadespin, der den Ball dem Schwungbogen entgegengesetzt rotieren läßt. Er steigt etwas steiler an, verliert dann zusehends an Geschwindigkeit und bleibt nach dem Aufprall schnell liegen. Die geringere Weite wird bei einem solchen Schlag durch die bessere Ballkontrolle ausgeglichen.

Der wahrscheinlich größte Experte in der Anwendung des Spins dürfte Lee Trevino sein, der offen zugibt, daß ihn ein gerade geschlagener Ball verwirren würde, weil dabei die Gefahr besteht, daß er, unvorhergesehen, nach links oder rechts abweicht. Schlägt Trevino aber absichtlich mit Spin, mag in manchen Fällen die »Dosierung« nicht stimmen, die Richtung allerdings, in der der Ball rotiert, wird sich nicht ändern. Deshalb schlägt Trevino die meisten seiner Bälle mit leichtem Fade, ein Schlag, der für ihn sehr typisch ist.

Leider gibt es Spieler, die sich Trevino zum Vorbild genommen haben und glauben, ihr unkontrollierter Slice wäre nichts anderes als ein etwas übertriebener Fade des Mexikaners. Das ist absolut falsch; denn ihr Schlag müßte durch einen ebenso wilden Hook »ausbalanciert« werden, um das zu erreichen, was Trevino vorführt, nämlich den Fade bewußt als Mittel zur Ballkontrolle einzusetzen.

Hookspin gegen Slicespin

Der korrekte Schwung, bei dem der Schläger entsprechend der Physis des Spielers auf einer einheitlichen Ebene um den Körper geführt wird, wobei die Schultern voll mitdrehen, bringt den Schlägerkopf zuerst gegen und dann durch den Ball. In der Treffzone dreht sich die Schlag-

Bobby Locke, der viermalige British-Open-Sieger, spielte alle Schläge mit Hookspin. Auf dem Bild links sieht man die extreme Körperdrehung, die notwendig ist, um den Schlägerkopf auf einer Schwungbahn von »innen nach außen« durch den Ball führen zu können.

fläche aus einer leicht offenen Position gegenüber der Ziellinie square zu ihr, um sich dann zu schließen. Dieses Verhalten des Schlägerkopfes versieht den Ball zusätzlich zu dem vom Loft verursachten Backspin mit einem leichten Sidespin, der ihn von rechts nach links rotieren läßt. Auf dieser sicheren Grundlage kann der Spieler eine etwas steilere Schwungbahn wählen, so daß die Schlagfläche ganz leicht geöffnet den Ball trifft – und ein Fade entsteht.

Der Slicer dagegen schlägt unkontrolliert von oben nach unten quer durch den Ball, wobei die geöffnete Schlagfläche über dessen Oberfläche »rutscht«. Versucht der Spieler dann, den Slice abzuschwächen, indem er die Schlagfläche schließt, verzieht er den Ball scharf nach links. Jeder Anfänger oder Spieler mit hohem Handicap sollte versuchen, seine Bälle mit Hookspin zu schlagen, obwohl das gerade am Anfang recht schwerfällt, weil man für einen solchen Schlag geübte Golfermuskeln braucht. Beherrscht man ihn aber, bietet er viele Möglichkeiten im Gegensatz zum Slice, von dem man sich so rasch wie möglich freimachen sollte.

Wenn Lee Trevino sich für einen längeren Treibschlag entscheidet, stellt er sich exakt square zur Ziellinie, dreht die Schultern stärker und gibt dem Ball einen perfekten Drawspin. Slicer können das nicht.

Backspin

Das ist der Spin, der ohnehin durch den Loft des Schlägers erzeugt wird, sofern bestimmte Bedingungen erfüllt sind. So muß der Schwungbogen in der Treffzone völlig mit der Ziellinie übereinstimmen und die Vorderkante des Schlägers waagrecht zum Boden geführt werden.

Je stärker der Loft, desto mehr Rückwärtsdrall bekommt der Ball. Das ist das Prinzip der unterschiedlichen Lofts in einem Schlägersatz. Den geringsten Loft hat der Driver, der den Ball am weitesten zu schlagen vermag. Das Sandeisen als Schläger mit dem stärksten Loft kann dagegen einen Ball fast vertikal in die Luft schlagen. Doch nicht allein der Loft bestimmt den Backspin. Vor allem nicht den von Turnier-Pros, deren Ball beim Auftreffen auf dem Grün abrupt stoppt. Auch der Winkel, in dem der Ball geschlagen wird, und die Kraft des Schlags können ihn beeinflussen. Für den Schlagwinkel sind weitgehend die Schlägerhersteller verantwortlich, da ihre Eisen immer kürzere Schäfte aufweisen, je stärker der Loft ist. Dadurch kommt der Spieler mehr über den Ball und schlägt in einer steileren Ebene.

Schlägt man den Ball im richtigen Winkel, kann man das Körpergewicht mühelos auf die linke Seite verlagern. Dadurch verschiebt sich auch der tiefste Punkt des Schwungbogens nach links (vom Ball). In der Treffzone wird also zuerst der Ball und dann der Boden berührt – die beste Methode, einen verstärkten Backspin zu erzielen. Der unmittelbar nach dem Treffmoment in den Boden eindringende Schlägerkopf drückt den Ball vielleicht sogar etwas zusammen, bevor er mit starker Rückwärtsrotation in die Luft abhebt, so daß er beim Aufprall auf dem Grün abrupt liegenbleibt.

Bei besonders kurzen Schlägen ist es sehr schwer, dem Ball starken Rückwärtsdrall zu geben. Nur wenige Spieler haben das Geschick und den Mut, den Schlägerkopf entsprechend stark zu beschleunigen, wenn sie so kurz vor dem Grün stehen. Normalerweise benötigt man eine Distanz von nicht weniger als siebenundzwanzig Meter. Doch mit einem entsprechend starken Loft kann man – glücklicherweise – genügend Backspin erzeugen. Wenn man darüber hinaus noch langsam schwingt, wird der Ball kaum weiterrollen.

Begrenzung des Backspin. Beherrscht man erst einmal den Sidespin, kann man zu starke Hooks dadurch ausgleichen, daß man die Bälle absichtlich slict, um so den Schwungbogen auszubalancieren Hat man dagegen Probleme mit dem Slicen, kann man mit Hilfe des Hookspins den Fehler beheben. Nicht so beim Backspin; denn beim Golf gibt es keinen Vorwärtsdrall. Würde man versuchen, einem Golfball Topspin zu geben, müßte man ihn oberhalb der Mitte treffen, wodurch er nur wenige Meter weit rollen und weit vor dem Ziel liegenbleiben würde. Deshalb muß man den Backspin auf andere Weise begrenzen. Es gibt zwei Methoden. Die erste ist ausgesprochen simpel. Man wählt einen Schläger mit sehr viel geringerem Loft als im allgemeinen für diesen Schlag benötigt, faßt ihn aber so kurz wie den Schläger mit dem richtigen Loft. Darüber hinaus plaziert man den Ball wie beim Spiel mit einem kurzen Schläger weiter zurück und nach rechts zwischen den Füßen. Diese Methode ist ideal, wenn man gegen verhältnismäßig starken Wind spielen muß wie zum Beispiel auf den Links in Küstennähe. Dann kann ein Schlag, der normalerweise mit Pitching oder Sand Wedge ausgeführt wurde, durch ein Eisen 6 oder 7 sehr viel besser kontrolliert werden.

Die zweite Methode – oder beide kombiniert – empfiehlt sich dann, wenn der Ball noch etwas rollen soll. Sie ist beispielsweise ideal, wenn man unter Bäumen hervor spielen und den Ball danach noch ein Stück über den Boden gleiten lassen will. In einem solchen Fall reduziert man die Hand- und Gelenkbewegungen während des gesamten Schwungs, weil sie vor allem dem Ball Spin verleihen.

Oder man muß mit einem Pitch versuchen, das Grün zu erreichen, wobei der Ball vielleicht noch eine zweite Ebene erklimmen muß, bevor er ausrollen kann. Wenn Rückenwind herrscht, kann man ihn auf keinen Fall direkt in hohem Bogen hinaufschlagen – wieder muß der Backspin durch ein Reduzieren der Handgelenkaktion begrenzt werden.

Was der rotierende Ball verrät

Wie bereits erwähnt, ist es nicht nur für Pros wichtig, sich mit den unterschiedlich rotierenden Bällen und deren Flugkurven zu beschäftigen. Allein der nach rechts oder links abweichende Ball verrät viel über die Schwungtechnik eines Spielers. Ein erfahrener Pro braucht gar nicht die Person zu sehen, die den Ball schlägt, um deren Probleme mit dem Schwung zu erkennen. Das ersieht er allein an den unterschiedlichen Flugkurven des Balls, die ihre Ursache jeweils in einem bestimmten (falschen) Bewegungsablauf haben.

Es ist einleuchtend, daß Beobachtung und Kenntnis der verschiedenen Flugkurven es ermöglichen, die eigene Schwungtechnik so abzuändern, daß der Ball in die gewünschte Richtung rotiert. Aber auch ein Spieler, der unabsichtlich jeden Ball anschneidet, kann auf diese Weise seinen Schwung so korrigieren, daß er auch ohne Spin schlagen kann.

Wie entsteht Sidespin

Hat ein Ball Seitwärtsdrall, war die Vorderkante des Schlägers im Treffmoment (in Relation zur Schwungbahn des Schlägerkopfes) entweder geschlossen oder geöffnet.

Bewegt sich der Schlägerkopf in direkter Bahn auf das Ziel zu, spricht man von einer »direkten« Schwungbahn; wird er von innen nach außen oder von außen nach innen über die Ballziellinie geführt, spricht man von einer Schwungbahn von »innen nach außen« beziehungsweise von »außen nach innen«. Bleibt der Schlägerkopf auf der direkten Schwungbahn, fliegt der Ball gerade auf das Ziel zu. Bewegt er sich dagegen auf der Schwungbahn von innen nach außen, schlägt er den Ball gerade nach rechts, während er ihn auf der Schwungbahn von außen nach innen gerade nach links befördert.

Im Gegensatz dazu ändert ein rotierender Ball seine Flugkurve entsprechend dem ihm verliehenen Spin. Nach dem Verlassen der Schlagfläche folgt der Ball zunächst der Richtung der Schwungbahn, weicht dann aber nach links oder rechts ab, je nachdem, wie der Schlägerkopf die Ziellinie »geschnitten« hat. Dabei entspricht der Grad der Abweichung dem Winkel zwischen Schlägerkopf und Ziellinie.

Seitwärtsdrall durch eine Schwungbahn »von außen nach innen«: Daraus können drei sehr unterschiedliche Schläge entstehen. Ist die Schlagfläche gegenüber der Schwungbahn geschlossen, fliegt der Ball nach links (von ihr) ab und dreht dann noch stärker in diese Richtung. So entsteht ein »gepullter Hook«. Benutzt man dabei einen Schläger mit geringem Loft, wird dessen Wirkung durch den nach innen gedrehten Schlägerkopf noch verstärkt, so daß der Ball kaum abhebt und kraftlos zurückfällt. Verläuft die Schwungbahn nur leicht schräg über die Ziellinie, wobei die Schlagfläche auch nur leicht geöffnet ist, entsteht ein Fade, wie ihn viele Pros zur besseren Kontrolle ihrer Schläge mit den Eisen einsetzen. Der Ball fliegt dabei zunächst auf einer Bahn, die leicht links von der Fahne verläuft, dreht dann aber zu ihr zurück.

Unter Anfängern ist der Slice die am weitesten verbreitete Spinvariante. Dabei wird der Schlägerkopf sehr schräg von weit außen nach innen durch den Ball geführt, wobei die Schlagfläche

BALL MIT SPIN

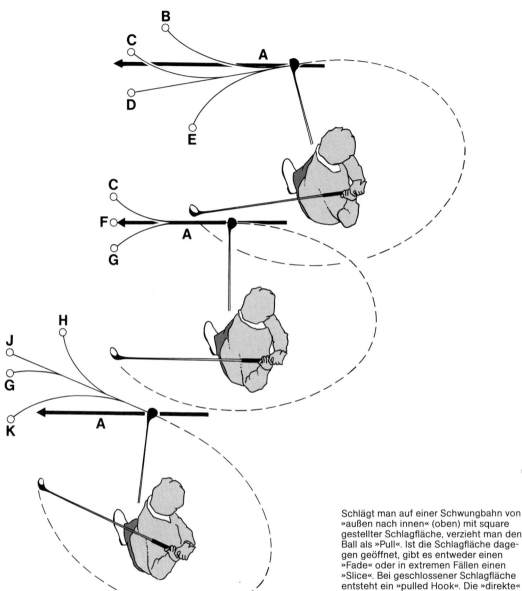

Schlägt man auf einer Schwungbahn von »außen nach innen« (oben) mit square gestellter Schlagfläche, verzieht man den Ball als »Pull«. Ist die Schlagfläche dagegen geöffnet, gibt es entweder einen »Fade« oder in extremen Fällen einen »Slice«. Bei geschlossener Schlagfläche entsteht ein »pulled Hook«. Die »direkte« Schwungbahn (Mitte) führt zu einem geraden Schlag (»Straight«), sofern die Schlagfläche im Treffmoment square zu ihr steht. Ist sie dagegen leicht geöffnet, ist ein »Fade« das Ergebnis; ist sie leicht geschlossen, ein »Draw«. Bei einer Schwungbahn von »innen nach außen« (unten) wird der Ball mit square gestellter Schlagfläche zum »Push« verzogen. Ist sie leicht geöffnet, entsteht ein »pushed Slice«, ist sie geschlossen, schlägt man entweder einen »Draw« oder in extremen Fällen einen »Hook«.

Zeichenschlüssel

A = Ballziellinie
B = Slice
C = Fade
D = Pull
E = Pulled Hook
F = Straight (gerader Schlag)
G = Draw
H = Pushed Slice
J = Push
K = Hook

etwas nachhängt und stark geöffnet ist. Der Ball fliegt zunächst nach links, um dann, nachdem er Höhe gewonnen hat, plötzlich nach rechts abzuweichen, entsprechend seinem Spin. Und je mehr man sich bemüht, ihn nach links zu schlagen, desto stärker wird er nach rechts verzogen.

Seitwärtsdrall durch eine »direkte« Schwungbahn: Dieser Schlag scheint zunächst zu gelingen, da der Ball das Ziel auf gerader Bahn ansteuert. Doch dann, je nachdem ob die Schlagfläche geschlossen oder offen war, weicht er als leichter Hook oder leichter Cut nach links beziehungsweise rechts ab.

Seitwärtsdrall durch eine Schwungbahn von »innen nach außen«: Wieder können daraus drei verschiedene Schläge entstehen. Ist die Schlagfläche gegenüber der Schwungbahn geöffnet, fliegt der Ball zunächst in deren Richtung, um dann noch stärker nach rechts abzuweichen. Das nennt man einen »gepushten Slice«.

Weicht die Schwungbahn nur leicht von der Ziellinie ab und ist die Schlagfläche auch nur leicht geschlossen, entsteht ein Draw. Viele Pros schlagen damit ihre Drives, bei denen der Ball leicht nach rechts versetzt das Fairway entlangfliegt, dann zur Mitte zurückkurvt und nach dem Auftreffen noch weiterrollt.

Bei einem unkontrollierten Hook verläuft die Schwungbahn sehr schräg von innen nach außen, wobei die Schlagfläche im Treffmoment stark geschlossen ist. Der Ball fliegt dadurch nur kurze Zeit nach rechts, bevor er abrupt nach links ausbricht.

Es ist sehr wichtig zu wissen, daß ein nach rechts abweichender Ball nicht notwendigerweise geslict sein muß. Genausowenig wie ein nach links ausbrechender Ball immer gehookt ist.

Verläuft die Schwungbahn von innen nach außen, die »Mutter« aller Hooks, kann bei entsprechender Stellung der Schlagfläche auch ein Push nach rechts gehen. Und bei einer Schwungbahn von außen nach innen, der Voraussetzung für alle Slices, wird der Ball bei squarestehender Schlagfläche nach links verzogen.

Vielleicht erkennen jetzt jene »Shanker« ihren Fehler, die meinen, ihr Problem sei eine Form des Slice, und versuchen, diesem durch eine Hook-Technik entgegenzuwirken, was alles nur noch verschlimmert. Beim »Shanking« wird der Ball auf zu flacher Schwungbahn von innen nach außen mit dem Winkel zwischen Schlägerblatt und Schaft getroffen – und genau diese Schwungbahn läßt auch den Hook entstehen.

Rotierender Ball und Loft (Schlagwinkel)

Das Erfolgsrezept für den bewußt eingesetzten Seitwärtsdrall besteht darin, einen Hookspin nie mit geringem Loft beziehungsweise einen Slicespin nie mit starkem Loft zu versuchen.

Hookspin: Um in zu erzeugen, muß der Schlägerkopf auf einer Schwungbahn von »innen nach außen« und mit geschlossener Schlagfläche durch den Ball geführt werden. Das Gefühl gleicht weitgehend einer links geschlagenen Topspin-Rückhand beim Tennis. Allerdings ist es beim Golf nicht möglich, vor dem Treffmoment mit der Schlagfläche unter den Ball zu kommen, außer er ist aufgeteet.

Benutzt man einen Schläger mit geringem Loft, wird der Versuch, den Schlägerkopf so nieder wie möglich (aber ohne den Boden zu berühren) an den Ball zu bringen, diesen nur wenig abheben und dann am Boden kraftlos weiterkullern lassen.

Durch den Einsatz eines Blattes mit stärkerem Loft kann man dagegen den Ball tiefer annehmen. Und bei den Schlägern mit kürzeren Schäften kann auch der tiefste Punkt der Schwungbahn näher beim Ball liegen. Mit längeren Schlägern würde man zuerst in den Boden schlagen.

Slicespin: Es gibt eine ganze Reihe von Spielern, die mit ihren stärker gelofteten Eisen regelmäßig den Ball nach links (vom Ziel) verziehen, während sie mit den Schlägern mit geringerem Loft slicen. Sie schlagen auf einer Schwungbahn von »außen nach innen«, wobei die Kombination aus steiler Angriffsebene (aufgrund des kurzen Schaftes) und dem (durch den starken Loft hervorgerufenen) Backspin den relativ weit unten getroffenen Ball direkt nach links verzieht – also zu einem Pull.

Benutzen sie ihre längeren Schläger, hängt der geöffnete Schlägerkopf nach, obwohl er in relativ steiler Schwungebene geführt wird. Durch den geringeren Loft wird der Ball weiter oben getroffen, was dann zugleich den Sidespin des Slice verstärkt.

Die Anwendung des Spins

Bevor man den Ball absichtlich mit Seitwärtsdrall schlagen kann, muß man wirklich alles über die Schwungbahn und die Stellung des Schlägerkopfes wissen. Obwohl der Schlägerkopf den Spin verursacht und bestimmt, darf die Schwungbahn auf keinen Fall vernachlässigt werden.
Schon beim Set-up muß man sich über die erforderliche Schwungbahn im klaren sein. Dazu plaziert man das Schlägerblatt hinter den Ball und visiert das Ziel an. Der Ball muß dabei im richtigen Abstand zu den Füßen liegen, damit der Spieler die für die gewünschte Schwungbahn notwendige Stellung einnehmen kann. Das ist besonders wichtig, weil sich sonst die Schultern nicht in die Schwungbahn hineindrehen können, was aber zur Richtungsstabilisierung notwendig ist.
Schulterausrichtung und Ballposition bestimmen den größeren Teil des Schwungs, gleichgültig, ob dieser wie bei gehockten Schlägen vor beziehungsweise wie bei gesliceten nach dem Treffmoment durchlaufen wird. Ist die Schlagfläche zur Fahne ausgerichtet, wird ihre Vorderkante automatisch sowohl von der von außen nach innen wie von der von innen nach außen verlaufenden Schwungbahn abweichen, so daß der Ball einen Spin in die eine oder andere Richtung bekommt.

Der Hookspin

Will man einen Ball mit Hookspin versehen, verläuft die Schwungbahn von innen nach außen, wobei die Schlagfläche in Relation dazu geschlossen ist. Dafür eignen sich der Driver in Kombination mit einem hohen Tee, außerdem die Hölzer 4 und 5. Der Durchschnittsspieler sollte dafür die Eisen 5 bis zum Wedge verwenden; bessere Spieler können auch die Eisen 3 und 4 einsetzen. Beim Set-up wird die Schlagfläche zum Ziel hin ausgerichtet, wobei der Ball mindestens fünf Zentimeter aus der Normalposition zurückgenommen wird. Die Füße brauchen nicht geschlossen zu werden, ganz im Gegensatz zu den Schultern, deren Verbindungslinie deutlich nach rechts vom Ziel zeigen sollte. Nur wenn man einen übertrieben starken Hook spielen will, muß man den rechten Fuß von der Ziellinie zurücknehmen und die Spitze des Schlägerkopfes etwas nach innen drehen.
Die Schwungbahn des Schlägerkopfes wird sowohl beim Zurücknehmen wie beim Durchziehen von der Schulterlinie bestimmt und kontrolliert.
Genau wie bei der normalen Set-up-Routine darf die linke Hand nicht zurückgenommen wer-

Johnny Millers aggressiver Schwung mit dem Eisen nach unten und durch den Ball erzeugt einen sehr starken Backspin.

Führt man den Schlägerkopf auf einer Schwungbahn von »innen nach außen« durch den Ball, während sich die Schlagfläche schließt, entsteht eine zuerst nach rechts, dann wieder Richtung Ziel verlaufende Flugkurve, mit der Hindernisse umspielt werden können.

den, weil der Ball in dieser Richtung plaziert wurde. Es ist der Schläger, der richtig am Ball ausgerichtet werden muß. Auch das ist ein

ANWENDUNG DES SPINS

Grund, weshalb für solche Schläger verhältnismäßig viel Loft notwendig ist.

Aufbau des Schwungs: Der durch die Schulterlinie klar vorgezeichnete Rückschwung verläuft in einer flacheren Schwungebene, wobei der Körper sich sehr viel weiter »aufdreht«. Deshalb durchläuft der Schwung des Hookers den größeren Teil seiner Bahn, bevor er den Ball trifft. Ab- und Durchschwung müssen so nahe wie möglich bei der Rückschwungbahn liegen, damit der Schlägerkopf im Augenblick des Überquerens der Ziellinie von innen nach außen durch den Ball schwingt.

Aufgrund dieser Schwungbahn fliegt der Ball zunächst auf einer Linie, die rechts am Ziel vorbeiführt. Doch die beim Set-up aufs Ziel ausgerichtete Schlagfläche schließt sich in Relation zu dieser Schwungbahn, wodurch der Ball von rechts nach links rotiert – also zurück in Richtung Ziel. Verstärkt man die Einzelfaktoren, verstärkt man auch den Hookspin. Das gelingt am besten mit Schlägern mit besonders starkem Loft. Denn wenn sich der Schlägerkopf dem Ball von so weit innen nähert, drehen sich sehr leicht auch Hände und Gelenke nach innen.

Divot: Untersucht man die vom Schläger herausgeschlagenen Rasenstücke, erfährt man viel über die eigene Schwungbahn und wie sich das Blatt jeweils in Relation zu ihr verhält. Beim Hook dringt es in Richtung der Schwungbahn in den Boden ein und hinterläßt eine Kurve Richtung Ziel. Die Spitze des Schlägerkopfes verläßt dann zuletzt den Boden.

Da der größere Teil des Schwungbogens beim Hook vor dem Treffpunkt liegt (siehe Diagramm S. 123), besteht die Gefahr, daß man um den Bruchteil einer Sekunde zu früh den Boden trifft. Deshalb empfiehlt sich die Verwendung

Wenn der Ball in Relation zum Stand weiter zurückgenommen ist (links), schließen sich die Schultern gegenüber der Ziellinie, und der längere Teil des Schwungbogens führt den Schlägerkopf von innen nach außen durch den Ball. Dabei schließt sich die Schlagfläche und erzeugt einen Hook. Das Divot zeigt, auf welcher Kurve sich der Schlägerkopf bewegt. Liegt der Ball dagegen weiter vorn (rechts), öffnen sich die Schultern zur Ziellinie, was Körperdrehung und Länge des Schwungbogens begrenzt. Der Schlägerkopf trifft den Ball von außen nach innen in geöffneter Stellung, was einen Slice zur Folge hat. Das Divot zeigt, daß die Schlägerferse auch nach dem Treffmoment noch »in Führung« ist.

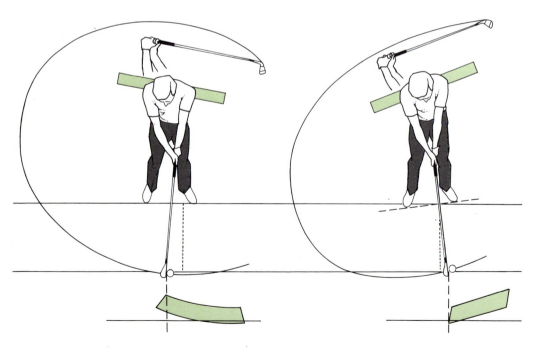

ANWENDUNG DES SPINS

von kurzschaftigen Schlägern und die Rücknahme des Balls im Stand.

Vorteile des Hookspin: In leichter Form wird er zum Draw, wie er häufig von den Pros beim Abschlag eingesetzt wird. Die ganze Schulterdrehung überträgt sich voll auf den Ball, dessen Flug als Fortsetzung der Schwungbahn um den Körper betrachtet werden kann. Da Pros den Ball ziemlich hoch aufteen, können sie ihn vergleichsweise weit vorn im Stand plazieren. Durchschnittsgolfer sollten das lieber nicht nachahmen.

Der volle Hook ist vor allem zweckmäßig beim Umspielen von Hindernissen, beispielsweise wenn ein Baum die Sicht zum Ziel verdeckt und nicht überspielt werden kann. Der Ball wird nach dem Auftreffen noch weiterrollen, was man beim Abschätzen miteinbeziehen sollte.

Ein solcher Schlag kann nur mit sehr starkem Loft gespielt werden, da sonst das Nachinnendrehen des Schlägerkopfes den Ball behindern würde. Es ist bemerkenswert, wie weit man mit Eisen 8 oder 9 den Ball schlagen und darüber hinaus rotieren lassen kann.

Die mit stärkerem Loft versehenen Fairway-Hölzer eignen sich vor allem für den Draw. Er ist dann angebracht, wenn rechts vom Fairway ein Hindernis oder die Platzgrenze drohen.

Der Slicespin

Um Slicespin zu erzeugen, muß die Schwungbahn von außen nach innen verlaufen, wobei die Schlagfläche in Relation zu ihr geöffnet ist. Dazu eignen sich der Driver, sofern der Ball tief aufgeteet ist, sowie das Holz 3. Von den Eisen verwendet man 1, 2, 3, 4 und 5, vielleicht noch 6, aber nur, wenn man ein sehr guter Spieler ist.

Beim Set-up wird die Schlagfläche wieder aufs Ziel ausgerichtet, wobei der Ball im Verhältnis zum Stand relativ weit vorn plaziert wird. Die Füße öffnen sich in diesem Fall zusammen mit den Schultern, so daß ihre Verbindungslinien jeweils nach links vom Ziel zeigen. Bei einem besonders heftigen Slice muß die Stellung stark geöffnet sein, während sich die Schlagfläche leicht nach außen verdreht. Diese Körperausrichtung garantiert zusammen mit dem vorn plazierten Ball die für diesen Spin notwendige Schwungebene.

Hindernissen kann man gut ausweichen, wenn man den Schlägerkopf mit geöffneter Schlagfläche auf einer Schwungbahn von »außen nach innen« durch den Ball zieht und dafür einen Schläger mit geringem Loft wählt.

Aufbau des Schwungs: Zu Beginn des Rückschwungs hat man das Gefühl, die linke Schulter würde nach unten absacken, um die Schwungebene einhalten zu können. Der Schläger kommt steiler nach oben, wobei sich die Schultern weit weniger als die normalen neunzig Grad drehen, so daß der Schläger auch nicht hinter den Körper kommen kann. Hier ist also der Teil des Schwungbogens vor dem Treffmoment kürzer.

Der Schwung erfolgt dann nach unten und durch den Ball, wobei der Schlägerkopf im Treffmoment die Ziellinie kreuzt. Die in Relation zur Schwungebene offene Schlagfläche gibt dem Ball den Seitwärtsdrall.

Der längere Teil des Schwungbogens setzt sich nach dem Treffen des Balls fort in einen vollen Ausschwung hinein, bei dem der Körper noch weiter von der Ziellinie weggedreht wird.

Obwohl der Ball relativ hoch getroffen wird (was ideal ist für den Seitwärtsdrall), kann man ihn auch mit Schlägern mit geringerem Loft ausreichend hochschlagen – im Gegensatz zu Schwüngen, bei denen sich der Schlägerkopf schließt.

Divot: Die Spur des Schlages verläuft quer über die Ziellinie. Da sich nur die Schlägerferse in den Boden bohrt, entsteht auch kein rechteckiger Abdruck. Bei längeren Slices gleicht das Ganze dann auch mehr einer Schramme im Rasen als einem echten Divot, wobei der Boden gut zwei Zentimeter nach dem Ball getroffen wird.

Vorteile des Slicespin: Der Fade gehört zu den kontrolliertesten Schlägen beim Golf. Im Gegensatz zum »geraden« Ball, der unbeabsichtigt nach links oder rechts ausbricht, wird ein Fade immer nur nach rechts fliegen. Und da er unmittelbar nach dem Auftreffen stoppt, wird er von Pros gern für Schläge mit den Eisen eingesetzt. Es klingt zunächst seltsam, daß ein Schläger mit geringem Loft geeignet ist, einen Baum in weitem Bogen zu umspielen. Aber je höher man den Ball trifft, desto mehr Sidespin bekommt er.

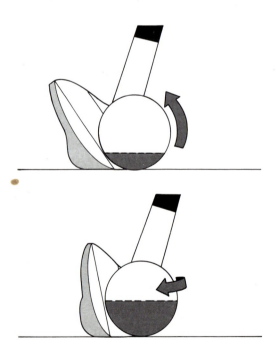

Das Blatt eines Schlägers mit starkem Loft trifft den Ball weiter unter (oben) und erzeugt kräftigen Backspin, der dem Sidespin entgegenwirkt. Schläger mit geringerem Loft treffen den Ball weiter oben (unten) und verleihen ihm Sidespin (vor allem Slice).

Liegt das Grün für ein langes Eisen eigentlich zu nah, nimmt man es trotzdem und faßt den Schläger tiefer, um nur einen halben Schwung zu spielen. Nimmt man dagegen einen Schläger mit mehr Loft, bekommt der Ball auch mehr Backspin, der dem gewünschten Sidespin entgegenwirkt.

Einen langen Slice spielt man auch gut mit einem relativ gerade gestellten Holz. Früher war das die Spezialität des Brassie, der heute als Holz 2 geführt wird, allerdings kaum noch Verwendung findet. Dafür nimmt man meist Holz 3, das sehr kräftig zu schlagen vermag und dessen Loft man mit ein wenig Cutspin gut an den Ball bringt. Das ist vor allem dann wichtig, wenn links vom Grün ein »Out of bounds«-Gebiet (»Aus«) droht.

Viele Pros benutzen den Driver auch beim nicht aufgeteeten Ball. Doch so energisch und geschickt sie ihn auch schlagen, durch seinen minimalen Loft können sie ihn nicht tief genug treffen, so daß er fast immer mit Slicespin versehen wird. Deshalb wird der Driver auch nur verwendet, wenn ein »Aus« oder ein anderes Problem auf der linken Seite droht, aber nie wenn es rechts lauert.

Dosierte Hook- und Slicespins

Die einfachsten Spinvarianten, sowohl theoretisch wie in der Praxis, haben ihren Ursprung in der »direkten« Schwungbahn. Die dabei angewandte Schwungtechnik ist die aller auf Weite berechneten Schläge, wobei der Körper auf einen Punkt rechts oder links vom Ziel ausgerichtet ist. Da beim Set-up die Schlagfläche leicht gedreht wird, kurvt der Ball aufs Ziel zurück.

Das erreicht man aber nur durch ein leichtes Drehen des Schlägergriffs in den Händen – auf keinen Fall durch Verdrehen der Arme. Schließt man dagegen den Schlägerkopf zu stark, fliegt der Ball auf einer Geraden direkt nach links, ohne in einer Kurve aufs Ziel einzuschwenken. Öffnet man den Schläger zu weit, verstärkt man den Loft der Schlagfläche. Der Ball fliegt dann nicht nur direkt nach rechts, sondern wird auch so hoch, daß er an Weite verliert.

Richtig dosierter Hookspin: Hat man beim Abschlag den Ball auf dem Fairway nach links verzogen und sieht den direkten Weg zum Grün durch Bäume verstellt, dann ist es der richtige

ANWENDUNG DES SPINS

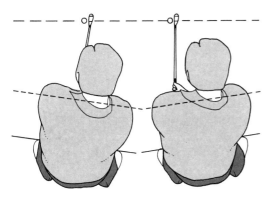

Die einfachste Methode, dem Ball entweder Hook – (links) oder Slicespin (rechts) zu geben – besonders wenn nur wenig Seitwärtsdrall erforderlich ist –, verlangt die Ausrichtung von Stand und Schulterlinie nach rechts oder links vom Ziel, um dem Ball die richtige »Startflugbahn« zu geben. Dann wird der Schläger so umfaßt, daß sein Kopf square zur Ziellinie steht, und normal geschwungen.

Ball dadurch an Kraft verliert, was durch den nächst höheren Schläger ausgeglichen wird.
Mit leichtem Slice läßt sich bei einer von rechts nach links wehenden Brise der Ball besser kontrollieren.

Vorsicht bei leicht dosierten Spins: Man kann immer wieder beobachten, daß Spieler, nachdem sie sich mit offener oder geschlossener Schlagfläche aufs Ziel ausgerichtet haben, den Rückschwung durch die Ausrichtung ihres Schlägerkopfes bestimmen lassen. Das heißt, mit geöffneter Schlagfläche schwingen sie zu steil zurück, während sie eine geschlossene zu einem zu flachen Zurückschwingen vom Ball verleitet.

Augenblick für einen korrekt dosierten Hook. Auf diese Weise vermeidet man das Risiko, einen Ast zu treffen, weil der Ball das Hindernis umgeht.

Kommt man dann von links ans Grün heran und sieht unmittelbar vor der Flagge eine Ansammlung tiefer Bunker, zielt man auf die rechte Seite des Grüns, um die Hindernisse herum, einen leichten Hook, der zur Mitte des Grüns einschwenkt. Man muß aber immer daran denken, daß auch ein leichter Hook den Backspin verringert und dadurch die Schlagweite vergrößert.

Der leicht dosierte Hook ist auch der ideale Schlag, wenn der Wind von links nach rechts weht. Er ermöglicht es Ihnen, sich direkt aufs Ziel auszurichten und es dem Hookspin zu überlassen, die Windeinwirkung zu egalisieren. Dazu braucht man dann auch keinen anderen Schläger, denn durch das Eindrehen des Schlägerkopfes verringert man den Loft, so daß der Ball automatisch weiter fliegt.

Richtig dosierter Slice: Befindet sich der Ball rechts vom Fairway, wo tief hängende Zweige den Ball im Flug behindern können, empfiehlt es sich, ihn links um sie herumzuschlagen. Das erreicht man durch ein minimales Öffnen der Schlagfläche. Vergessen Sie aber nicht, daß der

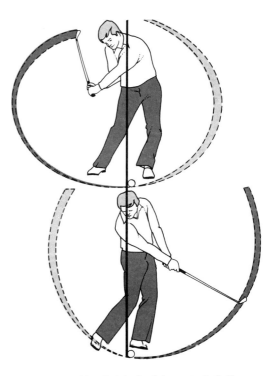

Zum besseren Verständnis der Schwungtechnik für Schläge mit Hook- (oben) oder Slicespin (unten) stellt man sich den Schwungbogen durch eine Linie geteilt vor. Im ersten Fall (oben) liegt der Abschwung mit seiner »kreativen« Hand- und Gelenkaktion vor dieser Linie, wobei der tiefste Teil des Bogens unmittelbar vor dem Treffmoment von innen nach außen verläuft. Im zweiten Fall wird der Ball steiler geschlagen, und die Basis sowie der längere Teil des Schwungbogens werden erst nach dem Treffmoment durchlaufen.

ANWENDUNG DES SPINS

Diese Fehler häufen sich vor allem dann, wenn der Schlägerkopf beim Set-up durch ein Verdrehen der Unterarme und nicht durch die korrekte Anpassung der Hände am Griff in die gewünschte Stellung gedreht wurde.

Ist der Schlägerkopf dann an der Ziellinie ausgerichtet, konzentriert man sich auf das direkte Zurücknehmen und Durchschwingen in einer Ebene.

Hook- und Slice-Schwungbogen: Wenn man erkannt hat, daß auch bei Schlägen mit Spin die Schwungbahn von entscheidender Bedeutung ist, wobei sich der beim Set-up aufs Ziel ausgerichtete Schlägerkopf mühelos in den Bewegungsablauf einfügt, wendet man sich der Position des Balls und der Ausrichtung des Körpers zu; denn von ihnen hängt es hauptsächlich ab, ob der größere Teil des Schwungs vor oder nach dem Treffmoment liegt.

Der durchschnittliche Golfer kann durch genaues Beobachten der leichten Übertreibungen einiger Pros bei bestimmten Schlägen mit Spin seine Technik sehr verbessern. Wie gesagt – wenige Hooker haben den übertriebenen Spin gut unter Kontrolle. Nachdem sie sich in jungen Jahren diese Technik angewöhnt haben, tun sie alles, um mit einer der vielen Cutspinvarianten ihrem Fehler entgegenzuwirken.

Vor einigen Jahren hätte man auf Bobby Locke (Südafrika) oder Eric Brown (Schottland) verweisen können, die mit gewaltiger Schulterdrehung in den Rückschwung gingen und dann durch ihre energisch von innen nach außen geführte Schwungbahn dem Ball sehr starken Hookspin verpaßten.

Heute wäre in diesem Zusammenhang Fuzzy Zoeller aus den Vereinigten Staaten zu nennen, der den Schläger zwar ziemlich scharf zurücknimmt, aber dann auch – nach einer Ausholschleife – stark von innen nach außen durch den Ball schlägt und ihn mit starkem Hookspin versieht.

Bei all diesen Spielern liegt der größere Teil des Schwungbogens vor dem Treffmoment, das heißt, darin »lebt« ihr Schlag. Deshalb erreichen sie auch den tiefsten Punkt ihres Schwungbogens verhältnismäßig früh.

Lee Trevino diskutiert während der British Open von 1983 in Royal Birkdale mit seinem Caddie Willie Aitchison den Spin.

Ganz anders beispielsweise bei Lee Trevino, dessen Schwungbogen in der Phase nach dem Treffmoment »lebt«, also in der Extension des Durchschwungs. Den tiefsten Punkt erreicht er um einiges später, und zwar deutlich vor der linken Ferse.

Ausbalancieren des Schwungs: Die den Sidespin bestimmenden Bewegungsabläufe und Ballkonstellationen lassen sich eindeutig analysieren. Jeder Spieler, dessen Schwungtechnik zu unkontrollierten Hooks oder Slices führt, bedient sich ihrer unabsichtlich und oft ohne daß es ihm bewußt wird. Doch der erfahrene Beobachter kann an den Flugkurven der Bälle feststellen, ob sie mit oder gegen den Willen des Spielers entstanden sind, und die fehlerhafte Schwungtechnik entsprechend korrigieren.

So läßt sich durch eine Veränderung der Ballposition und der Körperausrichtung die Schwungphase, in der der Ball »lebt«, austauschen, wodurch der gesamte Schwung schließlich in einer direkten und einheitlichen Schwungbahn verläuft.

An dem in einer bestimmten Kurve unbeabsichtigt ausbrechenden Ball erkennt man die Fehler der Schwungtechnik. Die Therapie ist dann die entgegengesetzte Kurve beziehungsweise die dafür notwendige Technik.

Verbesserung der Schläge

Auch beim Golf ist der Unterschied zwischen Anfänger und Experte der, daß sich ersterer nach einer total mißglückten Runde noch tagelang an einem guten Schlag freuen kann, der ihm mehr oder weniger zufällig gelang; der Experte dagegen, der von sich erwartet, in jeder Situation sauber zu schlagen, wird von einer kleinen Nachlässigkeit, die er teuer bezahlen mußte, im Schlaf verfolgt.

Golf ist deshalb ein so aufregender und anspruchsvoller Sport, weil er Spieler jeden Standards zu fordern vermag. Der Ball ist vor jedem Schlag stationär, das heißt, es bedarf keinerlei reflexhafter Entscheidungen in letzter Sekunde, um ihn auf seine Bahn zu schicken. Jeder Schlag kann ausreichend bedacht und geplant sein. Nichts auf einem Golfplatz braucht hastig zu geschehen. Und so bleiben auch jedem Spieler zwischen den Schlägen oft viele Minuten, in denen er seine Fehler analysieren kann. Kein anderer Mitspieler ist dafür verantwortlich zu machen. Golf ist ein Spiel für Individualisten, bei dem jede Schwäche, ob charakterlich oder technisch bedingt, zum Vorschein kommt. Fehlerhafte Schläge spielen eine bedeutende Rolle beim Golf – und jeder hat seinen Namen.

In diesem Kapitel sollen sie kurz beschrieben werden, bevor auf die Methoden zur Schlagverbesserung eingegangen wird. Natürlich wird dadurch niemand vor weiteren Fehlschlägen bewahrt, aber vielleicht erkennt mancher Spieler die Ursachen dafür, so daß sich die Fehler zumindest reduzieren lassen.

Toppen

Dieser Schlag, bei dem der Ball zu weit oben – sozusagen nur am »Kopf« – getroffen wird, ist bei Anfängern besonders häufig zu beobachten. Meist liegt der Fehler an mangelnder Erfahrung und läßt sich durch regelmäßiges Üben beheben. Der Spieler muß vor allem lernen, seine Augen richtig zu gebrauchen beziehungsweise

Telly Savalas genießt die mit seiner etwas unbeholfenen Schwungtechnik erzielten Resultate fast ebenso wie seinen Lollipop.

den Kopf unten zu lassen. Beim Ansprechen des Balls kommt es oft vor, daß sich der Anfänger versteift, während er über den Schlag nachdenkt. Dadurch verkrampft er sich beim Schlagen, was zu einer Verkürzung der Reichweite führt, so daß der Ball weit über der »Gürtellinie« getroffen wird.

Ein weiterer Fehler ist, daß der Spieler sich ausschießlich auf den Teil des Balls konzentriert, den er sehen kann – und das ist die obere Hälfte, auf die er dann zielt.

Das Toppen kann man vermeiden, indem man den Ball mit einem sehr kurzen Übungsschwung schlägt. Dabei müssen die Handgelenke dafür sorgen, daß der Schlägerkopf mit einem zischenden Geräusch über den Boden streift. Das übt man so lange, bis der Ball regelmäßig tief genug getroffen wird. Erst dann folgt ein voller Schwung, bei dem sich der Spieler an das Gefühl erinnern sollte, das er bei den Übungsschwüngen im Treffmoment hatte.

Wenn erfahrene Golfer den Ball toppen, so liegt das nicht selten daran, daß sie den Kopf zu früh heben, weil sie die Flugbahn des Balls verfolgen wollen. Besonders häufig geschieht das beim Spiel mit Hölzern vom Fairway aus. Der lange

Wird der Ball oberhalb der »Gürtellinie« getroffen, spricht man von Toppen.

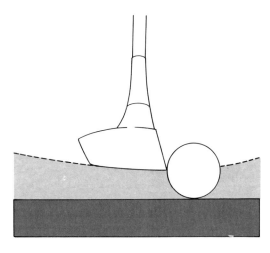

VERBESSERUNG DER SCHLÄGE

Schlägerschaft verleitet die Spieler dazu, den Schwung relativ flach anzusetzen wie zum Beispiel mit dem Driver. Im Gegensatz dazu ist der Ball aber hier nicht aufgeteet und wird infolgedessen zu hoch getroffen.

Es kann also keinem Spieler schaden, die oben beschriebenen Übungsschwünge zu absolvieren. Durch das Gleiten über den Boden gewöhnt man sich an, die Hände beim Rückschwung höher zu führen, und mit der steileren Schwungbahn wird der Treffmoment »tiefer« gelegt und das Toppen vermieden.

Sclaffing

Der auch mit »Duffing« oder »Fluffing« bezeichnete Fehler entsteht, wenn man mit dem Schlägerkopf den Boden berührt, bevor man den Ball trifft.

Das Sclaffing kann mit jedem Schläger passieren, mit den kurzen aber ist der Schaden am größten. Aufgrund des flachen Unterbaus rutschen die Hölzer in den Ball hinein und treffen

Das gefürchtete Sclaffing: Setzt die Handgelenkaktion beim Abschwung zu früh ein, trifft der Schlägerkopf vor dem Ball den Boden.

ihn noch relativ gut; die langen Eisen wiederum graben sich zwar etwas tiefer in den Boden ein, bringen aber aufgrund ihrer verhältnismäßig flachen Schwungbahn den Ball auch noch einigermaßen vom Boden weg. Die kurzen Eisen dagegen mit ihrem starken Loft und der steilen Schwungbahn graben sich tief ein, bevor sie den Ball treffen. Dadurch wird die Flugbahn völlig »verwackelt«, sofern der Ball überhaupt vom Boden abhebt.

Auch kurze Pitches und Chips mißlingen oft aufgrund dieses Fehlers. Da sie mit relativ wenig Kraft geschlagen werden, wird der Schlägerkopf bei der Bodenberührung abrupt gestoppt, so daß der Ball kaum noch Schwung bekommt.

Das Sclaffing tritt dann auf, wenn die rechte Hand die linke vor dem Ballkontakt überholt, was auch als »zu frühes Schlagen« bezeichnet wird. Die Ursache kann Nervosität sein, wenn man beispielsweise plötzlich versucht, den Schwung zu beschleunigen. Doch meist ist es die Folge einer falschen Set-up-Position.

Wenn ein Spieler beim Ausrichten zum Ball den Schlägerkopf nicht so aufsetzt, daß die linke Hand den Griff korrekt umgreifen kann, sondern diese statt dessen zurücknimmt, dann verdreht sich das Gelenk. Beim Ab- und Durchschwung führt dann die gegenläufige Bewegung dazu, daß der Schlägerkopf zu früh den Ball erreicht.

Das beste ist, das Set-up zu korrigieren und einen vollen Durchschwung bis ins Finish anzustreben. Das gilt auch für Chips und Pitches, obwohl dabei kein voller Durchschwung erreichbar ist.

Socket

Trifft man den Ball ganz außen mit der Schlägerspitze, kann er, im Extremfall, im rechten Winkel davonfliegen. Die Ursache ist eine zu steile Schwungbahn, wodurch der Ball nicht mehr richtig getroffen werden kann. Dieser Fehler ist besonders häufig bei Anfängern und führt oft zu einer ganzen Reihe stark geslicter Bälle. Um sie zu korrigieren, muß man die Schwungebene flacher gestalten und durch eine stärkere Schulterdrehung den Schlägerkopf von innen nach außen durch den Ball führen.

Es gibt noch eine andere Version des Socket, die keineswegs nur Anfängern, sondern auch sehr

VERBESSERUNG DER SCHLÄGE

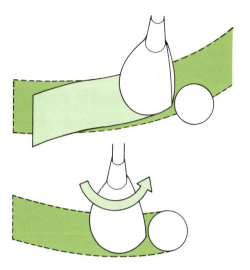

Es gibt zwei Ursachen für den Socket: Der Schlägerkopf wird an der Innenseite des Balls entlanggeführt (oben), weil man die Entfernung zu ihm falsch eingeschätzt hat; oder die rechte Hand hat einen zu starken Griff, so daß sich die Schlagfläche unkontrolliert nach innen verdreht (unten).

Shanking

Es ist kein Wunder, daß dieser Fehlschlag, bei dem der Ball mit dem Winkel zwischen Schlägerblatt und Schaft (= Shank) getroffen wird, die meisten Golferherzen zittern läßt. Alle Versuche, ihn zu beheben, scheinen den Fehler noch zu verschlimmern, da oft untaugliche Methoden angewandt werden. Der abrupt nach rechts abweichende Ball erweckt bei unerfahrenen Spielern den Eindruck, als handle es sich um eine Slice-Variante, was aber nicht stimmt. Beim Slice wird der Schlägerkopf von rechts nach links quer durch den Ball hindurchgeschwungen, oder aber der Schlägerkopf selbst wird nach außen gedreht, wodurch Slicespin entsteht. Beim Shank dagegen wird der Ball gar nicht mit dem Schlägerkopf getroffen, sondern vom unteren Ende des Schafts, wenn der Schläger auf zu flacher Bahn mit teilweise geöffneten Unterarmen von innen nach außen zu nieder gegen die Innenseite des Balls geführt wird.

Versuche, diesen Slice zu korrigieren, indem man den Ball im Stand zurücknimmt und flacher schwingt – also durch einen Hook konterkariert

guten Spielern zu schaffen machen kann und die an den Grasspuren auf den Eisen an der Spitze des Blattes zu erkennen ist. Die Drives sind in diesem Fall ohne Schwung; und mit allen Schlägern verliert man an Kraft.

Auch dafür liegt die Ursache im zu frühen Treffen des Balls, weil die rechte Hand die linke überholt, bevor der Schlägerkopf das Ziel erreicht. Ein solcher Schlag wird oft noch zusätzlich durch Sclaffing negativ beeinflußt.

Wenn sich der Unterkörper beim Abschwung nicht seitlich Richtung Ziel verschiebt, dreht sich der Oberkörper zusammen mit der rechten Seite über ihn hinweg. Das wird besonders verstärkt durch eine geschlossene Stellung, bei der die Verbindungslinie der Füße nach rechts vom Ziel zeigt. Versucht man in dieser Position die Seitwärtsverschiebung, fliegt der Ball deutlich am Ziel vorbei.

Um diesen Fehler zu vermeiden, legt man beim Ausrichten einen Schläger in Richtung Ziel auf den Boden und stellt die Füße parallel dazu. Mit korrekter Fußarbeit ist jetzt ein unbehindertes Durchschwingen des Unterkörpers möglich, so daß die rechte Hand den Schlägerkopf nicht mehr zu früh zum Ball führt.

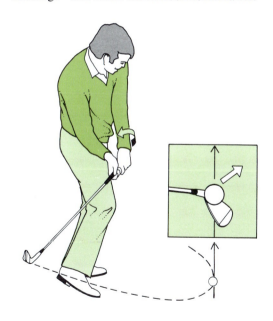

Wenn der Schlägerkopf auf einer zu flachen Bahn zu stark von innen nach außen geführt wird, kann sich der linke Unterarm versteifen, und der Ball wird vom unteren Schaftende getroffen.

VERBESSERUNG DER SCHLÄGE

–, werden den Shank verstärken. Genau das Gegenteil ist richtig: Der Ball muß in Relation zu den Füßen nach vorn plaziert und der Schläger beim Rückschwung steiler zurückgenommen werden, bevor er mit leicht geöffneter Schlagfläche leicht quer durch den Ball geschlagen wird. Der Shank tritt meist schubweise auf, doch es kann auch gelegentlich zu einem solchen Fehlschlag kommen, wenn man bei einer im übrigen korrekten Schwungtechnik zu nah am Ball steht oder sich aus irgendeinem Grund zu früh in Richtung Ziel dreht. Dann schwingt der Schläger außerhalb der korrekten Schwungbahn gegen den Ball und trifft ihn mit dem Ende des Schafts. Diese Zufallsfehler haben keine festliegenden Ursachen.

Ballooning

Die Gefahr, den Ball in den Himmel zu schlagen (deshalb auch »skying the ball«), besteht vor allem beim Drive, wenn er zu hoch aufgeteet ist. Dabei kann sogar der Lack auf der Schlägerkopfoberseite splittern, ganz davon abgesehen, daß der Schlag keine Länge bekommt.

Bei einigen Spielern tritt dieser Fehlschlag nur gelegentlich auf, was oft daran liegt, daß der Ball für Schläger mit stärkerem Loft zu hoch (etwa in der Höhe wie für den Driver) aufgeteet ist. Dadurch wird der Ball tiefer angenommen und bekommt einen starken Rückwärtsdrall.

Notorische »Himmelsschläger« sind leicht zu erkennen: Sie benutzen selten den Driver. Statt dessen schlagen sie mit einem Holz mit stärkerem Loft oder auch mit einem langen Eisen ab. Untersucht man die Schlägerköpfe ihrer Hölzer, zeigt sich, daß auf der Oberseite der Lack weitgehend verschwunden ist. Oft findet man auch tiefe Kratzspuren. Diese Spieler umfassen den Griff mit dem Handteller und nicht mit den Fingern der rechten Hand, wobei das von Zeigefinger und Daumen gebildete »V« ungefähr in Richtung rechtes Knie zeigt. Oder der Schläger wird sehr steil geführt, weil die Schulterdrehung beim Rückschwung unzureichend ist. Vielleicht ist das sogar der Versuch, diese Fehler durch eine

Golf übt vor allem auf Angehörige des Showbusineß große Anziehungskraft aus. Hier zwei Spieler, die bei Pro-Am-Turnieren viel von den Pros gelernt haben: Dickie Henderson (links) und Bob Hope.

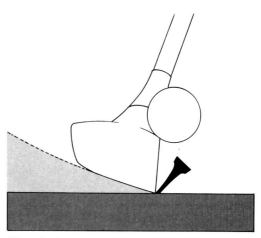

Wenn der Ball zu steil geschlagen wird, fliegt er fast ebenso steil in den Himmel und nicht Richtung Ziel.

geschlossene Stellung auszubügeln, in der Annahme, die Schulterdrehung dadurch zu unterstützen. Aber das stimmt nicht. Natürlich gelingt auch einem solchen Spieler ab und zu ein weiter Schlag, aber auch dabei wird er den Ball kaum mit dem Sweet Spot treffen, sondern eher mit den Rändern der Schlagfläche. Auf diese Weise aber kann nur noch Kraft den Ball »retten«.

Das Ausmerzen dieser Fehler verlangt harte Arbeit, vor allem aber einen anderen Griff, der zunächst ein Gefühl der Schwäche vermittelt. Dennoch muß man sich daran gewöhnen, weil sonst keine Fortschritte möglich sind. Bei halben und dreiviertel Schlägen übt man mit einem Fairway-Holz und einem mittelmäßig hoch aufgeteeten Ball Schwünge in weiten, flachen Bogen. Dabei müssen die Handgelenke stabil bleiben und so den Oberkörper mit den Armen zusammen in den Rückschwung hineinziehen, bevor man auf dieselbe Weise zum Ab- und Durchschwung ansetzt.

Vorausgesetzt der Ball wird vom Tee »gefegt« und nicht »geschlagen«, dann entwickelt man mit der Zeit einen gleichmäßigen, flachen Schwungbogen mit verlängerter Treffzone. Mit dem »In-den-Himmel-Schlagen« ist es dann automatisch vorbei.

Andere Fehlschläge wie das unbeabsichtigte Slicen, Hooken, Pullen und Pushen wurden bereits im Kapitel über den Ball mit Spin behandelt.

Das Spielen von Hanglagen

Beim Spielen von Hanglagen kann es sich um die Bewältigung von ansteigendem oder abfallendem Gelände handeln, oder der Ball liegt über oder unter dem Stand des Spielers. Es kann natürlich auch passieren, daß diese komplizierten Situationen zusammen auftreten, was für den Schlag sehr riskant ist.

Die Bergauf- und die Bergablage werden in drei Kategorien unterteilt: sanft, mittel und steil. Aus sanften Lagen kann man noch immer volle Schläge anbringen, vorausgesetzt man trifft gewisse Vorsichtsmaßnahmen, vor allem hinsichtlich der Flugrichtung des Balls. Wird das Gefälle steiler, kommt es vor allem darauf an, die Balance zu halten und sich im Verhältnis zum Ball korrekt zu stellen. Hier sollte man eher vorsichtig schlagen. Bei wirklich steilen Lagen verzichtet man besser auf lange Schläge, um sich ganz auf eine ausbalancierte Stellung konzentrieren zu können, damit der Ball so genau und kontrolliert wie möglich geschlagen werden kann.

Sanfte Bergauflagen

Von allen Hanglagen ist sie am einfachsten zu spielen, weil man das Gefühl hat, daß sich hier der Ball dem Schlägerkopf entgegenhebt. Doch wenn man zu sorglos ist, kann es leicht zu einem Fehlschlag führen, bei dem der Ball in den Hang hinein- und nicht aus ihm herausgeschlagen wird.

Bei sanften Hanglagen muß der Schlägerkopf so angesetzt werden, daß er am tiefsten Punkt des Schwungbogens parallel zum Hang Richtung Ball schwingt. Um das aber zu erreichen, lehnt man sich mit dem Körper nicht gegen den Hang, wie es das Balancegefühl eigentlich verlangt, sondern verlagert das Gewicht auf den rechten Fuß, so daß der Oberkörper mit dem Hang einen rechten Winkel bildet.

Aus dieser Stellung heraus kann man den Schlägerkopf genau und kontrolliert durch den Ball schwingen. Doch es ergeben sich noch andere

Arnold Palmer spielt in seitlich hängender Lage aus schwerem Rough heraus. Er hat die Schultern deutlich über den Ball gebeugt, um die in dieser Situation nötige steile Schwungbahn zu erreichen.

Beim Spiel aus Hanglagen sollte man so senkrecht wie möglich zum Untergrund stehen, um dem Schwungbogen eine gute Basis zu geben. Nur so kann der Ball korrekt geschlagen werden. Die Flugbahn ändert sich, je nachdem, ob hangaufwärts oder hangabwärts geschlagen wird. Im ersten Fall (oben) wird der Ball höher steigen und entsprechend an Weite einbüßen, deshalb setzt man einen stärkeren Schläger ein. Im zweiten Fall (unten) genügt ein schwächerer Schläger, weil der Ball sowieso flacher und weiter fliegt.

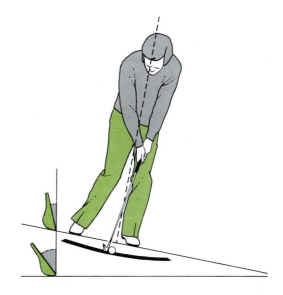

Aspekte. Da es in dieser Lage schwierig ist, das Körpergewicht wie gewohnt seitlich nach links zu verschieben, drehen sich die Hände beim Ab- und Durchschwung etwas und verleihen dem Ball Linksdrall. Egal, welchen Schläger man benutzt, der Loft ist aus dieser Stellung heraus immer stärker, so daß der Ball höher steigt.

Es hat keinen Sinn, sich darüber zu ärgern, daß der Ball nach links abdriftet – nehmen Sie einfach einen Punkt rechts vom Ziel an. Und um die gewünschte Weite zu bekommen, benutzt man einen Schläger mit geringerem Loft (mit dem der Ball bei ebener Lage über das Grün hinausfliegen würde).

Wie sehr man sich auch bemüht, in Relation zum Hang richtig zu stehen, man läuft immer Gefahr, das Körpergewicht bergauf zu drücken und den Ball in den Boden zu schlagen. Deshalb muß der Ball ziemlich zentral plaziert werden, das heißt ungefähr auf der Mittellinie zwischen den Füßen. Wenn man dann parallel zum Hang und nicht in ihn hineinschwingt, kann man sowohl mit Hölzern wie mit Eisen, die jeweils eine Nummer kleiner gewählt werden sollten, sicher schlagen.

Sanfte Bergablagen

Auch hier kann man relativ kühn durchschwingen, vorausgesetzt, man richtet den Körper so nach links aus, daß man das Gefühl hat, der Schlägerkopf folge der Hangneigung. Nur durch diese Stellung vermeidet man, daß er in den Boden schlägt, bevor er den Ball berührt.

Dabei verwendet man einen Schläger mit etwas stärkerem Loft, weil beim Nach-unten-Schwingen der Ball eine niedrigere Flugkurve beschreibt. In diesem Fall wird also ein Eisen 5 den Ball so fliegen lassen wie normalerweise ein Eisen 4. Das heißt, die Wahl des Schlägers ist sehr entscheidend.

Jeder Spieler wird aus dieser Stellung heraus sein Körpergewicht mit dem Durchschwung in Richtung der Hangneigung nach vorn und unten verlagern. Um das für den Schlag voll ausnutzen zu können, muß der Ball weiter vorn plaziert werden. Durch die Gewichtsverlagerung nach links verengt sich der Abschwungbogen. Die Folge ist, daß er von außen nach innen quer durch den Ball führt, wobei sich der Schlagwinkel verringert. Bei längeren Schlägern führt das zu Cutspin, während Schläger mit mehr Loft den Ball nach links verziehen können. Das muß beim Ausrichten aufs Ziel entsprechend berücksichtigt werden.

Mittlere Bergauflagen

Je stärker die Hangneigung, desto wichtiger die Körperbalance. Versucht man in dieser Situation, mit Gewalt weite Bälle zu schlagen, wird man sie stark nach links verziehen, weil man immer in Gefahr ist, das Gleichgewicht zu verlieren und über den rechten Fuß nach hinten zu kippen.

Bei Schlägen aus dieser Lage muß das linke Knie gebeugt werden, so daß sich der Oberkörper quasi in den Hang hineinlehnt. Dadurch wächst allerdings die Gefahr, daß der Schlägerkopf nach dem Treffen des Balls tief in den Boden eindringt. Benutzt man einen Schläger mit geringem Loft, drückt man leicht den Ball in den Hang, so daß er »erstickt«. Ein angemessener Loft ist also sehr wichtig, auch wenn das auf Kosten der Weite geht.

Spielern mit mehr Erfahrung gelingen längere Schläge durch die Vorstellung, daß der Rückschwung leicht hangabwärts erfolgt. Beim Durchschwung schwingen sie dann hangaufwärts von unten nach oben durch den Ball. Folgt man dabei den Geländekonturen, kann man auch einen Schläger mit weniger starkem Loft wählen, ohne den Ball »in« den Hang zu schlagen. Weniger erfahrene Spieler kippen dabei allerdings häufig nach hinten, so daß der Schlag mißlingt. Der Ball muß bei dieser Lage relativ weit nach vorn plaziert sein, wobei man sich nach rechts vom Ziel ausrichtet, um den Hookspin auszugleichen.

Mittlere Bergablagen

Lehnt man sich zurück, um das Körpergewicht auf das gebeugte rechte Bein zu verlagern und so das Gleichgewicht zu halten, kann es leicht geschehen, daß der Abschwung durch das über dem Ball gelegene Hangstück behindert wird. Der Ball muß deshalb relativ weit zurückgenommen werden.

In dieser Lage muß man seinen Schwung sehr gut anpassen, das heißt, der Rückschwung muß entsprechend steil erfolgen, um den Ball deutlich von oben nach unten schlagen zu können.

DAS SPIELEN VON HANGLAGEN

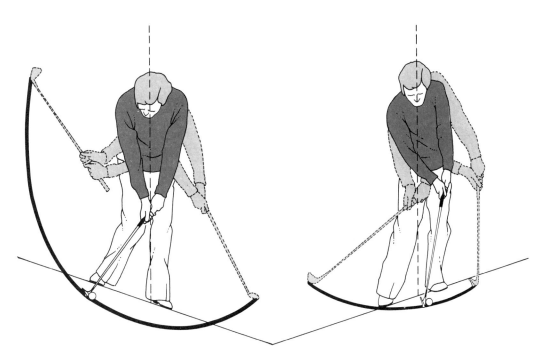

Schlägt man aus steileren Lagen hangabwärts (links), muß der Körper annähernd senkrecht zum Horizont ausbalanciert werden. Dadurch entsteht allerdings die Gefahr, daß der Boden vor dem Ball getroffen wird. Man muß also entsprechend stark ausholen, um die Schwungbahn durch den Ball führen zu können. Beim Schlagen hangaufwärts (rechts) lehnt man den Körper »in den Hang hinein« und schwingt flach und weit zurück, so daß der Ausschwung parallel zum Gelände nach oben verläuft.

Kontrollorgane sind in diesem Fall die Hände, die ihre Aktion vor dem linken Knie beginnen sollten. Eingesetzt werden Schläger mit relativ starkem Loft, da der Schwung von oben nach unten durch den Ball recht wuchtig ausfällt und nur so eine flache und einigermaßen gerade Flugbahn zustande kommt.

Steile Bergauflagen

Im allgemeinen handelt es sich dabei um stark geneigte Grünwände oder tiefe Sandbunker, die, wenn man Glück hat, in der Nähe des Grüns liegen. Der Ball kann aus einer solchen Position eigentlich nur noch nach oben geschlagen werden. Wenn er danach noch ein paar Meter weiterläuft, kann man durchaus froh sein.
In dieser Situation muß das linke Knie unter Umständen so stark gebeugt werden, daß es fast Kinnkontakt bekommt. Nur so läßt sich die Balance halten, die von allergrößter Wichtigkeit ist. Der Schläger muß sehr tief gefaßt werden, wobei die rechte Hand vielleicht sogar auf dem Stahl-

schaft liegt. Das Griffende ragt aus der linken Hand heraus deutlich nach links, so daß der linke Ellbogen den Schwung nicht behindert.
In dieser Situation muß es gelingen, den Schlägerkopf beim Rückschwung deutlich nach unten zu führen. Arme und Hände schwingen ihn dann von unten nach oben hangaufwärts in Richtung Ball, der quasi aus dem Boden herausgerissen wird. Man schlägt dabei natürlich aus hohem Gras heraus; denn wäre das Gras nieder, wäre der Ball zurückgerollt und am Fuß des Hangs liegengeblieben.
Will man trotz allem einen relativ weiten Schlag anbringen, muß man sehr hart treffen, wobei wieder die Gefahr besteht, daß man die Balance verliert.

Steile Bergablagen

Die starke Neigung und das hohe Gras, in dem der Ball liegt, bieten viele Gefahren für Fehlschläge. Der Schlägerkopf kann sich nicht nur vor dem Ball in den darüberliegenden steilen

DAS SPIELEN VON HANGLAGEN

Hang bohren, sondern sich auch leicht im Gras verfangen. Dabei kann man nur hoffen, daß das Grün nicht mehr weit ist, weil der Ball keine Weite gewinnen kann. Landet er dagegen auf dem flachen Grün, rollt er wesentlich weiter, da er keinen Backspin hat.

Für die richtige Körperbalance muß das rechte Knie stark gebeugt werden. Der Ball kann dann trotzdem noch über und hinter dem rechten Fuß liegen – bei Links in Küstennähe sogar manchmal in Hüfthöhe des Spielers. Vor allem muß in dieser Situation der Sand Wedge eingesetzt werden, weil dessen Loft den Neigungswinkel beim Schlag zu einem großen Teil konterkariert. Der kurze, harte Chop geht von oben nach unten durch den Ball, wobei man auf das Gras achten muß, damit der Schlägerkopf nicht abgelenkt wird.

Will man den Ball aus einer solchen Lage auf das Fairway spielen, sollte man den kürzesten Weg wählen. Versucht man gewaltsam einen zu weiten Schuß, ist das Risiko eines Fehlschlags groß. Schlägt man dagegen Richtung Grün, muß man das Weiterrollen des Balls einkalkulieren, wobei es besser ist, er landet weiter hinten auf dem Grün, als daß er aus der ungünstigen Lage gar nicht herauskommt, was bei einem zu schwachen Schlag leicht möglich ist.

Seitlich hängende Lagen

Um aus dieser Situation gute Ergebnisse zu erzielen, muß man ein Gefühl für die Schwungebene entwickeln. Die Hangneigung verlangt einen bestimmten Stand, je nachdem ob der Spieler unter oder über dem Ball steht, wodurch sich die Neigung der Schwungbahn automatisch verändert. Schläge aus seitlich hängenden Lagen verlangen eine sichere Kontrolle aller Bewegungen.

Der Ball wird in jedem Fall von der Geraden abweichen; denn wenn man die Schlägersohle am Boden ausrichtet, wird die Schlagfläche entsprechend verdreht. Liegt der Ball höher als der Stand des Spielers, wird ihn der Loft des Schlägers nach links verziehen. Im umgekehrten Fall wird der Ball nach rechts hinausgedrückt, so daß man je nach Stärke der Hangneigung gegenhalten muß.

Liegt der Ball nur knapp über dem Stand (links), sollte man so gerade wie möglich stehen, um eine flache Schwungbahn zu erreichen. Liegt er aber tiefer (rechts), beugt man sich nach vorn, um steiler schwingen zu können.

DAS SPIELEN VON HANGLAGEN

Vor allem bei steileren Lagen wird es schwer, das Gleichgewicht zu halten. Liegt der Ball nur wenig über dem Stand, kann man auch aggressivere Schläge riskieren; die erreichbare Weite jedoch wird entscheidend von der Körper- und Bewegungskontrolle bestimmt.

Spieler steht unter dem Ball: Steht der Spieler unter dem Ball, muß der Schwungbogen sehr flach gewählt werden (»Roundhouse Swing«). Ist er zu steil, bekommt der Schlägerkopf Bodenkontakt, bevor er den Ball überhaupt erreicht. Um die korrekte Schwungebene einhalten zu können, muß der Spieler so senkrecht wie möglich stehen, also weg vom Hang. Je steiler die Hangneigung, desto schwieriger ist es, das Gleichgewicht zu halten. Auf keinen Fall darf man beim Schlag nach hinten kippen. Oft empfiehlt es sich auch, den Schläger kürzer zu fassen, um die starke Hangneigung auszugleichen.

Ist die Neigung so steil, daß man sich nicht ohne weiteres aufrichten kann, kommt nur ein kurzer Schläger mit sehr starkem Loft in Frage, der den Ball dann allerdings nicht besonders weit fliegen läßt.

Auch in dieser Situation hat es den Anschein, als ob sich der Hang dem Schlägerkopf entgegenwölbt. Deshalb muß sich der Spieler so stellen, daß der Ball ungefähr in der Mitte zwischen den Füßen liegt, auch dann, wenn er mit einem Holz spielt.

Durch den beim Ansprechen und während des Schwungs angedrehten und mit der Spitze nach oben weisenden Schlägerkopf und die starke Schulterdrehung bei extrem flacher Schwungbahn wird der Ball nach links verzogen. Um das auszugleichen, muß man einen Punkt rechts vom Ziel annehmen, beispielsweise einen Baum, einen Bunker oder auch ein Gebäude. Den Rest besorgt der auf den Ball einwirkende Spin.

Spieler steht über dem Ball: Dabei müssen die Schultern so weit wie möglich nach vorn gebeugt werden, ohne daß das Gleichgewicht beeinträchtigt wird. Nur so läßt sich der Ball im richtigen Winkel treffen. Während des gesamten Schwungs muß – bei entsprechend gebeugten Knien – das Gewicht so weit wie möglich auf den Absätzen ruhen, damit der Spieler nicht nach vorn fällt. Aus dieser Position ergibt sich ein rela-

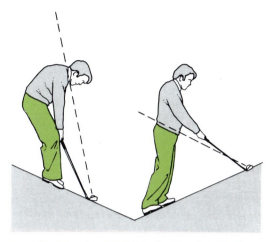

Liegt der Ball weit unter (links) oder über dem Stand (rechts), kommt es vor allem auf eine gute Körperbalance an. In dieser Situation verzichtet man auf Weite und konzentriert sich ausschließlich auf die Präzision des Schlags.

tiv steiler Schwung, der von den Zehen und Wadenmuskeln ausbalanciert werden muß. Ein kontrollierter und präziser Schlag ist auch hier nur dann möglich, wenn der Kopf ruhiggehalten wird.

Die Drehung der Schultern ist jetzt begrenzt, so daß die Hände beim Hochnehmen und Durchziehen des Schlägers stärker eingesetzt werden müssen. Ohne korrekte Handaktion kommt bei diesem Schlag der Schlägerkopf nicht tief genug gegen den Ball, was sehr leicht zum Toppen führt. Wichtig ist auch, daß der Ball etwa in der Mitte vom Stand nach vorn plaziert wird, weil die halbe Schulterdrehung und die gekrümmte Körperhaltung den Schläger nach links verziehen.

Die Lage (Lie) des Schlägerkopfes läßt den Ball eigentlich nach rechts wegfliegen. Aber das passiert nicht immer; denn man wird bei diesem schwierigen Schlag oft ein Eisen mit starkem Loft verwenden, dessen Spin den Ball auf der Geraden hält. Ist die Hangneigung jedoch geringer – so daß man vielleicht sogar ein Holz benutzen kann –, dreht sich der Ball von links nach rechts. Das heißt, man nimmt einen Punkt links vom Ziel an, um diese Abweichung auszugleichen.

Das kurze Spiel

Unter dieser Bezeichnung werden vier wichtige Schlagvarianten zusammengefaßt: zunächst das Putten, bei dem der fast vertikal gestellte Schläger den Ball überhaupt nicht vom Boden abheben, sondern nur rollen läßt; das Chippen, bei dem er minimal angehoben wird, um dann Richtung Loch zu laufen, das Pitchen, bei dem der Ball Rückwärtsdrall bekommt, damit er nach dem Auftreffen schnell liegenbleibt; und schließlich die Schläge aus dem Bunker in Grünnähe.

Obwohl das Putten und die Bunkerschläge zum »kurzen Spiel« gehören, werden sie in eigenen Kapiteln behandelt, um ihren besonderen Eigenheiten gerecht zu werden. Dieses Kapitel beschränkt sich auf die Schläge aus dem Gras – also auf das Chippen und Pitchen.

Auf diese Schläge muß man zurückgreifen, wenn sich der Ball kurz vor dem Grün befindet, so daß der Spieler noch nicht den Putter verwenden kann (obwohl dieser unter bestimmten Umständen durchaus empfehlenswert ist), sondern sich für den kürzesten »Grasschläger« entscheidet.

Selbst den besten Spielern passiert es hin und wieder, daß sie das Grün aus geringer Entfernung verfehlen. Doch das bedeutet nicht, daß ein Loch verlorengegeben werden muß. Man braucht sich nur die Durchschnittsergebnisse der Topspieler beim Einputten anzuschauen und weiß, daß oft ein einziger Putt ihren Score gerettet hat. Und das erreichten sie durch Chippen oder Pitchen aus Lochnähe.

Verfehlt ein Spieler zunächst das Grün und puttet dann den Ball mit dem nächsten Schlag doch noch ein, spricht man von »up and down« (»auf und ab«). Ein gutes »kurzes Spiel« kann also einen Durchschnittsspieler mit Gegnern gleichziehen lassen, die über sehr weite Schläge verfügen. Es ist also durchaus der Mühe wert, diese Schlagvarianten gut zu trainieren.

Chippen

Man sollte den Ball nur chippen, wenn man den Putter nicht einsetzen kann. Nur ein brillanter Chip kann mit einem Durchschnittsputt verglichen werden, der den Ball kontrolliert über das Gras rollen läßt.

Nähert man sich mit einem langen Chip bis auf zwei oder zweieinhalb Meter dem Loch, hat man (vielleicht mit sehr viel Glück) eine fabelhafte Leistung vollbracht; ein langer Annäherungsputt dagegen gilt bis zu dieser Distanz als normal. Es ist also sehr viel besser, den Ball mit einem solchen Schlag zum Einputten bereit vors Loch zu legen, als das mit einem Chip verbundene Risiko einzugehen.

Entschließt man sich jedoch fürs Chippen, muß man den richtigen Schläger wählen. Dabei sollte man sich nicht auf einen einzigen festlegen, sondern sich den besonderen Situationen anpassen. Wichtig ist zu prüfen, wieviel unebenes Gelände vom Ball überflogen werden muß, im Vergleich zur Strecke auf dem Putting-Grün (Grünfläche mit neun Löchern), die er zum Ausrollen hat.

Beim Chippen werden (genau wie beim Putten) die Unterarme nicht angedreht, so daß das linke Handgelenk schon beim Set-up vor dem Schlägerkopf plaziert und so während des gesamten Schwungs gehalten werden kann.

Severiano Ballesteros, ein Meister des kurzen Spiels, zeigt hier einen raffinierten Chip.

Die unterschiedlichen Lofts der Schläger verändern die Relation zwischen dem »Durch-die-Luft-Fliegen« und dem »Auf-dem-Boden-Rollen«.

Man muß also einen Schläger einsetzen, der den Ball sicher über das unebene Gelände schlägt und dann so auftreffen läßt, daß er noch genügend Platz zum Ausrollen hat. Je gerader der Schläger gestellt ist, desto weniger Körperbewegungen sind für den Schlag notwendig – und das wiederum garantiert mehr Präzision. Liegt der Ball aber weiter von der Einputtebene entfernt oder steht der Flaggenstock am Rand des Grüns, wählt man einen Schläger mit stärkerem Loft.

Viele Golfer glauben, man könnte den Ball nur mit den Eisen 5, 6 und 7 chippen, weil bei Schlägern mit größerem Loft der Chip zum Pitch würde. Doch das stimmt nicht. Man kann mit jedem Eisen einen Chip-and-run-Schlag anbringen. Das hat Auswirkungen auf die Flugeigenschaften des Balls und natürlich auch auf die Stärke des Schlags.

Dazu setzt man zuerst das Schlägerblatt hinter den Ball und geht entweder direkt das Loch oder einen Punkt leicht seitlich davon an, je nach Neigung des Grüns. Die rechte Hand umfaßt den Schläger verhältnismäßig tief und locker. Die Füße sollten nicht weiter als dreißig Zentimeter auseinander sein, wobei der Ball leicht rechts von ihrer Mittellinie liegt. Erst dann richtet man den gesamten Körper parallel zur Ballziellinie aus.

Die nächste Ansprechphase ist für den gesamten Schlag entscheidend. Man hält die linke Hand in Höhe der Außenseite des linken Oberschenkels, und zwar mit dem Handrücken zur Ziellinie. Die rechte Hand führt jetzt den Schläger der linken zu, die auf keinen Fall zurückgenommen werden darf. Dann wird das Körpergewicht auf den linken Fuß verlagert, bis der Schlag beendet ist.

Durch das direkt unter der linken Schulter nach vorn Richtung Ziel ausgerichtete linke Handgelenk kommt die linke Hand in eine Linie mit dem ebenfalls nach vorn geneigten Schlägerschaft.

Diese Position des Handgelenks muß während des gesamten Schlags beibehalten werden. Auch die Unterarme werden nicht gedreht. Auf keinen Fall dürfen die Hände den Schaft nach vorn schnappen lassen, um die etwas unbequeme Haltung zu verändern. Das würde den Loft des Schlägers vergrößern und dem Ball mehr Höhe geben, gleichzeitig aber sein Rollen beeinträchtigen.

Außer einer leichten Pendelbewegung der Schultern, die dem Schlag mehr Nachdruck verleiht, wird der Körper kaum bewegt. Gerade durch diese fast statische Haltung zählt dieser Schlag nach dem Putten zu den sichersten.

Jeder Spieler muß wissen – und das lernt man nur durch Übung –, wie bei den einzelnen Schlägern das Verhältnis zwischen Fliegen und Rollen des Balls aussieht (siehe Diagramm).

Auf keinen Fall darf man krampfhaft versuchen, dem Ball mehr Höhe zu geben; dafür ist allein die Schrägstellung des Blattes zuständig. Und da die Hände immer vor dem Ball sind, ergibt sich eine verhältnismäßig niedere Flugbahn.

Benutzt man eines der sehr gerade gestellten Eisen, braucht man ein Minimum an Körperbewegung, um den Ball weit zu schlagen. Das macht das Chippen zum idealen Schlag bei zwei- oder dreistufig angelegten Grüns, bei denen der Flaggenstock am anderen Ende steht, während der Ball kurz vor dem Grün liegt.

Viele Spieler versuchen mit sehr viel Mühe und Konzentration den Ball mit einem Pitch über einen Hang zu bringen, wobei der kompliziertere Bewegungsablauf und das schwierige Timing ein erhöhtes Risiko darstellen. Setzt man aber einen Sand Wedge ein und chippt den Ball, erreicht man ausreichend Höhe und verringert die Risiken.

Im allgemeinen soll der Ball durchs Chippen auf der ebenen Fläche des Grüns landen. Doch wenn man auf einem der Links oder einem trockenen Inlandplatz spielt, ist es oft besser, ihn schon vorher auftreffen zu lassen, damit er noch ein Stück über das Vorgrün rollt. Diese »Bumbling« genannte Technik läßt ihn auch Hänge hinauflaufen und dann erst auf dem Grün stoppen, was vor allem dann wünschenswert ist, wenn das Grün nicht groß ist.

Ein solcher Schlag machte Severiano Ballesteros endgültig berühmt. Er spielte ihn 1976 bei den British Open aus dem Semirough links vom Fairway am letzten Loch. Der mit einem Chip geschlagene Ball lief zwischen zwei Bunkern hindurch hinauf aufs Grün und dann über leicht un-

DAS KURZE SPIEL

ebenes Gelände bis auf einen knappen Meter ans Loch und verhalf Ballesteros zum zweiten Platz.

Pitchen

Nur wenn es unmöglich ist, einen Chip-and-run-Schlag zu spielen, sollte man den Ball pitchen. Diese Situation ist dann gegeben, wenn die Weite der Flugbahn eine Ausrollstrecke verlangt, die nicht vorhanden ist, oder wenn man das Körpergewicht verlagern muß, um die nötige Weite zu erreichen. Immer wenn der Ball mehr Kraft bekommen soll, ist ein Pitch angebracht, der mehr und flexiblere Bewegungsabläufe verlangt, um Tempo und Timing entsprechend anzupassen. Vom kürzesten bis zum vollen Pitch sind die Bewegungsabläufe fast identisch und orientieren sich jeweils an der gewünschten Länge. Für einen kurzen Pitch müssen dieselben Muskelpartien aktiviert werden wie für einen vollen Schlag mit dem Wedge. Jeder Spieler muß aber selbst herausfinden, wie weit sein kürzester Pitch trägt, um dann festzustellen, wie der Ball sich verhält, wenn die drei entscheidenden Faktoren des Schlags – Länge des Schlägers, Weite des Standes sowie Länge und Tempo des Schwungs – verändert werden. Zunächst durchläuft man wieder die gewohnte Set-up-Routine, wobei das Schlägerblatt hinter dem Ball aufgesetzt und zum Ziel ausgerichtet wird. Die rechte Hand faßt den Griff ziemlich tief, die Füße sind nur wenige Zentimeter auseinander, und der Ball liegt auf der Mittellinie davor. Füße und Schultern stehen square zur Ziellinie. Im Gegensatz zum Chip kommt die linke Hand zurück über die rechte, so daß der Schaft fast senkrecht steht und sich nur noch unmerklich Richtung Ziel neigt. Das Körpergewicht ruht nicht mehr ausschließlich auf der linken Seite. Hat man den Griff richtig umfaßt, soll-

Dieses Diagramm zeigt das Verhältnis zwischen Flugkurve und Ballauslauf beim Chip mit unterschiedlichen Schlägern. Mit dem Eisen 4 ist das Verhältnis *1:9* (A); beim Eisen 6 *1:3* (B); beim Eisen 8 *2:3* (C); beim Eisen 9 *1:1* (D); beim Pitching Wedge *3:2* (E); beim Sand Wedge *3:1* (F). Wenn man diese Relationen überschaut, kann man sich in jeder Situation das richtige Eisen aussuchen, um den Ball sicher auf der nächsten ebenen Stelle des Grüns aufkommen zu lassen.

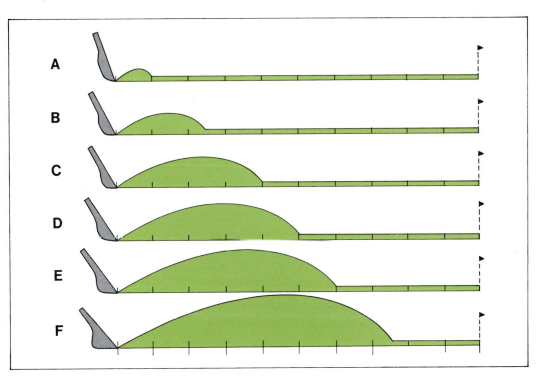

DAS KURZE SPIEL

te er fast fünf Zentimeter über die linke Hand hinausragen.

An diesem Punkt hat man das Gefühl, den Ball die wenigen Meter allein mit Händen und Handgelenken schlagen zu können. Doch dieser Versuchung muß man unbedingt widerstehen. Denn wenn sich die Hände vom übrigen Körper selbständig machen, verlieren längere Pitches jede Genauigkeit.

Zusammen mit dem kurzen Zurücknehmen des Schlägers drehen sich auch Hüfte und Oberkörper. Das ermöglicht den Unterarmen, sich ebenfalls zu drehen. Die Handgelenke werden angewinkelt, und die Arme holen leicht aus, um den Schwungbogen etwas zu vergrößern. Das linke Knie beugt sich nach innen, und die linke Körperseite verschiebt sich entsprechend nach rechts, wodurch sie weiter entlastet wird. Diese gesamte Schlagvorbereitung sollte in einem integrierten Bewegungsablauf erfolgen.

Beim Durchgang der Arme durch die Ausgangsposition können dann Hände und Handgelenke etwas beschleunigen, um den Schlägerkopf schneller und kraftvoller unter und durch den Ball zu schlagen.

Je weiter fortgeschritten ein Spieler ist, desto kürzer wird sein kürzester Pitch ausfallen. Schlechtere Spieler neigen häufig dazu, zu langsam und zu zaghaft zu schlagen, so daß der Ball sein Ziel nicht erreicht. Es ist besser, etwas kräftiger durchzuziehen und den Pitch entsprechend zu verlängern, bis Erfahrung und Training einen sicheren, kurzen Pitch zulassen. Viele Spieler mit hohem Handicap versuchen ihren schwachen Pitch zu umgehen und spielen einen Runup (Chip-and-run-Shot), was nicht empfehlenswert ist.

Beherrscht man erst einmal den kurzen Pitch, sind die nächsten Schritte einfacher. Durch einen längeren Schläger, einen breiteren Stand und einen längeren und schnelleren Schwung vergrößert sich die Flugbahn des Balls, bis man dann voll durchzieht, um die größtmögliche Weite zu erreichen.

Mit dieser Methode erprobt man also zuerst, wie kurz man mit einem bestimmten Schläger spielen kann, bevor man durch mehr Schwung die Weite des Schlags allmählich vergrößert. Dabei erhält der Ball durch die Beschleunigung des Schlägerkopfes (unter und durch den Ball) von Mal zu Mal mehr Backspin. Das läßt sich gut bei geübten Turnierspielern beobachten, deren gut kontrollierte Pitches unmittelbar nach dem Auftreffen liegenbleiben.

Auch der Durchschnittsgolfer sollte sich angewöhnen, einen 30-Meter-Pitch nicht als Reduzierung des mit einem vollen Schlag erreichbaren 60-Meter-Minimums zu sehen, sondern als Steigerung seines 20-Meter-Minimums mit dem Wedge. Es ist ganz erstaunlich, wieviel Selbstvertrauen aus dieser Einstellung erwächst und um wieviel sicherer und genauer die so erzielten Pitches werden.

Eine weitere Möglichkeit, den Ball auf dem Grün schnell zum Stillstand zu bringen, ist, ihn aus großer Höhe herabfallen zu lassen. Dazu zieht man den Schlägerkopf noch schneller unter und durch den Ball, was bei jedem Pitch machbar ist, bei sehr kurzen Schlägen allerdings ein gewisses Risiko beinhaltet.

Will man den Ball höher schlagen, faßt man den Schläger länger und verkleinert den Stand. Das erlaubt einen größeren Schwungbogen, ohne daß der Schwung selbst beschleunigt wird. Die gesteigerte Höhe allerdings nimmt dem Ball einen beträchtlichen Teil seiner Weite.

Der enge Stand begrenzt die Körperdrehung sowie die Fuß- und Beinarbeit, so daß der Schwungbogen sehr viel steiler wird, wobei sich das Blatt stärker öffnet. Das Schwunggewicht des längeren Schlägers zerrt an den sich verhältnismäßig langsam bewegenden Gelenken, die etwas nachgeben und das Blatt noch weiter öffnen. Wenn es dann durch und unter den Ball »schneidet«, fliegt dieser steil nach oben. Ballesteros ist ein Meister dieses Schlags. Selbst mit nur leicht schräg gestellten Schlägern gelingt es ihm, den Ball fast vertikal in die Luft zu schlagen. Vorausgesetzt, der Ball liegt gut, dann kann man einen solchen Schlag mit dem Sand Wedge sehr viel leichter und risikoloser durchführen. Der starke Loft und das Gewicht dieses Schlägers lassen den Ball mühelos steigen. Allerdings darf er aufgrund seines Sohlenflansches nicht bei flach aufliegenden Bällen eingesetzt werden. Er ist aber ideal für Pitches aus dem Rough.

DAS KURZE SPIEL

Der Pitch sollte unbedingt als Variante eines vollen Schwungs verstanden werden, denn alle Muskeln, die dabei beansprucht werden, treten auch beim Pitch in Aktion, allerdings mit entsprechend geringerem Kraftaufwand, je nach der angestrebten Weite des Schlags. Wer kürzere Pitches durch unabhängige Hand- und Gelenkaktionen zu spielen versucht, wird seinen Schwung für längere Schläge destabilisieren.

Chippen als Kompromiß

Einer der faszinierendsten Aspekte des Golfsports ist, daß kein Schlag dem andern gleicht. Das gilt vor allem rund ums Grün, wo die Golfplatz-Architekten sämtliche Tricks spielen lassen. Beispielsweise denken sie sich Grüns auf Plateaus aus, die Annäherungsschläge sehr schwer kalkulierbar machen. Oder sie verlegen das Grün in Senken, so daß man entweder kühn genug sein muß, den Ball über die ganze Distanz an die Fahne zu pitchen, oder aber sich entschließt, ihn aus hängender Lage einzuputten. Darüber hinaus spicken sie den Zugang mit Bunkern, die jeden bestrafen, der die falsche Annäherung wählt.

Manchmal hat man den Ball sehr nah ans Grün gelegt und muß einen Schlag wählen, der den Ball relativ hoch, zugleich aber sehr langsam Richtung Fahne befördert, was genau den Charakteristika des Pitchs entspricht. Doch leider ist die zur Verfügung stehende Distanz kürzer als die Minimalweite, die man mit diesem Schlag erreichen kann. Das ist genau die Situation, in der man zwischen Chippen und Pitchen einen Kompromiß eingehen muß. Nur so kann man mit der Sicherheit des Chips die Flugeigenschaften des Pitchs kombinieren.

Wenn der Ball gut liegt, stellt man sich wie bei einem Chip in Position, allerdings mit zwei Anpassungen: Der Ball wird weiter vorn plaziert, fast in Höhe der linken Zehen, und nicht mehr auf der Mittellinie zwischen den Füßen (dadurch steht der Schlägerschaft senkrecht unter der linken Schulter); außerdem wird der Schläger länger gefaßt, damit die Handgelenke flexibler sind. Der Schwung selbst erfolgt im übrigen wie beim normalen Chip, nur daß die gesamte Bewegung etwas verlangsamt wird.

Ideal für diesen Schlag ist ein Schläger mit sehr starkem Loft, wie zum Beispiel der Sand Wedge.

DAS KURZE SPIEL

Will man den Schlag noch schwächer »dosieren«, spricht man den Ball mit der Schlägerspitze an und schlägt ihn auch damit. Das ist lange nicht so kompliziert wie es scheint, und wenn es gelingt, entsprechend erfolgreich.

Pitchen als Kompromiß

Der Pitch soll den Ball hoch in die Luft schlagen und dann steil auf dem Grün auftreffen lassen. Es gibt aber Situationen, in denen man ihn gern stärker schlagen und auf eine flachere Flugbahn schicken möchte (also eine Art Chip), aber über eine sehr viel größere Distanz.

Ein solcher Schlag ist vor allem angebracht gegen den Wind oder unter nieder hängenden Ästen hervor, wenn Bunker einen normalen Run-up verbieten. Oder man setzt ihn bei einem Grün ein, das in zwei Stufen angelegt ist. Hier wäre es falsch, den Ball mit einem Pitch unmittelbar auf die obere Stufe zu schlagen, vor allem bei Rückenwind. Vielmehr spielt man ihn auf die untere, wobei man ihm soviel Schwung gibt, daß er zur oberen Stufe hinaufläuft.

Um solche und ähnliche Schläge spielen zu können, muß man den Pitch mit einigen Charakteristika des Chips versehen, was zum großen Teil bereits beim Set-up geschieht.

Da der Schlag eher »getrieben« werden soll, ist es ratsam, einen Schläger mit geringerem Loft als dem beim Wedge zu wählen, beispielsweise ein Eisen 7, 8 oder 9. Außerdem faßt man den Schläger beim Ausrichten des Blattes kürzer. Die Füße werden etwas weiter auseinandergestellt und der Ball rechts von der Mittellinie plaziert. Dann führt man - wie beim Chip - den Griff mit der rechten Hand zur linken, so daß der Schaft sich Richtung Ziel neigt.

Durch dieses Set-up stabilisiert man die Handgelenke für den gesamten Schwung, während man der Körper- und Schulterdrehung mehr Raum gibt. Da weder die Hände nach vorn schnappen noch die Unterarme sich drehen wie beim Pitch, wird der Ball mehr »getrieben« als in die Höhe geschlagen. Das linke Handgelenk muß während des gesamten Durchschwungs vor dem Schlägerkopf bleiben, doch nicht ganz so betont wie beim Chip. Der Ausschwung richtet sich nach der gewünschten Länge des Schlags.

Offener Stand für kurze Schläge

Oft beobachtet man Top-Pros oder auch Spitzenamateure, wie sie bei kurzen Chips und Pitches sehr offen und mit weit nach links vom Ziel ausgerichteten Füßen und Hüften den Ball ansprechen und schlagen. Das ist auf frühere Techniken zurückzuführen, als man nur beim Schlag mit dem Driver »square« zur Ziellinie stand. Je stärker der Loft eines Schlägers, desto offener stellte man sich beim Set-up auf, bis man dann bei den Wedges fast mit dem Gesicht zur Flagge stand.

Zweifellos vereinfachte diese Methode das Anvisieren des Ziels. Und sie begünstigte, ähnlich wie beim Werfen eines Balls »aus der Hand«, die Treffsicherheit.

Andererseits hat dieses »offene« Ausrichten vor allem für den Durchschnittsgolfer beträchtliche Nachteile. Denn schließlich sind nicht nur die Füße, sondern auch der Oberkörper nach links vom Ziel ausgerichtet. Da die Schwungbahn aber durch die Schultern bestimmt wird, bedeutet jeder Schlag in Richtung Flagge, daß man außerhalb der Schulterlinie schlagen muß.

Spitzenspieler, die sich beim kurzen Spiel »offen« ausrichten, wissen genau, in welcher Entfernung vom Loch sie die Schultern wieder mit der Ziellinie in Einklang bringen müssen. Manche tun das erst knapp dreißig Meter davor, andere schon im Abstand von vierzig oder fünfzig Meter. Wie auch immer, ihre Erfahrung und ihr Geschick lassen sie den Ball exakt plazieren. Anfänger oder Spieler mit hohem Handicap schaffen das nicht, weshalb sie ihre Chips und Pitches square zur Ziellinie schlagen sollten.

Im übrigen richten sich beim kurzen Spiel mindestens ebensoviele Spitzenspieler square aus. Welche grundsätzlichen Vorteile die square ausgerichtete Schulterlinie bietet, erkennt man schon daran, daß neunzig Prozent aller Spieler auf diese Weise putten – während es die restlichen zehn Prozent zumindest versuchen.

Bob Charles, ein hervorragender Exponent des kurzen Spiels, schlägt hier mit festen Handgelenken einen Chip, wobei er einen Schläger mit starkem Loft einsetzt. Dadurch bekommt er die nötige Höhe für den Ball, ohne die Risiken eines Pitchs einzugehen, der mit stärkerer Handgelenkbewegung geschlagen wird.

Das Putten

Häufig wird behauptet, daß man Putten nicht zu lernen braucht – eine Haltung, die wahrscheinlich für die schwache Leistung vieler Spieler mit hohem Handicap verantwortlich zu machen ist. Auch das Putten muß Schritt für Schritt erlernt und ständig trainiert werden. Nicht umsonst legen gerade Pros besonderen Wert auf diesen Schlag; denn bei 18 Löcher, für die das Par zwei Putts pro Loch zuläßt, können schon ein paar *single putts* (ein Putt pro Grün) den Score beträchtlich verbessern.

Abgesehen davon, daß man auch die Technik dieses besonderen Schlags beherrschen muß, gilt es vor allem, das Grün »lesen« zu können. Schlechte »Putter« verfügen nicht über diese Fähigkeit. Manchmal werden Anfänger sogar davor gewarnt, das Grün zu genau zu studieren, um das Spiel nicht zu verzögern. Pros aber »lesen« das Grün sehr genau, während sie sich auf den Schlag vorbereiten. Natürlich achten sie dabei darauf, daß der andere Spieler nicht in seiner Konzentration gestört wird. Verzögerungen entstehen also nur, wenn man sich erst unmittelbar vor dem eigenen Schlag mit dem Gelände und den übrigen Verhältnissen befaßt.

Ein weiterer Grund, daß schlechte Golfer auch keine gute Einlochtechnik entwickeln, ist, daß sie nur selten lange Putts zu schlagen haben. Oft verfehlen ihre Annäherungsschläge das Grün, worauf sie sich mit kurzen Chips und Pitches Richtung Loch vorarbeiten müssen.

Spitzenspieler dagegen vermögen den Ball aus rund 200 Meter Entfernung aufs Grün zu legen und versuchen, ihn dann mit einem langen Putt möglichst nahe ans Loch zu bringen. Verfehlen sie das Grün und müssen deshalb noch pitchen, so muß der erste Putt bereits sitzen, weil sie über kein Handicap verfügen wie schwächere Spieler. Willie Park, der erste Gewinner der British Open vor mehr als einem Jahrhundert, betrachtete jeden, der gut zu putten verstand, als ernstzunehmenden Gegner. Und das gilt auch heute noch.

Der Amerikaner Raymond Floyd, einer der besten »Putter« im modernen Golf. Wegen seiner Größe benutzt er einen Putter mit extra langem Schaft.

Das »Lesen« des Grüns

Vor dem eigentlichen Putten sind drei Dinge zu beachten: Beschaffenheit und Strich des Grases, die Neigung des Grüns und die Wetterbedingungen.

Die britischen Links in Küstennähe, deren sandiger Untergrund dem Wetter voll ausgesetzt war, galten früher als die Plätze mit den schnellsten Grüns. Das gilt auch heute noch, vor allem für jene, auf denen die großen Meisterschaften ausgetragen werden. Durch die stärkere künstliche Bewässerung allerdings sind einige der wegen ihrer Schnelligkeit gefürchteten Grüns beträchtlich langsamer geworden.

Auch viele Inlandplätze rühmen sich schneller Grüns, darunter viele, auf denen Turniere stattfinden. Vor einem solchen Ereignis werden die Grüns mitunter sogar zweimal am Tag gestutzt. Ihre Qualität liegt darin, daß sie schnell und widerstandsfähig zugleich sind. Der Durchschnittsplatz hat eine dickere und etwas festere Grasbewachsung, um dem größeren Verschleiß durch die Spieler standzuhalten. Darüber hinaus schützt das dickere Gras während der Trockenzeiten den Boden vor dem Austrocknen.

In bestimmten Ländern wie beispielsweise Südafrika kann das Gras so kräftig sein, daß es den Ball völlig aus seiner Richtung bringt, vielleicht sogar den Berg hinaufrollen läßt. Wer ein solches Grün meistern will, muß es zuvor sehr sorgfältig »lesen«. Vor allem rund um das Loch erkennt man, in welcher Richtung das Gras gewachsen ist, welchen Strich es also hat. Es verstößt gegen die Regeln, es mit der Hand oder dem Schläger zu untersuchen. Auf bestimmten amerikanischen und spanischen Plätzen, auf denen es viel Sonne und viel Wasser gibt, werden die Grüns besonders kurz gehalten, was sie enorm schnell macht. So beispielsweise in Augusta, wo die jährliche US Masters stattfindet. Auf einem solchen Grün stoppen Annäherungsschläge zwar sofort ab, Putts dagegen werden besonders schnell.

Golfer, die regelmäßig auf schnellen Grüns spielen, entwickeln bald ein Gefühl für genau dosierte Schläge. Sie wissen auch, daß man auf langsa-

PUTTEN

meren Grüns aus einer Entfernung von sechzig Zentimeter oder weniger ohne weiteres direkt aufs Loch zielen kann, weil der Ball die Linie hält. Auf schnellen Grüns allerdings muß auch die geringste Neigung einkalkuliert und ein Punkt in entsprechendem Abstand vom Loch anvisiert werden.

Seitlich hängende Grüns

Will man den Ball auf einen Punkt neben dem Loch putten, um der Neigung des Grüns entgegenzuwirken, so muß dieser Abstand und sein Neigungswinkel genau kalkuliert werden. Verfehlt der Ball das Loch, wenn er von oben daran vorbeiläuft, sagt man, daß er auf der »Proseite« vorbeigerollt ist; erreicht er aber das Loch überhaupt nicht, spricht man von der »Amateurseite«. Pros neigen dazu, den Ball zu scharf zu putten, in der berechtigten Hoffnung, die Schwerkraft würde schon dafür sorgen, daß er noch eingelocht wird. Läuft der Ball aber unterhalb des Lochs ab, hat er überhaupt keine Chance.

Den Abstand zum Loch seinem Neigungswinkel entsprechend richtig abzuschätzen, kann für den Putt entscheidend sein. Selbst Topspieler scheuen sich deshalb nicht, ihre Caddies um Rat zu fragen. Sofern sie regelmäßig auf demselben Platz arbeiten, verfügen sie aufgrund ihrer Erfahrung über ein untrügliches Urteil. Caddies, die mit dem Prozirkus um die Welt reisen, erinnern sich immerhin vielleicht noch an ein paar Übungsrunden; im übrigen sind auch sie auf ihre Augen und Schlußfolgerungen angewiesen. Es gibt eine Methode, mit der man bis zu einem gewissen Grad vorherbestimmen kann, wie weit der Ball von der Putt-Linie abfallen wird. Sie nennt sich »Plump bob lining-up« oder »Senkblei-Methode«. Dazu hockt man sich so hinter den Ball, daß dieser zwischen der Augenlinie und dem Loch liegt. Ältere Spieler oder solche mit Rückenleiden können das auch im Stehen machen, wobei sie aber größere Distanz zum Ball halten müssen.

Dann hält man den Putter locker auf der Vorder- und Rückseite zwischen Zeigefinger und Daumen, wobei seine Spitze direkt auf oder neben das Loch gerichtet ist. Hält man den Schläger so, daß sein Kopf durch den Ball quer zur Linie liegt, wird der Schaft aufgrund der Konstruktion des Putters nicht mehr vertikal stehen.

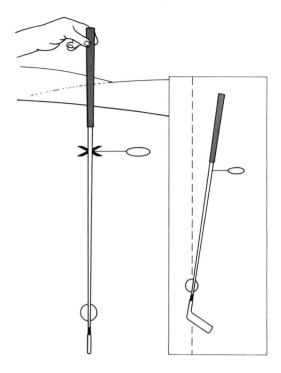

Mit der »Senkblei-Methode« bestimmt man den Punkt auf einem hängenden Grün, der angespielt werden muß, damit der Ball ins Loch abrollt. Dabei wird der Putter mit nach vorn ausgerichteter Spitze so gehalten, daß das untere Schaftende durch die Ballmitte zu verlaufen scheint. Dann wandern die Augen am Schaft hoch, bis sie den Punkt erreichen, der genau auf der Höhe des Lochs liegt. Dieser Punkt muß angespielt werden, um der Hangneigung entgegenzuwirken. Der Schlägerkopf darf nicht quer zu dieser Linie stehen, weil sonst die Schaftstellung nicht mehr vertikal ist.

Ist die Vorderseite des Schafts so ausgerichtet, daß er visuell einige Zentimeter durch die Ballmitte verläuft, läßt man die Augen an ihm hochwandern, bis zu dem Punkt auf dem Schaft, der genau in Höhe des Lochs liegt.

Sollte der Schaft direkt durch die Lochmitte gehen, ist die Puttlinie gerade; verläuft er aber durch einen Punkt links oder rechts vom Loch, ist das genau die Entfernung, in der der Ball anhalten muß, damit er aufgrund der Hangneigung noch ins Loch abrollen kann.

Darüber hinaus ist diese Methode ausgezeichnet, um Run-ups vom Rand des Grüns genauer kalkulieren zu können.

Über oder unter dem Loch hängende Grüns

Die »Senkblei-Methode« ist aber nur begrenzt anwendbar, da es nicht nur seitlich hängende Grüns gibt, sondern auch solche, die über oder unter dem Loch hängen und von anderen Hangneigungen beeinflußt werden. Aber auch die Wetterbedingungen müssen einkalkuliert werden.

Auf einem schnellen Grün, das zudem noch nach unten hängt, muß man den durch die »Senkblei-Methode« ermittelten Abstand zumindest verdoppeln. Andererseits reicht für einen steil bergauf geschlagenen Putt vielleicht die Hälfte, da die Heftigkeit des Schlags und das abruptere Abstoppen den Ball weniger weit ablaufen lassen.

Wetterverhältnisse

Liegt schwerer Tau auf dem Grün oder regnet es sogar, muß der Ball stärker gespielt werden, wodurch weniger Abstand nötig ist. Der Wind ist, vor allem auf exponierten Plätzen, wahrscheinlich das größte Problem. Bläst der Wind entgegengesetzt der Hangneigung, erübrigt sich unter Umständen der an sich notwendige Abstand. Verläuft die Windrichtung aber mit der Neigung des Hangs, können beide Einflüsse zusammen den Ball beschleunigen, so daß der Abstand entsprechend groß berechnet werden muß.

Bei starkem Wind darf ein Putt nie überhastet geschlagen werden. Pros markieren nach einem langen Putt den Ball, bevor sie ihn einlochen. Es gibt nichts Störenderes, als wenn der Ball durch den Wind davonrollt, wenn man gerade zum Putt ansetzt.

Der Putt als Schlag

Bevor die Regeln vor einigen Jahren geändert wurden, gab es Putter mit rechtwinklig angebrachten Schäften. Damit konnte sich der Spieler frontal zum Loch stellen und den Schläger zwischen den Beinen gerade in Richtung Ball pendeln lassen. Doch auch als dieser »Krocket-Stil« noch erlaubt war, wurden diese Putter nur von wenigen Spielern benutzt.

Mit einem Standardputter muß sich der Spieler seitlich zur Ballziellinie ausrichten, weil der Schaft immer leicht schräg in den Schlägerkopf

Die Australierin Jan Stevenson, Teilnehmerin des Amerikanischen Golf-Zirkus, bestimmt mit der »Senkblei-Methode« den genauen Neigungswinkel.

PUTTEN

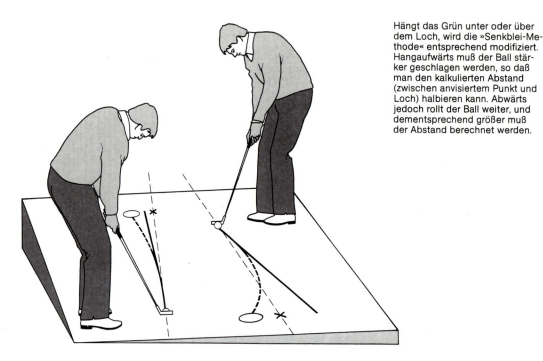

Hängt das Grün unter oder über dem Loch, wird die »Senkblei-Methode« entsprechend modifiziert. Hangaufwärts muß der Ball stärker geschlagen werden, so daß man den kalkulierten Abstand (zwischen anvisiertem Punkt und Loch) halbieren kann. Abwärts jedoch rollt der Ball weiter, und dementsprechend größer muß der Abstand berechnet werden.

eingelassen ist. Dadurch kann man den Ball nicht so direkt schlagen wie bei der Pendelbewegung des Krocket-Putters.

Allerdings sind Putterschäfte noch immer verhältnismäßig kurz und fast vertikal. Die Hände kommen also nicht direkt über das Ballzentrum, doch wenn man sich entsprechend nach vorn beugt, kann man den Putter auf derselben Linie, auf der der Ball rollen soll, flach und gerade zurück und nach vorn schwingen.

Diese Haltung, bei der Kopf und Schultern deutlich über den Ball gebeugt sind, hat den Vorteil, daß man die Puttlinie gut im Blick hat. Doch sie führt auch zu Problemen. So macht es bei längeren Putts (bei denen die Arme stärker gestreckt sind) keine Schwierigkeit, mit der rechten Hand, in der richtigen Position unter der linken, den Griff zu umfassen, da die linke Schulter sich über die rechte hebt. Steht man dagegen stärker über den Ball gebeugt, sind die Schultern auf derselben Höhe. Dadurch wird es schwierig, die linke Hand richtig an den Griff zu bekommen, ohne die Handgelenke anzuwinkeln, den Ellbogen nach außen zu drücken oder die Schultern nach links aus der Ballziellinie zu drehen.

Eine der goldenen Regeln des Puttens heißt: Alles beim Set-up »square« auszurichten: Schultern, Arme, Hüften und Füße, wobei nur ganz wenige Anpassungen notwendig sind, die jedoch nur für diese Spielphase gelten.

Beim Set-up faßt man den Putter so, daß sein Griff leicht quer durch den Handteller der linken Hand läuft, bis unmittelbar an den Daumenballen heran. Der Daumen liegt entlang der Oberseite des Schafts. Im Gegensatz zum Standardgriff sieht man die Oberseite des Griffs, nicht aber die Fingerknöchel. Außerdem werden beim Putten die Unterarme nicht gedreht.

Wenn man mit der linken Hand den Griff umfaßt, ohne daß sich dabei das Gelenk anwinkelt, liegt der Ball vor den Zehen des linken Fußes. Dann wird die rechte Hand von der anderen Seite gegen den Griff gelegt, mit dem Daumen ebenfalls entlang der Oberseite des Schafts. Dabei darf die linke Hand nicht in Richtung Körper zurückgenommen werden.

Moderne Computeranalysen zeigen, daß Nick Faldo zu den zuverlässigsten »Puttern« gehört. Er benötigt oft nicht mehr als 27 Putts pro Runde.

PUTTEN

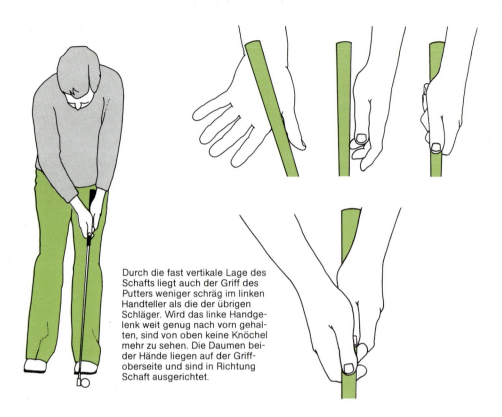

Durch die fast vertikale Lage des Schafts liegt auch der Griff des Putters weniger schräg im linken Handteller als die der übrigen Schläger. Wird das linke Handgelenk weit genug nach vorn gehalten, sind von oben keine Knöchel mehr zu sehen. Die Daumen beider Hände liegen auf der Griffoberseite und sind in Richtung Schaft ausgerichtet.

Viele Spitzenspieler putten aus diesem Set-up heraus besser als aus allen anderen. Doch es gibt auch Ausnahmen. Zum Beispiel der Japaner Isao Aoki, der aus einer recht unorthodoxen Stellung erfolgreich einlocht.

Die relativ weit vom Körper abgehaltene linke Hand verhilft zu einem gleichmäßigen und genauen Schlag – auch dann noch, wenn man unter Druck steht. Früher, als man die Linke noch näher am Körper hielt, begannen viele Spieler ihren Putt mit dem »Forward Press«, wobei die Hände und Arme unmittelbar vor dem Zurücknehmen des Schlägers leicht nach links drückten. Tom Watson zeigt diese Technik auch heute noch.

Einer, der diese Technik nach eigenem Bekunden gern übernehmen würde, ist der Deutsche Bernhard Langer. Er ist sich der Vorteile dieser Methode so bewußt, daß er häufig beim Putten die linke Hand unter der rechten plaziert.

Auch Jack Nicklaus zeigte eine recht ungewöhnliche Stellung bei seinen Putts. So befand sich praktisch sein ganzer Körper hinter dem linken Arm. Das verlangte eine stark geöffnete Stellung, sorgte aber zugleich dafür, daß die Handgelenke deutlich vor dem Körper blieben.

Abgesehen von einem leichten Verschieben der Schultern bei längeren Putts sollte sich der Körper so gut wie nicht bewegen, damit die Augen über dem Ball verharren können. Blickt man auch nur den Bruchteil einer Sekunde zu früh in Richtung Loch, kann das den Schlägerkopf aus der Puttlinie bringen, und der Ball wird quer oder zu stark von oben getroffen.

Das Tempo beim Putten muß individuell bestimmt werden. Manche Spieler führen den Schläger immer gleich weit zurück und nach vorn, wobei sie bei längeren Putts lediglich die

Um seine Hände weit genug vorn zu haben, nimmt Jack Nicklaus eine ungewöhnliche Haltung ein: Seine Stellung ist leicht geöffnet, während seine rechte Seite sehr tief nach unten gezogen ist.

Bewegung beschleunigen. Andere wiederum schlagen absichtlich langsam und halten das Tempo, verlängern aber dafür bei längeren Schlägen den Schwung.

Das Putten auf mehrstufigen Grüns

Grüns über zwei oder mehrere Stufen befinden sich auf allen Plätzen der Welt; sie lassen sich in Naturgelände besonders gut anlegen. Es gibt aber auch Golfplatz-Architekten, die solche Grüns auf ganz ebenem Gelände anlegen, wozu sie künstliche Hügel aufschütten. Solange man sich auf dem Grün befindet, mag das problemlos sein. Doch wenn man einen kühnen Annäherungsschlag riskiert, kann es geschehen, daß der Ball die obere Stufe verfehlt. So verliert man nicht nur einen Schlag, sondern hat außerdem große Mühe, wieder zurück aufs Grün zu kommen.

Auf mehrstufigen Grüns muß man schon sehr geschickt und erfahren sein, um mit zwei Schlägen einzulochen. Und nur sehr wenige Spieler schaffen es gar mit einem, vor allem wenn der Putt relativ lang ist und außerdem diagonal zum Loch geschlagen werden muß. Voraussetzung ist auf jeden Fall das genaue »Lesen« des Grüns, wobei für das Spiel hangabwärts eine ganz andere Strategie erforderlich ist als beim Putten hangaufwärts.

Das Putten hangabwärts

Beim Putten hangabwärts muß zunächst der Neigungswinkel auf der unteren Stufe abgeschätzt werden, um den Punkt festlegen zu können, über den der Ball Richtung Loch rollen wird. Dann bestimmt man einen zweiten Punkt auf der oberen Stufe, den der Ball hangabwärts passieren muß, damit er den zuerst festgelegten durchlaufen kann, bevor er (hoffentlich!) in Richtung Loch abrollt.

Schließlich muß noch der Neigungswinkel auf der oberen Stufe kalkuliert werden, um den zuletzt bestimmten Punkt überhaupt erreichen zu können. Der Ball durchläuft also hangabwärts auf seinem Weg zum Loch zwei »Checkpoints«, von denen jeder auf einer der beiden Stufen liegt.

Dann überlegt man, wie stark der Schlag gespielt werden soll; denn der Ball darf auf keinen Fall auf der oberen Stufe liegenbleiben. Geschieht dies, hat man den Hang noch immer vor sich, was bedeuten kann, daß man bis zu vier Putts braucht, um den Ball einzulochen. Schlägt man aber zu stark, rollt er bei einem schnellen Grün und steiler Hangneigung weit übers Loch hinaus.

Bei sanfterer Hangneigung hat der Ball rund um das Loch auf der unteren Stufe mehr Platz zum Ausrollen. Dabei läßt sich leichter bestimmen, um wieviel er sich durch die Hanglage vom Loch entfernen könnte, so daß man den Schlag entsprechend dosieren kann.

Im Moment des Schlags müssen sich die Augen auf den zuletzt festgelegten Punkt (auf der oberen Etage) richten – nicht aufs Loch. Man kann nicht mehr tun, als nach genauem »Lesen« des Grüns diesen Punkt anzuspielen (auch wenn es von der Seite des Grüns her fast im rechten Winkel geschehen muß), entschlossen zu putten und den Rest der Hangneigung zu überlassen.

Das Putten hangaufwärts

Einen Ball von unten über ein, zwei Stufen nach oben zu putten ist nicht ganz so schwierig. Dabei muß man stärker schlagen, so daß der Ball weniger von der Hangneigung beeinflußt und abgelenkt werden kann. Außerdem ist es aus dieser Stellung leichter, das Grün richtig zu lesen, weil sich die obere Stufe und das Loch mehr in Augenhöhe befinden.

Muß man einen Hang schräg hinaufschlagen, wird es schwieriger, den Neigungswinkel abzuschätzen. Nur das genaue »Lesen« der oberen Etage kann zeigen, ob man etwas weiter oder kürzer putten muß, damit der Ball am richtigen Punkt anhält, um ins Loch abrollen zu können. Muß man sehr schräg und steil hangaufwärts putten, ist es ratsam, ruhig etwas weiter über das Loch hinauszuputten, auch wenn einem das zunächst nicht recht geheuer erscheint. Schon viele Spieler haben dabei zu knapp kalkuliert und sahen sich dann plötzlich wieder auf der unteren Stufe, und zwar auf der anderen Seite des Grüns. Es gibt nur einen Weg, dieses Hangaufwärtsputten aus der Diagonalen zu lernen: Üben, Üben, Üben.

Puttet man bei einem mehrstufigen Grün hangaufwärts, braucht man wegen der Wucht des Schlags nur einen »Checkpoint«, um dem Neigungswinkel entgegenzuwirken, und zwar auf der oberen Stufe. Beim Putten hangabwärts dagegen sind zwei erforderlich – einer auf der oberen und einer auf der Stufe mit dem Loch –, weil der Ball von der Hangneigung stärker beeinflußt wird.

Das Spiel aus Bunkern

Man unterscheidet zwischen zwei Arten von Bunkerschlägen: erstens aus Bunkern heraus aufs Grün und zweitens vom Fairway aus. Im ersten Fall gilt es, den Ball aus dem Sand herauszubekommen, aber ohne viel Weite; im zweiten ist der Bunker weit genug vom Grün entfernt, so daß man durch einen möglichst weiten Schlag versuchen kann, wieder aufzuholen. Doch auch dabei ist es möglich, daß der Ball ganz besonders tief im Sand oder direkt vor einer steilen Wand liegt und man wieder nur versuchen kann, ihn zunächst aus dieser »Falle« zu befreien.

Unter den Top-Pros gibt es Spezialisten für Bunkerschläge rund ums Grün. Einer von ihnen ist zweifellos Gary Player. Bei ihm kann man sehen, daß Geschicklichkeit notwendig ist, und nicht Kraft, wenn der Ball vor einer steilen Wand zur Hälfte in trockenem, feinem Sand begraben liegt und die Fahne keine sechs Meter entfernt steht. Da hilft nur noch ein *trick shot* (Trickschlag), durch dessen Besonderheiten jeder normale beziehungsweise volle Schwung mißglücken würde. Deshalb sollte man Bunkerschläge immer nur in kurzen Intervallen üben. Mehr als zwanzig Schläge dieser Art hintereinander würden sich eventuell auf den vollen Schwung auswirken.

Der Splash

Vor einem Vierteljahrhundert trugen Sand Wedges noch so schöne Namen wie »Blasters« und

Links: Einer der Faktoren für Nick Faldos niederen Putting-Wert ist seine Fähigkeit, den Ball nah ans Loch zu legen – auch aus dem Sand heraus.
Unten: Der volle Schwung des Splash läßt den Ball hoch, aber nicht weit fliegen. Die Schwäche dieses Schlags resultiert aus dem Zusammenspiel verschiedener Ursachen: Der Ball liegt weit vorn; Füße, Hüften und Schultern sind nach links ausgerichtet; und die Schlagfläche ist aufgrund der Schwungbahn, die sich dadurch ergibt, geöffnet. Die gewölbte Sohle des Sand Wedges verhindert ein zu tiefes Eindringen in den Sand. Man braucht also nur etwa drei Zentimeter vor dem Ball einen Punkt anzupeilen (Diagramm).

»Exploders«. Diese besonders schweren Schläger hatten, entsprechend ihren Bezeichnungen, die Aufgabe, den Ball aus dem Sand zu katapultieren. Um das zu erreichen, zielte man mit dem Schlägerkopf auf einen Punkt kurz vor dem Ball, wobei der Schläger auf keinen Fall vor dem Schwung den Boden berühren durfte. Dann wurden Sand und Ball in Richtung Grün »gesprengt«. Flog der Ball nur ganz kurz, hatte man viel Sand herausgeschlagen – und umgekehrt: Je länger der Schlag, desto weniger Sand hatte der Schläger vor dem Ball mitgenommen.

Gary Player hat sich im Lauf der Jahre den Ruf erworben, einer der besten Bunker-Spezialisten zu sein. Und das hat er nicht nur seiner Geschicklichkeit zu verdanken, sondern auch der festen Entschlossenheit, niemals aufzugeben.

Seit damals hat sich auch auf diesem Gebiet die Schwungtechnik beträchtlich verändert, was vor allem auf die Entwicklung leichterer Sand Wedges mit abgerundeten Böden zurückzuführen ist. Durch diese Konstruktion dringt das Blatt nicht mehr so tief in den Sand ein, nimmt also auch nicht mehr so viel davon mit. Da der Widerstand geringer wurde, durfte der Schläger insgesamt leichter sein.

Man versucht heute alles, um beim Schwung durch Sand und Ball mit möglichst wenig Kraft auszukommen. Im Gegensatz zu Grasschlägen, bei denen die linke Körperseite versteift werden muß, um dem Schlag die nötige Festigkeit zu geben, spielt dies bei Sandschlägen so gut wie keine Rolle. Anstatt den Schlägerkopf direkt durch den Ball zu schwingen und diesen nach vorn zu treiben, führt man ihn absichtlich quer über ihn, wobei der Schlag genau dosiert wird. Der Ball soll möglichst vertikal nach oben gehen und kaum Weite haben.

Es ist ein voller Schwungbogen, der den Ball steil nach oben bringt. Schlechte Bunkerspieler trauen sich oft in der Nähe der Fahne nicht, den Schwungbogen voll einzuhalten – und ihr Ball kommt nicht hoch. Aber ein Schläger mit starkem Loft und ein voller Schwungbogen schaffen das. Die Kraft des Schwungs bestimmt, wie weit der Ball fliegen wird. Verlangsamt man den Schwung absichtlich, ohne die volle Schwungbahn aufzugeben, kann man den Ball steigen lassen und seine Weite begrenzen.

Dasselbe erreicht man auch, wenn man die Stärke des Aufpralls im Treffmoment reduziert, indem man die linke Körperseite »aus dem Weg« nimmt. Dafür plaziert man den Ball in Relation zum Stand besonders weit vorn und öffnet zugleich Stand und die Schulterlinie nach links. Durch die Anpassung des Griffs kann man die Vorderkante des Blatts parallel zur Fahne ausrichten.

Aufgrund der Körperausrichtung verläuft der Schwungbogen quer zur Ballziellinie. Der Schwung sollte ohne Hast zuerst ganz zurück und dann ganz nach vorn erfolgen. Beschleunigt man erst während des Durchschwungs, kann sich das Blatt verdrehen und den Ball nach links verziehen – oder gar in den oberen Bunkerrand schlagen.

Im Gegensatz zur alten »Explosionsmethode« muß der Kontakt zwischen Blatt und Sand konstant bleiben – ungefähr zweieinhalb Zentimeter vor dem Ball. Nur das Tempo und damit die Stärke des Schwungs bestimmen die Weite des Schlags. Beim Splash kommt das Blatt selbst nicht in Kontakt mit dem Ball; immer befindet sich zwischen ihnen eine dünne Sandschicht, die dem Ball allerdings ein bestimmtes Quantum an Backspin verleiht. Der schräge Schwungbogen sorgt darüber hinaus für leichten Slice, so daß der Ball kurz nach der Landung auf dem Grün »tot« liegenbleibt.

Der Ball ist im Sand begraben

Wenn der Ball teilweise im Sand begraben ist und ein vorsichtig dosierter Splash ihn nicht befreien kann, muß man sich für den »Explosionsschlag« entscheiden. Da dieser Schlag kraftvoll und präzis geführt werden muß, werden Stand und Schultern square zur Ziellinie ausgerichtet. Der verhältnismäßig lange Schwung muß in einer Ebene bleiben und beschleunigt vor dem Ball in den Sand.

Ist der Ball im Sand begraben, hilft nur ein aggressiver »Explosionsschlag«. Füße und Schultern stehen square zur Ziellinie, der Ball liegt zentral. Um ihn herauszubekommen, muß man viel Sand aufwirbeln.

DAS SPIEL AUS BUNKERN

Beim Einnehmen des Stands gräbt man die Füße fest in den Sand ein. Das hat zwei Vorteile: Erstens ist dies die einzig legale Methode, die Beschaffenheit des Sandes zu prüfen; zweitens wird so garantiert, daß der tiefste Punkt des Schwungbogens unter dem Ball liegt, wodurch der Schlag mehr Kraft bekommt.

Die Füße werden so gestellt, daß der Ball auf ihrer Mittellinie liegt. Man muß genau kalkulieren, wieviel Sand man vor dem Ball mit dem Schlägerkopf durchpflügen muß. Dieser muß auf jeden Fall unter den tiefsten Punkt des Balls kommen, um ihn aus dem Sand »herauszusprengen«. Das kann bedeuten, daß man bis zu acht Zentimeter vor dem Ball in den Sand schlagen muß.

Die Höhe des Splash wird ein solcher Schlag nicht erreichen. Außerdem darf man nicht vergessen, daß dieser Ball ohne Backspin fliegt. Er wird also auf dem Grün noch ein ganzes Stück ausrollen, was unbedingt einkalkuliert werden muß. Liegt beispielsweise unmittelbar hinter der Flagge ein weiterer Bunker, muß man unter Umständen links oder rechts am Loch vorbeischlagen, damit der Ball Platz zum Ausrollen hat.

Der Ball liegt in ansteigendem Gelände

Pros halten diesen Schlag für einen der schwierigsten. Der Durchschnittsspieler dagegen glaubt häufig, der Ball würde hangaufwärts leichter aus dem Bunker kommen.

Problematisch ist, daß das Blatt keinen Kontakt mit dem Sand aufnehmen kann, bevor es den Ball trifft. Der einfache Splash ist in dieser Situation also nicht spielbar. Man kann aber auch nicht unbekümmert durch den Ball schwingen, um ihn Richtung Fahne zu schlagen, weil die Gefahr besteht, mit der Vorderkante des Blatts in die bröcklige Unterlage des Balls zu geraten. Auf gar keinen Fall darf man sich »in« den Hang lehnen, weil der Ball dann in den weichen Untergrund geschlagen würde. Der erfahrene Spieler lehnt sich vielmehr so weit wie möglich zurück, als ob er der Schwerkraft trotzen wolle. So bekommt er noch genügend Sand zwischen Blatt und Ball, um diesen am tiefsten Punkt des Splash zu treffen (auch wenn er sich danach wieder mühsam ausbalancieren muß).

Der Ball liegt in abfallendem Gelände

Hier besteht die Gefahr, daß man den Sand schon trifft, bevor das Blatt auch nur in die Nähe

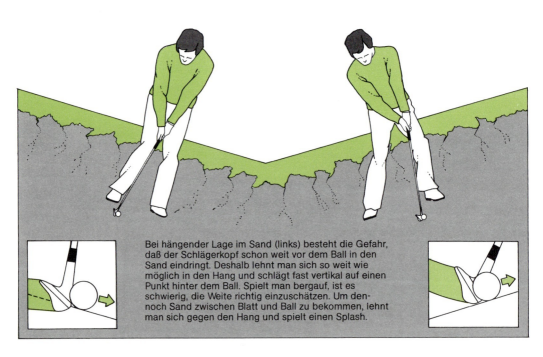

Bei hängender Lage im Sand (links) besteht die Gefahr, daß der Schlägerkopf schon weit vor dem Ball in den Sand eindringt. Deshalb lehnt man sich so weit wie möglich in den Hang und schlägt fast vertikal auf einen Punkt hinter dem Ball. Spielt man bergauf, ist es schwierig, die Weite richtig einzuschätzen. Um dennoch Sand zwischen Blatt und Ball zu bekommen, lehnt man sich gegen den Hang und spielt einen Splash.

des Balls gekommen ist. Der Treffpunkt liegt dabei nicht nur vor, sondern auch über dem Ball; das heißt, das Blatt kann in dieser Situation nie richtig unter den Ball kommen.

Der Ball muß auf jeden Fall im Stand sehr weit hinten liegen, falls nötig sogar noch rechts vom rechten Fuß. Der Schlägerkopf wird fast vertikal nach oben geschwungen, bevor man ihn ebenso steil nach unten führt und hinter dem Ball kraftvoll in den Sand schlägt. Der Durchschwung soll so weit wie möglich hangabwärts ausschwingen. Leider kann man beim Ansprechen das Blatt nicht aufdrehen, da seine gewölbte Sohle sonst einfach über den Ball rutschen würde. Die geschlossene Schlagfläche läßt den Ball auf niederer Bahn und ohne viel Backspin fliegen. Aber in einer solchen Situation ist man froh, ihn überhaupt aus dem Bunker zu bekommen.

Nasser Sand

Wenn der Sand naß und kompakt ist und der Ball frei aufliegt, kann man eine Splash-Variante versuchen, die auch als »Bounce« bekannt ist.

Hat der Sand Wedge eine nur leicht gewölbte Sohle, nimmt man besser den Pitching Wedge. Im übrigen verhält man sich wie beim normalen Splash: Der Ball liegt nah beim linken Fuß; die Stellung und das Blatt sind geöffnet. Im Gegensatz zum normalen Splash wird der Schwungbogen ganz bewußt sehr eng gehalten. Das heißt, man schwingt zurück und dann, in Form eines großen U, durch und aus. Durch entsprechende Hand- und Gelenkbewegungen läßt man die Schlägersohle genau im Treffpunkt auf dem kompakten Sand auftreffen, und zwar wenn der Schlägerkopf die U-Basis durchläuft.

Das ist ein sehr komplizierter Schlag, der leicht mißlingen kann. Besonders häufig ist er zu beobachten nach dem berühmten 17. Loch von St. Andrews auf dem alten Weg mit seiner Oberfläche aus zusammengebackener Asche. Die Open-Rivalen versuchten dort auf diese Weise den Ball über die steile Wand aufs Grün zu katapultieren. Vielen gelang es, doch ebensoviele wünschten, sie hätten die Finger davon gelassen. Die Alternative wäre ein energischer Pitch, bei dem unmittelbar vor dem Ball Sand mitgenommen wird. Allerdings läuft der Ball dabei wahrscheinlich bis ans andere Ende des Grüns.

Fairway-Bunker

Spielt man aus einem Fairway-Bunker, braucht man einen kühlen Kopf und eine konstruktive Einstellung. Man darf nicht daran denken, vielleicht einen Schlag zu verlieren und deshalb eine Gewaltaktion riskieren. Will man durch besondere Länge seinen Score wieder ausgleichen, wählt man wahrscheinlich einen Schläger mit zu wenig Loft – und der Ball kommt nicht einmal über den Bunkerrand. Legt man aber zu viel Kraft in den Schlag, nimmt man jede Menge Sand vor dem Ball mit, so daß dieser an Länge verliert statt gewinnt. Und versucht man sogar, das noch weit entfernte Grün zu erreichen, dann gerät man vielleicht in eine weitere, weit schwierigere Situation.

Vorausgesetzt, der Ball liegt nicht unmittelbar vor der Bunkerwand und erfordert einen Schlag wie direkt vor dem Grün, dann wählt man einen Schläger, der über mehr Loft verfügt als nötig wäre, um den Ball gerade aus dem Bunker zu bekommen. Man nimmt den Punkt auf dem Fairway an, der für den nächsten Schlag in Richtung Fahne die besten Voraussetzungen bietet.

Der Ball liegt auf der Mittellinie zwischen den Füßen, die nur gerade so weit in den Sand gedrückt werden, daß man einen sicheren Stand hat. Es ist nicht nötig, sich tiefer »einzugraben«, da die Basis des Schwungbogens nicht unter dem Ball liegen muß. In dieser Situation ist es ratsam, den Griff gut zwei Zentimeter tiefer zu fassen. Das unterstützt die Gelenkbewegungen, wodurch der Ball sauber aus dem Sand geschlagen werden kann. Auf keinen Fall darf das Blatt vor dem Ball den Sand berühren.

Liegt der Ball in ziemlicher Entfernung zur Wand eines relativ flachen Bunkers, kann man es sogar mit einem Holz 5 versuchen, wobei man die oben beschriebenen Vorbereitungen berücksichtigt.

Um den Stand einzunehmen, sollte man einen Bunker immer von hinten und nie über die Vorderwand betreten. Fußabdrücke können einem Ball, der beim ersten Versuch nicht über den Bunkerrand hinausgekommen ist, zum Verhängnis werden. Vielleicht wird er dadurch sogar unspielbar. Und bevor man den Bunker verläßt, verwischt man seine Spuren mit dem Rechen – das gehört zur Golf-Etikette.

Schwierige Situationen meistern

In der Saison von 1983 gewann Nick Faldo fünf große europäische Turniere. Das entsprach dem Rekord des Briten Bernard Hunt. Doch dann wies die PGA darauf hin, daß einer der Siege von Hunt nur auf sechsunddreißig Löchern beruhte, »große Turniere« aber über zweiundsiebzig Löcher gespielt werden müßten.

Hunt hatte am Schluß der Saison von 1963, als er seinen Rekord aufstellte, erklärt, sich schon zu Beginn des Jahres vorgenommen zu haben, so risikolos wie möglich zu spielen. Was er auch tat und wofür er prompt belohnt wurde.

Es gibt viele Spieler, die sich im Nachhinein wünschen, sich ebenso verhalten zu haben. Denn viele Meisterschaften werden vor dem letzten Loch verloren, weil die Spieler zuviel Risiko eingehen. Besser wäre es, sich darüber vor dem Turnier klarzuwerden; denn wie schnell gerät man vom Regen in die Traufe, wenn man aus einer schlechten Lage zu viel wagt.

Natürlich gibt es Situationen, in denen man keine Wahl hat. Ist man beispielsweise im Matchplay eins down bei nur noch einem zu spielenden Loch, wobei man selbst im Baum hängt, während der Gegner bereits auf dem Grün angelangt ist, dann wird man jedes Risiko eingehen. Doch grundsätzlich ist es richtig, auf dem Fairway den günstigsten Punkt anzustreben, um mit dem nächsten Schlag dann auf das Grün zu kommen. Es ist überraschend zu beobachten, wie oft schon in solchen Fällen ein Spieler mit einem Pitch und einem Putt das Par doch noch »gerettet« hat.

Dichtes Gras und Heidekraut

Liegt der Ball im dichten Gras, braucht man einen Schläger mit starkem Loft. Es genügt nicht, sich mit dem Schläger zu begnügen, mit dem man den Ball vielleicht gerade herausbekommen würde. Der deutlich zum rechten Fuß plazierte Ball wird steil geschlagen, so daß ein sehr starker Loft nötig ist, ihn aus seiner Lage zu bringen.

Ein stärkerer Loft bedeutet einen schwereren Schlägerkopf und einen kürzeren Schaft. Sie unterstützen den steilen Schwungbogen, der notwendig ist, wenn unmittelbar vor dem Ball das Gras besonders dicht steht. Doch selbst beim geschicktesten Spieler wird sich zwischen Blatt und Ball Gras schieben. Bei einem gerade gestellten Schläger wäre das fatal, doch durch den Loft kommt die Vorderkante des Blattes unter den Ball, bevor sich der Dämpfeffekt des Grases auswirken kann.

Ist das Gras außerdem naß, muß der Schläger besonders fest gefaßt werden. In manchen Fällen wird der Schläger annähernd vertikal zu einem Chop zurückgenommen. Am besten wählt man dann einen Sand Wedge und entscheidet sich für die kürzeste Distanz zum Fairway. Sollte ein Ball in dieser Situation in Reichweite des Grüns liegen, darf man nicht vergessen, daß er ohne Backspin fliegt, also weit ausrollen wird. Doch es ist immer noch besser, der Ball rollt bis ans andere Ende des Grüns, als daß er, vom Graskissen gedämpft, im Rough liegenbleibt.

Spielt man aus dem Rough, wird zwischen Blatt und Ball immer ein Graskissen sein. Nimmt man aber einen Schläger mit starkem Loft entsprechend steil zurück, ist es kein Problem, auch in dieser Situation kraftvoll durchzuziehen.

Severiano Ballesteros bereitet sich darauf vor, den Ball aus dem Wasser zu schlagen.

163

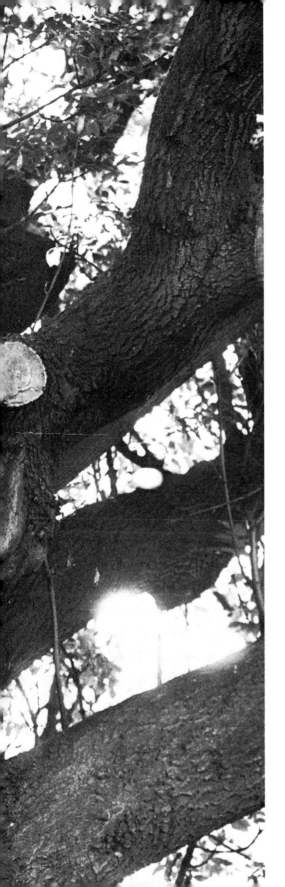

SCHWIERIGE SITUATIONEN MEISTERN

Geschieht es dennoch, steht man erneut vor demselben Problem – und diesmal vermutlich sehr demoralisiert.

Die zähe Struktur des Heidekrauts kann jedem Golfer gefährlich werden. Es schlingt sich um den Schlägerkopf und verdreht ihn. Nur besonders kräftige Spieler, die den Griff wie einen Schraubstock umklammern, können das Blatt zum Ziel hin ausgerichtet halten. Der Durchschnittsspieler dagegen muß sehr viel Loft einsetzen und das nächstgelegene, breite Fairway-Stück anvisieren.

Es ist rührend zu beobachten, daß manche Golfer ihre Tasche mit einem Heidekrautzweig schmücken, der ihnen Glück bringen soll – ausgerechnet jene Pflanze, die schon so vielen von ihnen beim Spiel zum Verhängnis wurde.

Bäume, Büsche und Ginster

Nach einem alten Spruch bestehen Bäume zu neunzig Prozent aus Luft. Golfer allerdings, die ihm vertraut haben, sind ganz anderer Ansicht. Ihrer Meinung nach sollte man Bäume behandeln, als würden sie zu hundert Prozent aus solidem Holz bestehen.

Dasselbe gilt auch für Buschwerk und Ginster. Es wäre völlig falsch, den Ball durch sie hindurchschlagen zu wollen, in der Hoffnung, das würde schon irgendwie gutgehen. Man kann unter Hindernissen hindurch, über sie hinweg oder um sie herum spielen – aber nie durch sie hindurch.

Über Hindernisse hinweg: Die Wahl des Schlägers hängt davon ab, wie hoch das Hindernis ist und wie weit der Ball davon entfernt liegt. Häufig kann ein relativ weit entferntes Hindernis, selbst wenn es auf direkter Linie zum Grün liegt, mit dem richtigen Schläger mühelos überwunden werden.

Probleme entstehen dann, wenn der Ball so nah am Hindernis liegt, daß man mit einem normalen Schwung nicht genug Höhe bekommt. Oder die Distanz ist so groß, daß der Pitching Wedge den Ball zwar hoch genug schlagen würde, aber nur das Eisen 7 die erforderliche Weite garantie-

Beim Benson & Hedges Turnier im August 1982 in Fulford, England, befand sich Bernhard Langer vor dem 17. Grün in dieser fast aussichtslosen Situation – und schlug den Ball aufs Grün.

ren könnte. In einem solchen Fall muß man den Loft-Effekt des längeren Schlägers vergrößern, das heißt, man öffnet beim Set-up leicht das Schlägerblatt. Dadurch wird der Ball nur ganz wenig nach rechts verzogen. Vor allem aber bekommt er mehr Loft, während das längere Eisen ihm darüber hinaus noch die erforderliche Länge gibt. Die Füße stehen relativ eng beisammen, sind aber auch leicht geöffnet. Der Ball liegt mehr zum linken Fuß hin. Auch die Schulterlinie muß leicht nach links geöffnet sein, während man den Griff weit oben faßt.

Bei diesem Schlag ist eine geschmeidige Handgelenkaktion die Voraussetzung zum Erfolg; die enge Stellung der Füße unterstützt das frühe Anwinkeln der Gelenke beim Rückschwung. Hier kann sogar das »Überschwingen« von Nutzen sein, weil sonst bei dem engen Stand der Füße die Gefahr besteht, daß sich die Schultern nicht ausreichend drehen. Ein voller Schwung aber ist die Voraussetzung für die gewünschte

Will man über ein Hindernis hinwegschlagen, stellt man die Füße enger zusammen und dreht den Körper von der Ziellinie weg nach links. Dadurch werden Hände und Handgelenke beim Schwung stärker ins Spiel gebracht, und der Ball steigt sehr hoch.

Spielt man unter einem Hindernis hervor, muß der Ball nah beim rechten Fuß liegen. Die Hände werden deutlich vor ihm geführt, so daß sich der Schlagwinkel verringert. Verharren die Hände während des Schwungs in dieser Position, fällt die Flugbahn flach aus. Nach dem Auftreffen wird der Ball relativ weit ausrollen.

Höhe; Durch- und Ausschwung müssen durch gute Beinarbeit unterstützt werden.

Die Schwungebene ist ziemlich steil – was sich schon beim Set-up andeutet. Es ist wichtig, immer daran zu denken, damit die Hände den Schlägerkopf beschleunigt und im richtigen Winkel unter und durch den Ball führen können. Je näher der Ball am Hindernis liegt, desto mehr Loft muß eingesetzt werden – und desto genauer muß man den Schwung dosieren. Um möglichst viel Höhe zu gewinnen, ist ein voller Schwung notwendig; Tempo und Kraft sind dabei nur von sekundärer Bedeutung.

Unter Hindernissen hindurch: Es ist erstaunlich, wie gut ein Ball steigt, den man eigentlich flach halten wollte. Selbst die gerade gestellten Schläger scheinen ihm so viel Auftrieb zu geben, daß er ausgerechnet den Ast trifft, dem man unbedingt ausweichen wollte. Um das zu verhindern, sollte man die Chip-and-run-Technik einsetzen, bei der die Hände vor dem Blatt geführt werden.

SCHWIERIGE SITUATIONEN MEISTERN

Sie ist auch bei aggressiven Schlägen von Nutzen, so daß der Ball, ist er erst einmal unter dem Hindernis hindurch, noch ein gutes Stück Richtung Grün rollen kann.

Hängen die Äste sehr nieder, verwendet man besser ein gerade gestelltes Blatt (4 oder 5 allerdings sind das Minimum), weil die vor dem Schlägerkopf geführten Hände den Loft verringern, so daß der Ball bei längeren Schlägern überhaupt nicht vom Boden abheben würde.

Das Blatt wird am Zielpunkt ausgerichtet, dann stellt man die Füße relativ weit auseinander, und zwar so, daß der Ball fast auf Höhe des rechten Fußes liegt.

Wie bei einem normalen Chip »lehnt« man den Schlägerschaft nach vorn, wobei das Blatt unbedingt square zur Ziellinie stehen muß. Die linke Hand umfaßt den Griff deutlich vor dem Ball.

Hält man den Rückschwung kurz, bekommt man ein besseres Gefühl für die für diesen Schlag notwendige Starrheit. Der linke Handrücken sollte leicht gewölbt sein und auch im Treffpunkt und während des kurzen Ausschwungs so bleiben.

Bei diesem Schlag kommt es vor allem darauf an, den Ball aus seiner ungünstigen Lage zu bringen – und weniger auf einen perfekten Schwung.

Das Umspielen von Hindernissen

Bäume können natürlich auch umspielt werden, doch auch das verlangt viel Erfahrung und großes Geschick, vor allem wenn der Ball dabei von links nach rechts kurven soll. Verglichen damit, ist ein absichtlich geschlagener Hook sehr viel einfacher. Das liegt nicht zuletzt daran, daß man dem Ball mit fast allen Schlägern (ausgenommen sind nur die fast gerade gestellten Hölzer und Eisen) Hookspin verleihen kann. Doch slicen läßt sich nur mit Schlägern mit weniger Loft.

Von links nach rechts: Die beste Voraussetzung für diesen Schlag ist eine feste Auflage. Eine Stelle fast ohne Gras ist deshalb durchaus akzeptabel. Schließlich will man bei diesem Schlag den Ball auf keinen Fall zu weit unterhalb der »Gürtellinie« treffen, denn nur wenn er weiter

Gespannt verfolgt Severiano Ballesteros den Ball, ob er aus dieser ungewöhnlichen Lage tatsächlich das Fairway erreicht.

oben geschlagen wird, bekommt er den gewünschten Seitwärtsdrall.
Deshalb sollte man auch keinen Schläger wählen, der einen stärkeren Loft als ein Eisen 5 hat; denn dadurch würde der Ball zu tief getroffen und mit Backspin versehen werden – dem »Antipoden« des Sidespin. Ein Schlag dieser Art kann, wie bereits erwähnt, in hohem Gras nur schwer gespielt werden. In einem solchen Fall schlägt man den Ball auf die nächstgelegene Fairway-Stelle, die die besten Voraussetzungen für den folgenden Schlag bietet.
Wie in dem Kapitel über Spin beschrieben, muß der Schlägerkopf dabei quer über den Ball geführt werden. Er wird aufgedreht, so daß der Ball zunächst deutlich nach links vom Hindernis abweicht, bevor er wieder aufs Grün einschwenkt. Ist die Distanz zum Grün kürzer als die Weite, die normalerweise mit dem gewählten Schläger erreicht wird (auch wenn man den Schlag schwächer dosiert), faßt man den Griff kürzer und reduziert Länge und Kraft des Schwungbogens. Auf keinen Fall sollte man einen Schläger mit stärkerem Loft nehmen.

Hooken von rechts nach links: Mit einem Hook einen Baum zu umgehen ist relativ leicht. Die einfachste Methode, die auch von vielen Experten – wie beispielsweise Greg Norman – angewandt wird, besteht darin, den Set-up für einen normalen geraden Schwung durchzuführen, wobei man lediglich einen Punkt rechts vom Ziel anvisiert. Dann schließt man das Blatt und schlägt den Ball wie gewohnt. Selbst ein nur wenig nach innen gedrehter Schlägerkopf kann dem Ball sehr starken Hookspin verleihen; das heißt, man darf das Eindrehen nicht übertreiben. Außerdem muß man daran denken, daß der Ball nach dem Auftreffen noch ziemlich weit ausrollen wird, was einkalkuliert werden muß. Es ist also sehr riskant, mit diesem Schlag direkt aufs Grün zu pitchen.

Und noch etwas darf man nicht vergessen: Ein nach innen gedrehtes Blatt verringert immer den Loft. Beispielsweise wird der Loft eines Eisens 8 – je nachdem, wie stark das Blatt geschlossen ist – nur noch die Wirkung des eines Eisens 7 oder 6 aufweisen. Ist man also nicht vorsichtig, bleibt der Ball am Boden.
Es gibt noch eine weitere Hook-Methode, die aber besonders große Geschicklichkeit erfordert und deshalb meist Spitzenspielern vorbehalten bleibt. Sie wird dann eingesetzt, wenn der Ball besonders scharf nach links einschwenken oder wenn er zunächst nieder unter einem Baum hervorkommen und erst dann Richtung Ziel drehen soll. Dabei muß nicht nur der Schlägerkopf nach innen gehalten werden, sondern die Hände führen ihn auf einer Schwungbahn »von innen nach außen« (s. Kapitel S. 113) und »rollen« ihn im Treffmoment über den Ball. Doch das sollte man nur versuchen, wenn der Ball sehr günstig liegt, sonst wird der Schlägerkopf durch den (notwendigen) flachen Schwung schon lange vor dem Treffpunkt von hohen Halmen oder Blättern behindert.

Das Spiel aus einem Hindernis heraus

Liegt der Ball in einem Wasserhindernis, sei es in einem »seitlichen« oder normalen (ersteres wird durch rote, zweites durch gelbe Pfähle markiert), kann man ihn spielen oder, unter Hinzurechnung eines Strafschlags, außerhalb fallen lassen. Die Alternativen sollte man sich dabei sehr genau überlegen. In manchen Fällen hat sich das Wasser auch so weit zurückgezogen, daß der Ball nur noch auf einem nassen Grasbüschel liegt und nicht mehr direkt in Schlamm oder Wasser. Er ist dadurch natürlich sehr viel besser spielbar. Was innerhalb des markierten Hindernisses liegt, darf weder berührt noch entfernt werden. Und genau wie im Bunker darf der Schläger beim Ansprechen den Untergrund nicht berühren. Das erschwert den Schlag, der zugleich mit größter Präzision durchgeführt werden muß. Durchschnittliche Spieler sollten deshalb einen Schläger mit kurzem Schaft und stärkerem Loft wählen, so daß sie beim Ansprechen gut über dem Ball stehen. Um überhaupt eine Chance zu haben, muß zumindest die Balloberseite aus dem Wasser ragen. Einen völlig untergetauchten Ball an der Unterseite zu treffen, würde bedeuten, daß der Schlägerkopf rund zehn Zentimeter davor eintauchen müßte, was im allgemeinen nur zu nassen Füßen führt.
Liegt der Ball allerdings auf einem Grasbüschel, das im Wasser steht, kann er aufgrund des relativ stabilen Untergrunds leichter geschlagen werden. Dasselbe gilt auch, wenn er auf Kies liegt; dann schlägt man ihn am besten mit einem »Bounce«.

SCHWIERIGE SITUATIONEN MEISTERN

Bevor man jedoch Schuhe und Socken auszieht, sollte man die Möglichkeiten genau gegeneinander abwägen.

Ist es wahrscheinlich, den Ball aus dieser Lage aufs Grün zu bekommen, dann lohnt sich ein Versuch in jedem Fall. Kann der Ball im günstigsten Fall nur einige Meter Fairway gewinnen, so daß man einschließlich dieses zweiten Schlags ein Par-Fünf-Loch mit dem dritten erreichen kann, könnte es das Risiko immer noch wert sein. Wenn man jedoch durch diesen Schlag dem nächsten nur ein paar Meter Länge erspart, sollte man die Finger davon lassen. Das heißt, man läßt den Ball lieber fallen und kassiert die Strafe. Damit erreicht man dasselbe – und das ohne jedes Risiko.

Andere Problemschläge

Die Hände von Top-Pros verfügen über die besondere Fähigkeit, den Ball aus ganz unterschiedlichen Winkeln schlagen zu können, je nach seiner augenblicklichen Lage. Im Gegensatz zum Durchschnittsspieler haben sie dadurch sehr viel bessere Chancen, aus dem Rough zurück auf das Fairway oder gar aufs Grün zu kommen.

Wenn die Lage des Balls problematisch ist und weniger das Hindernis direkt davor, kann nur die Vergrößerung oder Reduzierung des Schlagwinkels dafür sorgen, daß der Ball und nicht der Untergrund zuerst getroffen wird – die Voraussetzung für das Gelingen eines jeden schwierigen Schlags.

Herausgeschlagener Rasen (Divot): Die Golf-Etikette verlangt von jedem Spieler, daß er herausgeschlagene Rasenstücke wieder einfügt und festtritt. Trotzdem kann es immer wieder geschehen, daß man seinen Ball nach einem guten Schlag über das Fairway in einer solchen künstlichen Vertiefung findet (die allerdings auch durch Futter suchende Vögel verursacht worden sein kann). Da die Unterseite des Balls tiefer als die Bodenoberfläche liegt, muß der Schlägerkopf besonders steil in den Ab- und Durchschwung geführt werden. Durch den steilen Schwung aber verringert sich der Schlagwinkel, weshalb man einen Schläger mit besonders schräg gestelltem Blatt wählen muß.

Außerdem soll der Ball relativ nah an dem rechten Fuß liegen. Mit genau dosiertem Hand- und Gelenkeinsatz wird der Schlägerkopf steil nach oben und leicht nach außen geführt, bis man das Gefühl hat, er stünde direkt über dem Kopf.

Der Abschwung aus dieser Position bringt den Ball, auch mit einem relativ schräg gestellten Eisen, auf eine mehr oder weniger flache Flugbahn. Durch den starken Loft bekäme man normalerweise so gut wie keinen Slicespin. Doch weil der Ball in dieser Lage verhältnismäßig weit oben getroffen wird, bekommt er dennoch ein gewisses Maß an Seitwärtsdrall, der ihn nach rechts abdriften läßt.

Hochaufliegender Ball: Liegt der Ball auf den Zweigen einer Pflanze mehrere Zentimeter über dem festen Boden, muß der Rückschwung – verglichen mit der normalen Schwungebene – entsprechend flach gehalten werden. Genau wie bei seitlich hängenden Lagen, wenn der Spieler unter dem Ball steht, muß der Schlägerkopf so kontrolliert ausholen, daß er den »aufsitzenden« Ball sehr genau trifft. In dieser Situation muß man auch damit rechnen, daß der Ball gehookt wird.

Ist das Wasser tief, wird man höchstens naß.

Die Anpassung an Wetterverhältnisse

Früher wurden Golf-Wettbewerbe vom Wetter sehr viel stärker beeinflußt als heute. So gingen die Spieler in der Reihenfolge auf die Runde, in der sie »aus dem Hut gezogen wurden«. Es konnte also sein, daß ein Spieler den Platz mit einem gewinnversprechenden Score bereits verlassen hatte, bevor seine Rivalen zum ersten Abschlag gekommen waren – und das bei inzwischen völlig veränderten Wetterbedingungen. Das war beispielsweise so, als der Ire Fred Daly 1947 die British Open gewann. Wie es heißt, hatte er, nach einer Runde unter idealen Wetterbedingungen, gerade seinen letzten Putt eingelocht, als ein heftig auffrischender Wind plötzlich die Fahnen über dem Clubhaus horizontal stellte. Und so blieben sie den ganzen Tag, während der Rest des Feldes noch über den ganzen Platz verstreut war. Nur so konnte Daly seinen Sieg mit nach Hause tragen.

Das könnte heute kaum noch geschehen; denn seit zwei Jahren werden bei jedem Zählwettspiel oder Turnier die Spieler mit den niedersten Scores zusammen ausgelost. Dabei geht man davon aus, daß der Sieger aus einer der zuletzt spielenden Gruppe kommen wird und ungefähr gleich starke Spieler auch unter gleichen Wetterbedingungen, ob gut oder schlecht, ihre Runde machen müssen.

So gab es 1983 bei der British Open in Royal Birkdale sehr viel Aufregung, als der Australier Graham Marsh, der eine gute Stunde vor der früheren Gruppe seine Runde begonnen hatte, plötzlich mit einem phänomenalen Score aufwartete. Denn als ihm beim langen 17. Loch ein Birdie gelang, wurde die Brise plötzlich stärker, und die Fahnen rund um das berühmte 18. Loch stellten sich in den Wind. Marsh gab später zu, daß er glaubte, den Sieg schon in der Tasche zu haben, vor allem nachdem es ihm gelungen war, das letzte Loch in vier Schlägen zu schaffen, so daß er mit einem phantastischen Score von 64

Auf manche scheint immer die Sonne, auch wenn es regnet. Hier gelingt es Tony Johnstone aus Zimbabwe, mit einem Chip einzulochen.

den Platz verlassen konnte. Doch unglücklicherweise schlief die Brise genauso schnell wieder ein – während die Zuschauer Marsh noch heftig bejubelten. Mit dem abgeflauten Wind aber schwand auch rasch die Hoffnung auf einen Sieg des Australiers.

Starker Wind

Unter allen Elementen, die dem Golfer beim Spiel gefährlich werden können, ist starker Wind das schlimmste. Das gilt vor allem auf Plätzen in Küstennähe. Abgesehen davon, daß hier Bäume, Hügel oder Gebäude nur selten Schutz bieten, muß auch immer mit dem Gezeitenwechsel gerechnet werden.

Auf Links ist normalerweise die Hälfte der Löcher in einer Richtung entlang der Küste angeordnet, und die andere Hälfte verläuft dann entgegengesetzt. Daher auch der Golfer-Ausdruck von neun jeweils »out« oder »in« zu spielenden Löchern. So kann es sein, daß man nicht nur die ersten neun Löcher gegen eine Brise spielen muß, sondern auch die zweite Hälfte, weil sich mit dem Gezeitenwechsel der Wind gedreht hat.

Aber auch auf Inlandplätzen mit geschützten Fairways und hohen Bäumen kann der Ball plötzlich vom Wind hochgerissen werden. Schlägt man ihm zum Beispiel im Windschatten eines dichten Wäldchens ab, so daß er zunächst geradeaus fliegt, weicht er abrupt vom Kurs ab, wenn er über die Bäume hinaussteigt.

Es gibt für den Golfer eigentlich keinen günstigen Wind, obwohl viele meinen, einen Drive besser mit Rückenwind schlagen zu können, weil dieser den Sidespin verringern und den Ball weiter über das Fairway tragen würde. Andere spielen gern mit einem von rechts nach links über das Fairway blasenden Wind, der ihnen beim Set-up also ins Gesicht weht. Angeblich unterstützt er die Schulterdrehung – im Gegensatz zu einem Wind, der von hinten oder über die linke Schulter kommt. Vielleicht sind solche Winde beim Abschlag vom Tee tatsächlich für manche hilfreich. Aber beim zweiten Schlag stellen sich unweigerlich Probleme ein. Rückenwind erschwert es beispielsweise, den Ball auf dem Grün rechtzeitig anhalten zu lassen; und Wind von rechts gibt dem Ball Hookspin, so daß er ebenfalls länger ausrollt.

Es gibt einige Spitzenspieler, die sich im Lauf der Jahre den Ruf erworben haben, bei Wind besonders gut zu spielen.

Die meisten von ihnen sind relativ klein. Nun neigen kleinere Spieler dazu, ihre Schwungebene verhältnismäßig flach zu halten, was dem Ball zwar etwas Hookspin gibt, ihn aber zugleich auf einer flachen Flugbahn hält. Der berühmte *Scottish flat swing* (Schottische flache Schwung) hat schließlich seinen Ursprung in der Notwendigkeit, auf den ständig durch Wind gefährdeten Links den Ball möglichst nieder zu halten.

Einer der besten »Wind-Spieler« aller Zeiten war der Australier Peter Thomson. Seine flache Schwungtechnik brachte ihm nicht weniger als fünf Siege bei der British Open ein. Auch Arnold Palmer, der große Amerikaner mit seiner Vorliebe für die britischen Links, nahm den Schläger relativ flach zurück und erreichte mit seinen niederen Drives phantastische Längen.

Abgesehen von der angepaßten Schwungtechnik, müssen die Möglichkeiten und Gefahren bei Wind ganz nüchtern durchkalkuliert werden. Es gibt eine Zeit, in der man mit dem Wind schlägt, und eine Zeit, in der man gegen ihn kämpft – beziehungsweise eine Zeit für den fein dosierten Schlag und eine für den kraftvoll geschlagenen. Selbst ein durchschnittlicher Golfer wird sich unter stürmischen Bedingungen achtbar halten, wenn er weiß, ob man den Ball mit Slicespin gegen den Wind schlägt oder ob man besser »off line« spielt und den Ball durch den Wind zum Ziel zurücktragen läßt.

Mit kühlem Kopf und ruhiger Hand meistert man jede Krise, vor allem wenn man weiß, daß sich der Rest des Feldes mit denselben Widrigkeiten herumschlagen muß und allgemein höhere Scores zu erwarten sind.

Die folgenden Ratschläge sind für windige Tage. Sie sollten sorgfältig studiert und gut im Gedächtnis behalten werden, damit sie jederzeit, auch unter Druck, abrufbar sind. Vergessen wir die frühere Vorstellung, daß ein kräftig geschlagener Ball vom Wind nicht beeinträchtigt werden kann. Vielleicht galt das für den alten Ball mit 1,62 Inches. Die größeren Bälle von heute werden auf jeden Fall vom Wind beeinflußt, was bereits beim Set-up einkalkuliert werden muß.

Wie wichtig das ist, läßt sich bei den Großen beobachten: Selbst an scheinbar windstillen Tagen sieht man Turnierstars Grashalme in die Luft werfen, um die Windrichtung zu bestimmen. Und wenn sogar die Schläge von Spitzenspielern durch leichten Wind beeinflußt werden können, dann erst recht die Bälle des durchschnittlichen Golfers.

Rückenwind: Tee-Abschläge

Viele Spieler fühlen sich sicherer, wenn der Wind direkt von hinten kommt, weil der Ball dann weiter fliegt. Wenn man jedoch den Drive forciert und dadurch gleichzeitig den Schlagwinkel verringert, verliert man den durch den Wind gebotenen Vorteil. Man muß den Ball relativ hoch schlagen, damit der Wind seinen Flug unterstützen kann – je mehr Loft man ihm gibt, desto besser.

Das erreicht man zum Beispiel durch ein höheres Tee oder indem man etwas weiter hinter dem Ball Aufstellung nimmt. Manche Spieler wählen für ihren Drive sogar ein Holz 3. Das kann durchaus richtig sein, weil der Ball durch den zusätzlichen Backspin den Rückenwind besser nutzen kann. Darüber hinaus ist der Spieler durch den bewußt eingesetzten Backspin in der Lage, den Schlag sehr viel besser zu kontrollieren.

Bei sehr starkem Wind können viele der Hindernisse, also Gräben, Bäche und Fairway-Bunker, in Drive-Reichweite kommen, was man vor dem Abschlag genau berechnen sollte. Man muß dazu natürlich die Entfernung zum Hindernis – sei es aus Erfahrung oder mit Hilfe einer Entfernungskarte – genau kennen. Und man muß wissen, wie weit der Abschlag unter normalen Bedingungen gehen würde, um relativ genau abschätzen zu können, wie weit der Wind ihn verlängern wird.

Bei Dogleg-Löchern (Löcher, deren Bahn nicht gerade verläuft, sondern nach links oder rechts abbiegt), bei denen das Fairway genau an dem Punkt, an dem ein normaler Drive landen würde, nach rechts oder links abknickt, kann der Ball mit sehr starkem Rückenwind im Rough oder in den Bäumen jenseits des Knicks landen. In diesen Fällen sollte man bei der Schlägerauswahl vorsichtig sein und vielleicht sogar mit einem Eisen vom Tee abschlagen.

Rückenwind: Tee-Abschläge bei kurzen Löchern

Bei relativ starkem Rückenwind würde man normalerweise einen Schläger mit stärkerem Loft wählen, um den Wind zu einem weiten, geraden Schlag ausnützen zu können. Doch wenn beispielsweise der Greenkeeper die Fahne direkt hinter einem Bunker postiert hat, der das Grün »bewacht«, kann das problematisch werden. Einen solchen Schlag darf man auf keinen Fall überhasten. Es ist ratsam, die sich bietenden Möglichkeiten genau zu überlegen.

Zuerst sollte man an das Tee denken. Obwohl es keine allgemein gültige Regel ist, soll man bei Rückenwind auf keinen Fall ohne Tee abschlagen. Vielmehr steckt man den Stift so ein, daß der Ball knapp 1,3 Zentimeter über dem Boden aufliegt (normalerweise liegt er nur halb so hoch). Durch das hohe Auftéen aber ist es möglich, den Ball im Stand weiter vorn zu plazieren, so daß der Schwung bedächtig geführt werden kann.

Der Ball wird höher und langsamer fliegen, wodurch er auch sanfter im Puttbereich, in der Nähe von Bunker und Fahne, aufkommt. Da man bei Rückenwind aggressivere Schläge nicht mit ausreichend Backspin versehen kann, um sie relativ früh zum Anhalten zu bringen, müssen die Bälle sanft landen.

Außerdem sollte man sich überlegen, ob man unter diesen Umständen wirklich aufs Grün zielen soll; denn ein Ball, der sanft im »Wachbunker« niedergeht, provoziert in jedem Fall einen riskanten Folgeschlag. Abgesehen davon, daß der Ball fest im Sand stecken kann, hat man nur wenig Platz auf dem Grün, wo er auftreffen könnte. Die Kombination von Explosionsschlag und Rückenwind kann ihn bis weit ans andere Ende des Grüns fliegen lassen – oder sogar darüber hinaus.

Es ist also vernünftiger, sich gar nicht erst über den Greenkeeper zu ärgern, sondern gleich auf das Herz des Grüns zu zielen und sich auf einen längeren Putt zurück zum Loch einzustellen. Das ist keineswegs destruktiv gedacht, denn der besonnene und ausgeglichene Spieler wird sich gerade auch bei starkem Wind besser behaupten. Ein weiterer Vorteil dieser Taktik liegt darin, daß der Putt gegen den Wind erfolgt, so daß man energischer schlagen kann.

Rückenwind: zweite Schläge

Besonders gefährlich sind die zweiten Schläge, vor allem bei Par-5-Löchern, wenn man nach einem besonders langen Drive in Versuchung kommt, sofort das Grün anzuspielen. Benutzt man dazu ein besonders gerade gestelltes Holz, bringt das keineswegs den erhofften Erfolg, sondern macht den Schlag nur besonders riskant. Besser ist, Loft und Spin von Holz 3 oder 4 zu einem sicheren und genauen Schlag einzusetzen. Liegt der Ball fest auf dem Boden auf, kann ihn die Sohle des Schlägers nicht unterhalb der »Gürtellinie« treffen. Man kann zwar dadurch etwas Sidespin, aber keinen Backspin erzielen. Nimmt man dagegen ein Holz 4 mit seinem 20-Grad-Loft und der schweren Messingsohle, kommt man deutlich unter die Ball-Gürtellinie und verleiht dem Ball kräftigen Backspin. Die zweiten Schläge mit Eisen spielt man am besten mit dem Ball im Stand etwas nach vorn plaziert, wobei die Füße leicht zusammengerückt werden. Dabei winkelt sich das Handgelenk früher an, und man bekommt ein besseres Gefühl für den Schlag. Außerdem fliegt der Ball gemächlicher und höher, so daß er auch sanfter auf dem Grün aufkommt. Natürlich kann man je nach den Umständen auch einen Schläger mit mehr Loft verwenden.

Rückenwind: kurze Schläge

Ist man erst einmal innerhalb der Reichweite eines vollen Schlags, muß man beim Spiel aufs Grün und bei Rückenwind ganz besonders vorsichtig sein, weil selbst die Schläger mit stärkerem Loft den Ball nur mit sehr wenig Backspin fliegen lassen. Damit der Ball tatsächlich auf dem Grün landet, muß er aus möglichst großer Höhe und so langsam und sanft wie möglich auftreffen. Das ist nicht so schwierig, wie es klingt. Wählt man einen dafür geeigneten modernen Schläger in Kombination mit der richtigen Technik, können solche Schläge sogar Spaß machen. Vor allem braucht man einen sehr starken Loft, so daß man nicht zögern sollte, selbst auf Gras den Sand Wedge zu verwenden, sofern der Ball hoch genug aufliegt. Liegt er zu fest auf, besteht die Gefahr, daß die dicke Sohle, mit der manche Sand Wedges ausgestattet sind, vor dem Ball in den Boden schlägt. In diesem Fall nimmt man

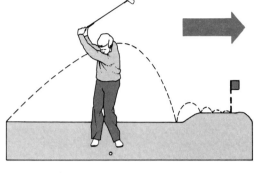

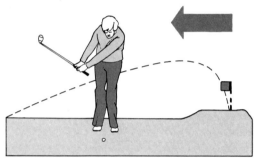

Das Spiel auf ein mehrstufiges Grün kann durch Stärke und Richtung des Windes entscheidend beeinflußt werden. Schlägt man einen hohen Ball mit dem Wind (oben), muß man versuchen, den Ball kurz zu halten und ausrollen zu lassen, weil der Wind dem Backspin des Balls entgegenwirkt. Spielt man aber gegen starken Wind an (unten), ist ein kraftvoller, niederer Pitch ratsam, weil der Ball stark steigen und dann abrupt zurückfallen wird.

besser den Pitching Wedge und schlägt mit leicht geöffnetem Blatt, um den Loft entsprechend zu verstärken.

Der Ball liegt im Stand relativ weit vorn, so daß sich die Schultern öffnen und der Schwung leicht von außen nach innen verläuft, was den Loft noch verstärkt. Die Füße stehen ziemlich nah zusammen, wodurch die Handgelenke beim Rückschwung stärker angewinkelt werden und Hände, Gelenke und Schlägerkopf beim Durchschwung im Treffpunkt zurückschnappen, um den Ball, wie beabsichtigt, durch die Luft »segeln« zu lassen.

Gegenwind: Tee-Abschläge

Gegen starken Wind anzuspielen ist zweifellos nicht einfach. Sehr leicht erliegt man der Versu-

ANPASSUNG AN WETTERVERHÄLTNISSE

chung, zu hart zu schlagen. Doch wenn man den Schwungbogen enger hält, verringert man weiter den an sich kleinen Schlagwinkel, so daß der Ball leicht »in den Boden« geschlagen werden kann. Man muß also entspannt bleiben und den Ball nicht zu hart schlagen.

Eine andere Möglichkeit besteht darin, den Ball im Stand weiter zurückzunehmen, die Hände aber deutlich vor ihm zu lassen. Auf diese Weise kann die Wirkung des Lofts reduziert werden. Andererseits aber besteht dann die Gefahr, daß der Ball mit dem oberen Teil der Schlagfläche getroffen wird und wie ein »Ballon« in den Himmel steigt.

Viele Spieler behaupten, mit den früheren Drivern (die nur einen Neigungswinkel von sechs Grad hatten) und den kleineren Bällen sei es leichter gewesen, gegen starken Wind anzuspielen. Vielleicht stimmt das sogar, allerdings spielte man damals auch allgemein mehr »aus dem Handgelenk«, was einen großen Prozentsatz der Spieler zu unfreiwilligen Slicern machte. Spielten sie gegen den Wind, so slicten sie den Ball enorm weit von der Ziellinie weg. Heute hat der Driver unter Umständen mehr als den doppelten Loft, und der Ball ist größer und folglich windanfälliger. Aber gerade diese beiden Faktoren führten zu einer erheblichen Verbesserung der Schwungtechnik, so daß das unbeabsichtigte Slicen lange nicht mehr das Problem ist, das es einmal war.

Muß man einen Drive gegen starken Wind von vorn schlagen, wird man unweigerlich Weite einbüßen. Würde man beispielsweise an ruhigen Tagen ein bestimmtes Grün mit zwei langen Schlägen erreichen, muß man in dieser Situation akzeptieren, daß es nur mit drei zu schaffen ist. Das heißt, aus dem Par-1- wird ein Par-5-Loch. Vielleicht liegt aber das folgende Par-5-Loch in entgegengesetzter Richtung – dann kann man es – quasi als Ausgleich – heute mit nur zwei Schlägen erreichen.

Für den Schlag gegen starken Wind von vorn faßt man den Driver ungefähr 2,5 Zentimeter kürzer. Dadurch verringert man sein Schwunggewicht und entlastet die Handgelenke, so daß sie sich weniger ruckartig anwinkeln. Das wiederum hindert den Schlägerkopf daran, sich im Treffpunkt zu heftig zu überrollen, wodurch der Ball weniger Spin bekommt. Nur so kann man vermeiden, daß der Ball zu steil ansteigt und noch mehr Länge verliert.

Es ist durchaus zulässig, den Ball im Stand etwas weiter zurückzunehmen. Dadurch schließt sich die Schulterlinie, und die Schwungbahn des Schlägerkopfes verläuft leicht von innen nach außen. Das ergibt den von vielen Top-Spielern in dieser Situation bevorzugten »Draw Flight«, durch den der Ball nach dem Auftreffen noch ein Stück weiterrollt.

Auf keinen Fall darf der Ball zu weit vorn aufgeteet sein, denn das führt zum genau entgegengesetzten Effekt. Die Schultern öffnen sich nach links, und damit entsteht eine Schwungbahn von »außen nach innen«, wodurch der Ball geslict wird und gegen den Wind beträchtlich an Länge verliert.

Gegenwind: Tee-Abschläge bei kurzen Löchern

Es ist immer vernünftig, wenn man gegen starken Wind bei kurzen Löchern einen stärkeren Schläger wählt und in die Mitte des Grüns zielt. Selbst bei den gelungensten Schlägen mit dem Eisen wird der Ball relativ steil ansteigen und

Bei einem Drive gegen den Wind kommt man leicht in Versuchung, zu hart zu schlagen. Jeder Schwungfehler aber wird damit verstärkt. Man nimmt deshalb einen weiten Stand ein, wobei der Ball leicht zurückgenommen und der Griff kürzer gefaßt wird. Bei starkem Wind von vorn ist ein kontrollierter Schlag besonders wichtig.

ANPASSUNG AN WETTERVERHÄLTNISSE

dann fast vertikal herabfallen. Trifft er auf dem Grün auf, ist das kein Problem, fällt er aber in einen Bunker, gräbt er sich unweigerlich tief ein. Es bleibt jedem Spieler selbst überlassen, ob er ein Tee verwenden will; ein Durchschnittsspieler allerdings sollte nicht darauf verzichten. Erfahrene Spieler sieht man häufig direkt vom Boden abschlagen, weil sie vom festen Untergrund aus entschlossener und sicherer schlagen können.

Das birgt allerdings auch Gefahren, da der Boden rund um das Tee sehr viel kompakter ist als auf dem Fairway. So kann es bei diesem Schlag auch sehr guten Spielern passieren, daß ihr Schwung ein wenig aus dem Gleichgewicht gerät und sie vor dem Ball Bekanntschaft mit dem Boden machen, was höchst unschöne Folgen hat.

Turnierspieler drücken mitunter auch den Schlägerkopf leicht hinter dem Ball in den Boden, so daß er sich etwas hochwölbt. Der Ball liegt so höher und kann wieder sehr kraftvoll geschlagen werden – während gleichzeitig das Risiko verringert wird, vor ihm in den Boden zu schlagen.

Je nachdem, wie stark der Wind ist, sollte man einen Schläger wählen, der über einen drei bis vier Nummern geringeren Loft verfügt als der, den man an ruhigen Tagen einsetzen würde. Auch hier faßt man den Griff kürzer, um die Handgelenkaktion zu begrenzen. Dadurch wird der Ball mit einem energischen Schwung »getrieben«, der in einem kurzen, entschiedenen Finish endet. Dabei muß das Blatt immer »square« zum Ziel ausgerichtet sein.

Das nennt man einen »Dreiviertelschlag«. Er scheint sich vielleicht recht harmlos anzuhören, aber der Schlag kann nur mit viel Erfahrung gelingen. Denn allzu häufig dreht sich die rechte Schulter in den Schwung hinein, wenn sie »spürt«, daß Hände und Handgelenke ihm zu wenig Kraft verleihen.

Gegenwind: zweite Schläge

Einen Driver für einen Schlag vom Boden weg zu benutzen, ist selten empfehlenswert. Top-Pros, die es manchmal tun, reservieren diesen Schlag für besonders gute Lagen und ruhige Tage. Nur mit sehr viel Erfahrung und Geschick kann man den Schlägerkopf so führen, daß der Ball die beabsichtigte Flugkurve nimmt. Das aber ist so gut wie aussichtslos, wenn der Wind die eigene Balance und die des Balls gefährdet. Mit einem Holz 3 und ähnlichen Anpassungen wie beim Abschlag vom Tee, bei dem der Ball etwas zurückgenommen wird und die Hände den Schläger kürzer fassen, erreicht man die bestmögliche Weite – und mit der sollte man sich zufriedengeben. Versucht man den Schlag zu forcieren, kommt der Schwung aus dem Gleichgewicht, wobei sich die Fehler unter dem Einfluß des Windes verstärken, weil der Sidespin weitgehend verlorengeht.

Der zweite Schlag wird am besten mit dem gleichen Schläger gespielt, den man beim Abschlag vom Tee benutzt hat; gleichzeitig sollte man dieselben Anpassungen berücksichtigen.

Auch jetzt tut man gut daran, nie einen vollen Schlag zu riskieren. Wie zuvor faßt man den Schläger kürzer, um das Handgelenk zu stabilisieren und den Schwung kürzer zu gestalten.

Für einen kurzen Schlag gegen den Wind nimmt man ein relativ gerade gestelltes Eisen, verkürzt den Schwung auf ungefähr drei Viertel seiner üblichen Länge und achtet darauf, daß die Hände im Treffpunkt deutlich vor dem Blatt sind. Wegen des Backspins sollte man versuchen, den Ball auf einen Punkt jenseits der Fahne zu schlagen.

Gegenwind: kurze Schläge

Viele der zweiten Schläge landen bei diesen Wetterbedingungen vor dem Grün, so daß man während einer Runde immer wieder Pitches gegen den Wind schlagen muß. Genau und sicher gespielt, lassen sie den Ball bis zur Fahne fliegen. Dieser Schlag wird kraftvoll gespielt und verleiht somit dem Ball den entsprechenden Backspin. Ob man mit einem Eisen 8 oder 9 über fünfzig Meter schlägt oder mit dem Wedge nur zwanzig oder dreißig – immer erzielt man mit einem kurzen Schwung bessere Ergebnisse. Der Ball liegt im Stand ziemlich weit zurück, und auch hier faßt man den Schläger kürzer, so daß die Hände während des gesamten Schwungs deutlich vor dem Ball bleiben.

Seitenwind von rechts

Für Rechtshänder ist das wahrscheinlich der »günstigste« Wind, und das nicht nur mit dem Driver vom Tee, sondern auch mit den Fairway-Hölzern. Je nach Windstärke visiert man einen Punkt rechts vom Ziel an und schwingt voll und locker durch, um maximale Länge zu erreichen. Der Wind von rechts unterstützt die volle Schulterdrehung, und der Ball fliegt mit Hookspin davon. Dieser läßt ihn nach einiger Zeit in die Windrichtung einschwenken, so daß er noch zusätzlich an Länge gewinnt. Außerdem rollt er nach dem Auftreffen noch aus.

Die eigentlichen Probleme bei diesem Wind stellen sich bei Schlägen mit dem Eisen aufs Grün ein, gleichgültig ob sie vom Tee oder vom Fairway aus gespielt werden. Denn der Hookspin, der sonst bei Hölzern von Vorteil ist, wird jetzt riskant, wenn der Ball das Grün erreicht, weil er nicht rechtzeitig liegenbleibt. Das wird vor allem dann kritisch, wenn das Grün rechter Hand von einem Bunker »bewacht« wird, so daß man den Ball auch nicht kurz davor auftreffen lassen kann.

Spieler vom Kaliber eines Lee Trevino zielen einen solchen Schlag fast direkt auf die Fahne und geben dem Ball mit einem der Situation angepaßten Schläger leichten Cutspin. Ein solcher Schlag verliert an Kraft, doch der Sidespin neutralisiert den von rechts nach links wehenden Wind, so daß der Ball auf ziemlich gerader Bahn sicher in Fahnennähe landet.

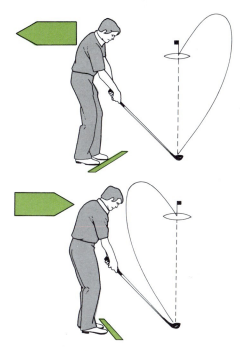

Beim Driven darf man dem von rechts oder links kommenden Wind keine Chance lassen, sondern muß ganz entschieden gegen ihn anspielen. Auf diese Weise wird der Ball in der zweiten Flugphase vom Wind zum Ziel getragen.

Der durchschnittliche Golfer, der die Vorteile des Spins noch nicht absichtlich nutzen kann, hat drei Alternativen. Entweder wählt er einen schwereren Schläger, der den Ball sicher über den Bunker hinwegbringt, dafür aber vielleicht bis ans andere Ende des Grüns rollen läßt, oder er entscheidet sich bei einer größeren Distanz für einen Schlag bis kurz vors Grün, um dann mit einem Chip über den Bunker hinweg die Fahne anzuspielen. Drittens kann er mit einem der Situation angepaßten Schläger den Ball direkt nach rechts gegen den Wind *pushen* (stoßen), wobei der Ball im Stand weiter zurückgenommen wird. Auf keinen Fall dürfen die Handgelenke im Treffpunkt »überrollen«, weil sonst zuviel Hookspin entsteht.

Das Öffnen des normalen Blattes läßt den Ball nicht automatisch gegen den Wind rotieren, wie viele glauben, sondern treibt ihn nur etwas mehr in die Höhe, wobei er an Länge verliert.

Seitenwind von links

Hier stellt sich das Problem umgekehrt, weil die Hölzer stärker in Mitleidenschaft gezogen werden. Außerdem drückt der Wind den Rücken des Spielers nach vorn, so daß die Schulterdrehung behindert wird. Die Schwungbahn wird steiler, und es besteht die Gefahr, mit der Schlägerferse den Ball in den Boden zu schlagen. Enges Schwingen und Slicen treten immer zusammen auf – und dann wartet ein starker Wind darauf, auch noch den kleinsten Fehler zu verstärken.

Sehr gute Spieler, darunter auch viele Pros, bevorzugen unter diesen Bedingungen ein Holz 3, das genügend Loft hat, um einen engeren Schwung zu »überstehen«. Im übrigen passen sie ihren Griff entsprechend an und drehen die Schlagfläche leicht nach innen. Das geht wiederum nur, weil dieser Schläger über mehr Loft verfügt als der Driver. Nur so können sie dem Ball leichten Hookspin geben, der dem Wind entgegenwirkt. Dieselbe Technik hat sich auch bei Schlägen mit den Hölzern vom Fairway aus bewährt. Wer lieber mit dem Driver vom Tee abschlägt, muß immer nach links zielen und darauf hoffen, daß der Wind den Ball wieder auf den Fairway zurückträgt. Auf keinen Fall darf man versuchen, mit so geringem Loft den Ball gegen den Wind zu hooken.

Schläge mit dem Eisen sind in diesem Fall einfacher, weil das nach innen gedrehte Blatt dem Ball Hookspin verleiht und ihn höher treibt als Hölzer bei Wind von rechts. Vor allem erfahrene Spieler ziehen es vor, nicht nach links zu schlagen und sich auf den Wind zu verlassen, sondern direkt die Fahne anzuvisieren und dafür den Griff so anzupasssen, daß das Blatt entsprechend nach innen dreht. Eine minimale Drehung reicht schon aus, relativ starkem Wind entgegenzuwirken und den Ball gerade aufs Ziel zufliegen zu lassen.

Wind rund um das Grün

Aus welcher Richtung der Wind auch kommt – je niedriger der Ball bei kurzen Schlägen gehalten wird, desto besser. Man sollte also angehobene Pitches soweit wie möglich vermeiden und lieber Chip-and-run-Schläge einsetzen. Auf Links eignet sich der kompakte auf Sand basierende Boden besonders gut für Chips, weil der Ball gleichmäßiger aufkommt. Natürlich muß man bei den für diesen Untergrund charakteristischen Höhlen und Hügeln einkalkulieren können, in welcher Richtung der Ball nach dem Auftreffen springt. Doch wenn man das Gelände richtig »liest«, zahlt es sich aus.

Auf Inlandplätzen mit weicherem Untergrund ist es nicht immer leicht zu beurteilen, ob ein Chip, der, wie beabsichtigt, kurz vor dem Grün aufkommt, nach vorn ausrollt oder zu früh liegenbleibt. Oft ist es richtig, auf diesen Plätzen den niederen Chip mit einem stärkeren Loft zu spielen. Das läßt den Ball zwar etwas höher steigen, aber dann landet er erst dort auf dem Grün, wo das Ausrollen mit dem Backspin genau kontrolliert werden kann. Das erfordert allerdings viel Erfahrung. Beispiele dafür liefern die Spitzenspieler, die ihren niederen Chip genau auf diese Weise schlagen.

Auch beim Putten muß man die Windeinwirkung genau abschätzen. Ein starker Seitenwind kann die Wirkung des Anspielwinkels größtenteils aufheben – oder aber bis aufs Doppelte und mehr verstärken, wenn er aus derselben Richtung weht, in der der Ball angehalten hat.

Das Putten gegen den Wind ist relativ einfach, vor allem wenn es noch bergauf geht. Der umgekehrte Fall kann zum Alptraum werden. Auf einem schnellen Grün mit Rückenwind bergab zu putten dürfte einer der riskantesten Schläge überhaupt sein.

Regen

Begeisterte Golfer behaupten zwar, auf dem Golfplatz gäbe es keinen Regen. Leider stimmt das nicht. Nicht wenige Turniere mußten abgebrochen werden, weil die Grüns überflutet waren. Bei wichtigen Wettbewerben werden die Platzverhältnisse sehr genau überwacht, und sobald ein Grün so unter Wasser steht, daß das Putten praktisch nicht mehr möglich ist, ertönt eine Sirene, und das Spiel auf dieser Bahn wird unterbrochen. Hört es auf zu regnen, entfernen die Platzwarte mit Spezialrechen und -walzen das Wasser an der Oberfläche, so daß das Spiel fortgesetzt werden kann.

Solange der Regen die Grüns nicht überflutet hat, muß der Wettbewerb weitergehen. Sich unterzustellen, ist nicht erlaubt, es sei denn bei Freundschaftsspielen. Erst wenn Blitzgefahr droht, darf sich, wer will, in Sicherheit bringen. Wird man die ganze Runde von Regen begleitet, kann das leicht entmutigen. Denn wie gut man im Augenblick auch spielen mag, es werden einem immer wieder Fehler unterlaufen. Aber man muß versuchen, trotz aller Frustrationen sein Bestes zu geben.

Ein bißchen hilft es schon, wenn man leichte und wasserdichte Kleidung trägt, die den Schwung nicht behindert. Vor allem sollte man nicht nur einen, sondern mehrere Ersatzhandschuhe bei sich haben, um das durchweichte Exemplar gegen ein trockenes austauschen zu können. Sonst kann es passieren, daß der Schlägergriff durch die Finger rutscht und der Schlag mißlingt. Sofern man Brillenträger ist, sollte man auch eine Schirmmütze aufsetzen, da man sonst stark in der Sicht behindert ist, vor allem wenn noch Wind mit ins Spiel kommt. Ganz wichtig ist außerdem, Schuhe mit ausreichend langen Spikes zu tragen und Schläger mit Griffen zu verwenden, die guten Halt bieten.

Loft ist bei Regen der Schlüssel zum Erfolg. Abgesehen vom Tee-Abschlag, bei dem man den Ball abtrocknen kann, bevor man ihn auf den leicht erhöhten Stift legt, wird man alle Schläge mit nassem Ball spielen müssen. Und oft liegt dieser auch noch in nassem, verfilztem Gras.

Es wäre nicht klug, einen nassen Ball mit einem Schläger ohne ausreichenden Loft spielen zu wollen – gleichgültig, ob es sich um ein Holz oder ein Eisen handelt. Der Schlägerkopf wird wahrscheinlich nur über den Untergrund schlittern und den Ball über der »Gürtellinie« treffen, so daß er nicht abhebt.

Steht man in einer Entfernung vom Grün, bei der man normalerweise ein sehr langes Eisen (etwa 2 oder 3) verwenden würde, nimmt man bei Regen besser ein Holz 4 oder 5. Sie ermöglichen, den Ball um einiges tiefer zu treffen. Selbst wenn man mit einem der Hölzer zuerst den feuchten Untergrund berührt, pflügen sie sich mit ihrer schwereren flachen Sohle ihren Weg Richtung Ball und treffen ihn noch deutlich unterhalb der »Gürtellinie«.

An anderen Stellen des Fairway, von denen aus man im allgemeinen ein mittleres oder kurzes Eisen verwenden würde, plaziert man den Ball im Stand zwei bis drei Zentimeter weiter hinten, damit das Blatt ihn unbedingt vor dem Boden trifft. Tut man das nicht, wird man bei nassem, schwerem Boden nichts anderes erreichen als ein Riesenstück herausgeschlagenen Rasens und einen unkontrolliert durch die Luft taumelnden Ball.

Liegt der Ball im nassen Rough, so muß man damit rechnen, daß es sowohl ihn wie auch den Schlägerkopf festhalten wird. Es wäre also viel zu riskant, unter diesen Bedingungen einen langen Schlag zu versuchen. Es ist sehr viel besser, einen schwereren Schläger mit stärkerem Loft zu wählen und den Ball auf sicherer Route so weit wie eben möglich auf das Fairway zu schlagen. Sofern es überhaupt etwas gibt, was während des Spiels für schweren Regen spricht, so sind es die langsameren Grüns, die es ermöglichen, aus ihrer unmittelbaren Nähe entschlossen und direkt in Richtung Fahne zu schlagen. Selbst wenn man nur wenige Meter vom Grün entfernt ist, muß man ziemlich aggressive Chips und Pitches spielen, um in Lochnähe zu kommen.

Wer an trockenen Tagen niedere Annäherungs-Chips mit einem Eisen 5 oder 6 spielt, sollte bei heftigem Regen zu 7 oder 8 greifen, die bei derselben Schwungtechnik den Ball weit weniger ausrollen lassen.

Man braucht weder aus Regenpfützen zu spielen noch von so durchweichten Stellen, bei denen das Körpergewicht das Wasser hervorquellen läßt. Die Regeln sprechen in diesem Fall von »zeitweiligem Wasser«, und wann immer diese Situation gegeben ist, darf der Spieler »Erleichterung« in Anspruch nehmen. Auch auf dem Grün braucht man nicht durch stark aufgeweichtes Gelände zu putten, auch wenn der Ball nicht darin liegt. Man darf den Ball so plazieren, daß er auf der nächsten trockenen Route Richtung Loch rollen kann. Allerdings muß er aus genau derselben Entfernung geschlagen werden.

Die Spielregeln

Der große Erfolg des Golfsports beruht nicht zuletzt auf dem Handicap-System, das es auch einem durchschnittlichen Clubspieler ermöglicht, gegen jemand von der Klasse eines Severiano Ballesteros oder Jack Nicklaus anzutreten. Wer zumindest so gut spielt, daß er nach Abzug seines Handicaps das Platz-Par erreicht, der ist selbst für Spitzenspieler als Gegner akzeptabel. Ein Tennis-Match gegen John McEnroe wäre für einen Durchschnittsspieler immer eine »Hinrichtung«, gleichgültig, wie groß die Vorgabe wäre. Und wie würde wohl ein Fußballspiel von elf fünfzigjährigen Veteranen gegen den augenblicklichen F.C. Liverpool aussehen? Im Golf dagegen ist es ohne weiteres möglich, daß Amateure gegen Pros unter Wettbewerbsbedingungen antreten.

Der Anfänger bekommt sein Handicap durch ein autorisiertes Komitee seines Clubs zugeteilt. Er muß auf einem offiziell anerkannten Platz drei Runden bestreiten und die von einem ordentlichen Clubmitglied überprüften und unterschriebenen Scorekarten vorlegen. Anhand des Durchschnittsergebnisses dieser drei Karten wird dann sein Handicap errechnet. Zieht man es von der tatsächlichen Schlagzahl pro Platzrunde ab, ergibt das das Platz-Par. Für die Herren gilt beim Handicap eine Obergrenze von 28, bei den Damen von 36.

Über viele Jahre hinweg wurde das Handicap eines jeden Clubmitglieds durch ein Komitee des Clubs überwacht und immer wieder neu eingestuft. Das geschah zum Beispiel nach einer besonders guten Platzrunde oder aufgrund des allgemeinen Eindrucks, nach dem der Spieler einen neuen Standard erreicht hatte; das heißt, sein Handicap wurde herabgesetzt. Es gibt eine nicht geringe Zahl von Spielern, die bei einem Zählwettspiel so nervös sind, daß sie die Leistungen aus anderen Wettkämpfen einfach nicht bringen. Würde man sie nach ihrem Zählspiel-Standard einstufen, ergäbe das ein völlig ungerechtfertigtes Handicap.

Beim Match um den PGA-Cup 1983 in Muirfield spielten die beiden britischen Pros Jim Farmer und Martin Gray als Foursome-Partner gegen die USA – und siegten.

Im Zeitalter der Computer hat man nach australischem Vorbild ein neues Bewertungssystem eingeführt. Heute ist es nicht mehr möglich, an einem Wettbewerb teilzunehmen, unterdurchschnittlich zu spielen und das Ergebnis nicht eintragen zu lassen. Wer heute ein Ergebnis nicht eintragen läßt, wird mit 0,1 Punkten belastet. Je nach Handicap-Kategorie wird dann sein persönliches Handicap entsprechend heraufgesetzt. Ergebnisse, die unter dem für einen Spieler festgesetzten Handicap liegen, werden nach demselben System registriert und haben dementsprechend eine Herabsetzung des Handicaps zur Folge. In Großbritannien gibt es dabei noch eine Sonderregelung: Während der Wintersaison können Handicaps nach einer sehr guten Leistung herabgesetzt werden; schlechte Leistungen dagegen werden nicht berücksichtigt.

Handicap-Kategorien: Für die Herren gelten die folgenden Kategorien:

Kategorie 1: *5* oder weniger
Kategorie 2: 6 bis *12*
Kategorie 3: *13* bis *20*
Kategorie 4: *21* bis *28*

Liegt der Score eines Spielers bei einem Wettbewerb über seinem Handicap oder »vergißt« er, sein Ergebnis eintragen zu lassen, wird ihm ein Zehntelpunkt hinzugerechnet, gleichgültig, in welcher Kategorie er spielt. Ist sein Ergebnis besser als das festgesetzte Handicap, erfolgt die Reduzierung in Relation zur Kategorie: Spieler der Kategorie 1 bekommen pro Schlag einen Zehntelpunkt abgezogen; Spieler der Kategorie 2 zwei Zehntel; der Kategorie 3 drei Zehntel und der Kategorie 4 vier Zehntel.

Sind fünf Zehntel erreicht, wird das Handicap des betreffenden Spielers um einen Punkt hinauf- oder herabgesetzt. Diese Regelung gilt in Deutschland sowohl für Herren wie für Damen.

Handicap-Regeln für Damen in Großbritannien: Dieses von der Ladies Golf Union ausgearbeitete System mag auf den ersten Blick sehr komplex erscheinen, spricht aber nicht gegen sein gutes Funktionieren. Während eines Jahres muß die Spielerin die Ergebnisse von vier Run-

SPIELREGELN

den auf Plätzen eintragen lassen, deren Standard Scratch Score (oder SSS [s. auch S. 184]) nicht weniger als 60 zählt. Gelingt ihr das, kommt sie mit einem 36iger Handicap in die »Bronze Division«. Diese zerfällt in zwei Abteilungen: von 36 bis 30 und von 29 bis 19.

Jede Spielerin wird nach ihrem besten Ergebnis eingestuft. Liegt dieses um 36 Schläge über dem SSS, ist ihr Handicap – 36. Liegt es zwischen 30 und 36, errechnet sich ihr Handicap aus der Differenz zwischen »Brutto-Score« und SSS. Ist ihr bestes Ergebnis beispielsweise 107 bei einem SSS von 74, dann wird das Handicap auf 33 festgesetzt.

Erreicht eine Spielerin einen Score, der ihr Handicap unter 30 bringen würde, wird der Durchschnitt ihrer beiden besten Scores genommen. Ist er über 29, bekommt sie ein Handicap von 30. Hat eine Spielerin dann ein Handicap zwischen 29 und 19 erreicht, wird sie aufgrund ihrer beiden besten Scores eingestuft, gleichgültig, ob sie auf einem oder zwei Plätzen erzielt wurden.

Die »Silver Division« ist mit einem Handicap von 18 erreicht und wird in 18 bis 4, 3 oder 3 und darunter aufgeteilt. Erzielt eine Spielerin der »Bronze Division« zwei Scores mit einem Durchschnitt von 18 oder darunter, bekommt sie ein Handicap von – 18, bis sie vier Scores mit durchschnittlich 18 oder weniger eintragen lassen kann.

Ab einem Handicap von 18 bis 4 wird man nach dem Durchschnitt der vier besten Scores auf beliebigen Plätzen eingestuft. Auch hier wird wie zuvor der SSS von den Scores abgezogen, dann werden die Summen addiert und durch vier geteilt. Sofern eine Spielerin in der »Silver Division« vier Scores aufweisen kann, deren Durchschnitt 3¼ oder weniger beträgt, bekommt sie ein Handicap von – 3 zugesprochen, bis sie sechs Scores nachweisen kann, wovon drei auf verschiedenen Plätzen erzielt sein müssen.

Bei einem Handicap von 3 und darunter müssen sechs Scores nachgewiesen werden, von denen nur einer auf dem eigenen Clubplatz erzielt worden sein darf. Die beiden besten der Auswärts-Scores werden mit den vier besten Scores auf anderen Plätzen kombiniert, deren SSS (Standard Scratch Score) nicht weniger als 70 zählen darf. Dann wird der Durchschnitt der vier schlechtesten Scores genommen.

Spielformen und Handicap-Regeln

Es gibt zwei grundsätzliche Spielvarianten im Golf – das ursprüngliche Matchplay oder Lochspiel und das Strokeplay oder Zählspiel.

Lochspiel: Auf Clubebene ist das die beliebteste Variante. Sie kann von zwei Spielern auf Loch-zu-Loch-Basis gegeneinander gespielt werden, bis einer mehr Löcher gewonnen hat als noch zu spielen sind. Matchplay kann aber auch von Zweierteams (Foursomes) gespielt werden, wobei die Partner abwechselnd einen Ball spielen; der eine macht jeweils die Tee-Abschläge bei den ungeraden, der andere bei den geraden Löchern.

Vierball-Lochspiel oder Bestball ist wahrscheinlich die populärste Variante für Zweierteams. Jeder Spieler schlägt seinen eigenen Ball, und der Score des besten Ergebnisses pro Loch wird gegen den der Gegner aufgerechnet. Gewinner ist das Team, das mehr Löcher »gewonnen« hat.

Die Handicap-Regeln sind dabei jeweils wie folgt:

Singles-Lochspiel: Der Spieler mit dem niedrigeren Handicap gibt drei Viertel der Differenz zwischen seinem und dem Handicap des Gegners.

Foursomes-Lochspiel: Drei Achtel der Differenz der kombinierten Handicaps zwischen dem Paar mit der niederen und dem mit dem höheren Handicap wird gegeben.

Vierball-Lochspiel: Alle Handicaps über dem des Spielers mit dem niedersten erhalten drei Viertel der Differenz zwischen sich und diesem Spieler.

Zählspiel: Hier werden alle Löcher ausgespielt, und die Summe, gleichgültig ob das Handicap bei jedem Loch oder erst nach Beendigung der Runde abgezogen wurde, ist das Netto-Ergebnis. Beim Singles-Zählspiel absolvieren die beiden Gegner eine Platzrunde, wobei jeder die Zählkarte des andern führt. Die Handicaps werden erst abgezogen, nachdem jeder alle Löcher gespielt hat. Foursomes wird auf dieselbe Weise gezählt; die beiden Partner schlagen abwechselnd und führen die Karte ihrer Rivalen. Wieder schlägt der eine des Teams bei den ungeraden, der andere bei den geraden Löchern ab.

Hier gelten folgende Handicap-Regeln:

Singles-Zählspiel: Das gesamte Handicap wird vom Endergebnis abgezogen.

SPIELREGELN

Foursomes-Zählspiel: die Hälfte des kombinierten Handicaps.

Greensomes, eine andere populäre Variante des Golfs, ist eine Mischung aus Vierball und Singles. Dabei schlägt jeder Spieler der beiden Zweierteams bei jedem Abschlag ab. Danach kann das Team entscheiden, welcher Ball abwechselnd ins nächste Loch gespielt werden soll. Der zweite Schlag wird von dem Spieler ausgeführt, gegen dessen Ball sich das Team entschieden hat.

Greensome-Zählspiel: Zwei Fünftel des höheren Handicap werden zu den drei Fünfteln des niederen addiert.

Greensome-Lochspiel: Drei Viertel der Differenz

Die Scorekarte muß unmittelbar nach Verlassen des 18. Grüns überprüft werden, wie es hier Sandy Lyle während der British Open von 1981 in Royal St. Georges, Sandwich, tut.

SPIELREGELN

zwischen dem niedrigeren und dem höheren Handicap werden gegeben.

Stableford Bogey: Diese Wettbewerbsvariante ist sehr beliebt, weil sie weniger Zeit erfordert. Wird eine bestimmte Schlagzahl bei einem Loch überschritten, wird der Ball aus dem Spiel genommen. Gezählt wird nach einem System, bei dem es zwei Punkte gibt, wenn ein Loch mit Brutto-Par gespielt wird. (Handicaps werden Loch für Loch abgezogen). Eins unter Par ergibt drei Punkte und so weiter. Eins über Par bringt einen Punkt, jedes schlechtere Ergebnis bleibt punktlos.

Man kann Stableford als Singles, Foursomes, Vierball oder sogar Greensomes spielen, obwohl letzteres höchst selten ist.

Die Handicap-Regel:

Singles: Sieben Achtel des Handicaps werden gegeben.

Foursomes: Sieben Sechzehntel der kombinierten Handicaps werden gegeben.

Stableford Bogey hat seinen Ursprung in dem älteren Bogey, einer Form des Matchplay gegen die Karte. Damals repräsentierte »Bogey« noch die Zahl der Schläge, in der ein Loch je nach seiner Schwierigkeit normalerweise gespielt wurde. Heute hat das Wort die amerikanische Bedeutung von »eins über Par« angenommen.

Bogey, das man noch immer gegen das Par eines Lochs spielen kann, ist eine ziemlich unfaire Golfvariante. Denn wenn ein Spieler beispielsweise bei einem vertrackten Par-4-Grün mit mehr als 366 Meter auch nur einen Schlag mehr braucht, muß er auf seiner Bogey-Karte den Verlust des Lochs vermerken. Sein Rivale verliert vielleicht beim selben Loch sehr viel mehr Schläge und gibt dann auf – mit demselben Ergebnis. Gelingt auf der anderen Seite einem Spieler ein brillanter Eagle (ein in zwei Schlägen unter Par gespieltes Loch), bringt ihm das nach Stableford vier Punkte, bei Bogey nur den Gewinn des Lochs. Und nicht weniger gewinnt auch sein Gegner mit einem sehr viel einfacheren Birdie.

Bei Bogey-Wettspielen werden drei Viertel des Handicaps gegeben.

Texas Scramble: Vor allem vor großen Pro-Turnieren wird diese Variante in den letzten Jahren immer häufiger gespielt. Dabei schlagen vier oder gar fünf Spieler für jedes Loch ab. Dann machen alle Spieler von dem Punkt aus, an dem der beste Drive aufgetroffen ist, ihren zweiten Schlag; und dasselbe gilt für den dritten und die möglichen weiteren Schläge. So ist es möglich, daß der schlechteste Spieler den entscheidenden Putt einlocht und das Match gewinnt.

Dabei gibt es keine offizielle Handicap-Regel; häufig wird aber ein Zehntel der kombinierten Handicaps des gesamten Teams abgezogen.

Par

Golfplätze verfügen entweder über 18 oder 9 Löcher. Im zweiten Fall werden diese zweimal gespielt, wobei die Abschläge der zweiten Runde häufig von anderen Tees erfolgen. Die 18 Löcher eines großen Platzes sind in zwei Hälften unterteilt, genannt »Outward-« beziehungsweise »Inward Nines«, in den USA auch »Front« und »Back Sides«.

Der ideale Golfplatz hat ein Par von 72, das sich aus zehn Par-4-Löchern, vier Par-5-Löchern und vier Par-3-Löchern zusammensetzt, wobei die unterschiedlichen Par auf die beiden Hälften gleichmäßig verteilt sind.

Par-3-Löcher sind solche bis zu 228 Meter; sie können von einem guten Spieler mit einem Schlag erreicht werden. Von dieser Distanz bis zu 434 Meter – in den USA 430 Meter – braucht man zumindest zwei Schläge, um das Grün zu erreichen, was also Par 4 ergibt. Darüber hinaus spricht man von Par 5, doch es gibt auch (über die Welt verstreut) einige Par-6-Löcher. Bei jedem Par sind zwei Schläge zum Einlochen mitgezählt.

Standard Scratch Score (SSS)

Es gab Fälle, bei denen aufgrund der besonderen Schwierigkeiten ein längeres Par-4-Loch zum Par-5-Loch erklärt wurde. Heute kann das nicht mehr geschehen, obwohl der Schwierigkeitsgrad auch bei der Aufstellung des Standard Scratch Score maßgebend war.

Damit sollen Ungleichheiten zwischen einem Platz, dessen Par-4-Löcher meist nicht länger als 274 Meter sind, und einem anderen, bei dem sie alle über 366 Meter lang sind, ausgeglichen werden. Das gilt vor allem für Meisterschaftsplätze, denn auch dort haben die Löcher dieselben Pars. Das Standard-Scratch-Score-System funktioniert wie folgt: Dem zuständigen Golf-Verband wird eine Einstufung des Platzes vorgelegt, die die gesamte Länge aller 18 oder der zweimal 9 Löcher angibt. Diese Einschätzung orientiert sich an der folgenden Tabelle:

Gesamtdistanz in Meter	SSS-Einstufung
6202–6584	74
6219–6401	73
6036–6218	72
5853–6035	71
5670–5852	70
5442–5669	69
5213–5441	68
4948–5212	67
4756–4983	66
4573–4755	65
4390–4572	64
4207–4389	63
4042–4206	62
3841–4023	61
3659–3840	60

Der Verband veranlaßt, daß, nach Erhalt dieser Einstufung, der Platz, dessen Anlage und Schwierigkeitsgrad begutachtet wird. Beispielsweise wird geprüft, ob das Terrain trocken ist, so daß der Ball besser rollt, oder ob es feucht oder sumpfig ist, wodurch die Tee-Abschläge Länge einbüßen. Natürlich wird auch die Lage der Bunker, Wasserhindernisse und Aus-Bereiche nach ihrem Schwierigkeitsgrad geprüft und ob der Platz waldgesäumt ist oder exponiert liegt. Besondere Berücksichtigung erfahren dabei normalerweise Links in Küstennähe, die den Großteil des Jahres heftigen Winden ausgesetzt sind, der SSS aber für jede Jahreszeit und alle Wetterbedingungen gilt.

Nach Abwägen all dieser Details kann es sein, daß die vorgelegte eigene Einstufung nach oben oder nach unten geändert wird. So ergibt sich international eine einheitliche Grundlage für die Handicaps aller Spieler, die sich nicht mehr nur an dem Par eines Platzes, sondern an seinen tatsächlichen Schwierigkeiten orientiert.

Schlag-Index

Beim Festlegen des Schlag-Indexes für jedes Loch eines Platzes (der dann auf der Zählkarte ausgedruckt wird) wird am besten das schwierigste Par-4-Loch als Schlag eins genommen. Schlag zwei würde dann beim nächst schwierigen Loch gezählt, das möglichst (nicht unbedingt) in der anderen Platzhälfte liegen sollte. Die übrigen Löcher werden dann entsprechend ihrem Schwierigkeitsgrad ausgezeichnet.

Seltsamerweise werden Par-5-Löcher, obwohl sie die längsten sind, nicht als die schwierigsten betrachtet. Tatsächlich ist es bei ihnen für gute Spieler verhältnismäßig leicht, Par zu erreichen. Turnier-Pros, die alle mit Vorgabe (Handicap) 0 (scratch) spielen, bevorzugen deshalb die langen Löcher, die ihnen nicht selten Gelegenheit geben, ein Birdie zu erzielen.

Hat man bei Matches die Handicap-Differenz errechnet, wobei ein halber Punkt oder mehr einen zusätzlichen Schlag erfordert, kann an jedem Loch mit dem entsprechenden oder niedrigeren Index ein Schlag zusätzlich gespielt werden.

Bezeichnungen der Spielergebnisse

Die bei einem Loch zu erzielenden Ergebnisse werden wie folgt bezeichnet:

Par: wenn die für ein bestimmtes Loch festgelegte Anzahl von Schlägen eingehalten wird.

Birdie: ein in einem Schlag unter Par gespieltes Loch.

Eagle: ein in zwei Schlägen unter Par gespieltes Loch.

Albatross: ein in drei Schlägen unter Par gespieltes Loch.

Im allgemeinen kann das nur bei einem Par-5-Loch geschehen, wenn der Spieler mit dem zweiten Schlag bereits einlocht. Bei einem Par-4-Loch müßte man mit dem ersten Schlag einlochen.

Bogey: bezeichnete den Schwierigkeitsgrad eines Lochs. Zum Beispiel sprach man anstatt von einem Par-4 von einem Bogey-5. Heute hat sich jedoch die amerikanische Bedeutung durchgesetzt, nach der Bogey ein in einem Schlag über Par gespieltes Loch ist; ein Doppel-Bogey ist dementsprechend ein in zwei Schlägen über Par gespieltes Loch und so weiter.

Spielstrategie

Es liegt auf der Hand, daß bei Loch- und Zählspielen ganz unterschiedliche Strategien erforderlich sind; schließlich wird ersteres, wie der Name sagt, von Loch zu Loch gewertet, während das zweite auf dem Gesamtergebnis der 18 Löcher beruht. Viele Spieler sind der Ansicht, daß man am besten so wenig wie möglich auf den Gegner achtet und gegen das Par des Platzes spielt. Das ist ihrer Meinung nach die beste Methode, dem andern bei einem guten Schlag keinen psychologischen Vorteil einzuräumen.

Das mag bei manchen Spielern durchaus funktionieren, dennoch ist es besser, beim Lochspiel gegen den Mann und beim Zählspiel gegen den Platz zu spielen. Wenn der Gegner zum Beispiel bei einem besonders tückischen Drive ins Aus schlägt, tut man gut daran, den Driver zur Seite zu legen und einen Schläger zu wählen, der anstelle von Länge sichere Kontrolle und Präzision ermöglicht.

Auch wenn der Ball des Gegners in einen tiefen Bunker fällt, der das Grün abschirmt, ist es auf jeden Fall angebracht, den eigenen Ball auf einen vom Loch weiter entfernten, dafür aber sicheren Teil des Grüns zu schlagen, statt dem Gegner einfach zu folgen.

Sieht man sich mit einem riskanten Putt hangabwärts konfrontiert und braucht nur noch zwei Schläge, um das Loch zu gewinnen, legt man den Ball mit dem ersten Schlag natürlich so nahe wie möglich ans Loch, um ihn mit einem kurzen zweiten Putt sicher einzulochen. Hat man aber nur die Chance, mit diesem komplizierten Putt das Loch zu halbieren oder ganz zu verlieren, muß man den direkten Angriff wagen. Beim Zählspiel sollte man ein solches Risiko nie eingehen.

Ist aber der Gegner mit zwei Schlägen bereits auf dem Grün, hat es keinen Sinn, den Ball mit dem zweiten Schlag kurz vors Grün zu legen, weil dort ein gefährliches Hindernis droht.

Lochspiel

Eine gute Strategie orientiert sich daran, welcher

Gary Player, einer der härtesten Kämpfer in der Geschichte des Lochspiels.

Spieler bei einem bestimmten Loch zuerst schlägt und nach dem Spielstand in diesem Moment. Der zuerst Schlagende sollte die bestmögliche Entscheidung fällen und dann ruhig abwarten, wie sein Gegner darauf reagiert. Ist man mit mehreren Löchern im Vorteil, kann man ab und zu ein Risiko eingehen; zu kühn sollte man allerdings nie werden.

Hat der Gegner einen guten Schlag angebracht, sollte man sofort darauf »antworten«. Hat er dagegen Pech gehabt, muß man die Gelegenheit nützen und zuerst gut überlegen, welche Chancen ihm noch bleiben, bevor man selbst sein Glück versucht. Reagiert man selbst mit einem Fehler, wird sich seine Enttäuschung rasch in Genugtuung verwandeln.

Es gibt eine ganze Reihe sehr guter Golfer, die bei Zählspielen konstant gut abschneiden (obwohl das als die schwierigste Wettbewerbsform angesehen wird), bei Lochspielen dagegen häufig versagen. Meistens haben sie Gegner, denen sie sich beim Kampf Mann gegen Mann hoffnungslos ausgeliefert fühlen, so daß sie einfach nicht ihre gewohnte Form finden. Das beruht nicht zuletzt darauf, daß man mit einer völlig anderen Einstellung gegen einen Einzelgegner antritt als gegen ein ganzes Feld von Rivalen, von denen viele noch gar nicht auf dem Platz sind, während man selbst schon spielt. Es ist erstaunlich, wie oft sich die alte Golferweisheit »zwei vorn und fünf zu spielen gewinnt nie« bewahrheitet. Häufig versucht man damit auch den Gegner zu täuschen – vor allem, wenn man selbst zwei Löcher zurückliegt. Gewinnt man das nächste Loch, kann man das Selbstvertrauen des andern beachtlich erschüttern; denn vielleicht wiederholt sich die Geschichte tatsächlich. Beim Lochspiel darf man nie aufgeben, bevor die Partie wirklich zu Ende ist. Ein Beispiel dafür ist das bei der World Match Play 1965 in Wentworth ausgetragene heldenhafte Duell zwischen Gary Player und dem inzwischen verstorbenen Tony Lema. Bei dem 36-Löcher-Match verlor Gary Player gleich wieder das erste Loch der zweiten Runde und lag damit insgesamt um nicht weniger als sieben zurück, und das bei

SPIELSTRATEGIE

Der berühmte Chip, mit dem Severiano Ballesteros beim World Match Play 1983 gegen Arnold Palmer den Gleichstand erreichte. Dieses »55-Meter-Wunder« erzwang die Verlängerung, in der Ballesteros siegte.

noch siebzehn zu spielenden Löchern. Er gab nicht auf und siegte. Beim selben Ereignis im Jahr 1983 lag Arnold Palmer mit zwei Löchern bei zwei noch zu spielenden vor dem sehr viel jüngeren Severiano Ballesteros. Dem Spanier gelang beim 17. Loch mit einem Pitch und Putt ein Birdie, so daß das Match weiterging. Beim 18., einem Par-5-Loch, lag Palmer mit nur zwei Schlägen keine sechs Meter von der Fahne, während Ballesteros in fünfundfünfzig Meter Entfernung im Rough stand. Inzwischen weiß man, daß er ein Spieler ist, der nie aufgibt. Und so gelang ihm ein brillanter Chip-and-run-Schlag, der den Ball zu einem Eagle 3 einlochte. Palmer gelang es nicht, mit dem nächsten Schlag das Spiel für sich zu entscheiden, und er verlor das Match nach »Verlängerung«.

Zählspiel

Im Gegensatz zum Lochspiel, bei dem eine schlechte Entscheidung beziehungsweise ein unkontrollierter Schlag »nur« ein Loch kosten können, fällt beim Zählspiel jeder Schlag stärker

ins Gewicht, da er zum Gesamtergebnis addiert wird. Je nachdem wie groß der Fehler ist, sind ein oder gar mehrere Schläge erforderlich, um ihn zu korrigieren. Das kann das Selbstvertrauen des Spielers erheblich untergraben.
Beim Zählspiel muß also jeder Schlag mit noch größerer Genauigkeit geplant und gespielt werden. Dabei kommt es entscheidend darauf an, die eigenen Grenzen zu kennen und einzuhalten.
So manche Runde wurde deshalb verloren, weil ein Spieler einen Schlag versuchte, bei dem er von vornherein kaum eine Chance hatte. So setzt man vielleicht ein Holz ein, um den Ball aus dichtem Rough zu schlagen – und drückt ihn dabei nur noch fester in den Boden. Auf diese Weise hat man nicht nur einen Schlag vergeben, sondern die Situation für den nächsten noch verschlechtert.
Man braucht sich nur nach einem Wettbewerb im Umkleideraum all die herzzerreissenden Geschichten anzuhören, die mit »hätte ich nur« beginnen. Vor dem Schlag gilt es, ruhig und besonnen die Chancen und Risiken abzuschätzen – nicht erst danach.
Selbst am Höhepunkt eines Turniers sprechen gute Spieler von ihrem »Spielplan«, in dem sie sich eine ganz bestimmte Strategie für den betreffenden Platz zurechtgelegt haben. So werden sie bei bestimmten Löchern versuchen, ein Birdie zu erzielen, vor allem natürlich bei Par-5-Löchern, die sie bei ihrem Können in zwei Schlägen erreichen. Andere Löcher dagegen sind so tückisch, daß selbst Spitzenspieler vor ihnen Respekt haben. Sie spielen deshalb lieber zuerst einen Annäherungsschlag ins Zentrum des Grüns oder auf eine andere sichere Lage und geben sich mit einem Par zufrieden. Und sie wissen auch genau, bei welchem Dogleg es möglich ist, über das Rough hinweg abzukürzen, oder wo man besser auf dem Fairway bleibt, weil man sonst vielleicht doch noch einen zweiten Schlag benötigt, und zwar aus einer sehr viel ungünstigeren Lage.

Vom Tee zum Grün

Stellen wir uns ein fingiertes Loch vor mit allen nur denkbaren Gefahren und Hindernissen, um daran zu lernen, wie man sie meistert.
Das Tee: Der Abschlagplatz wird nach vorn durch zwei Markierungen begrenzt und hat eine Tiefe von zwei Schlägerlängen. Innerhalb dieses Rechtecks kann der Ball von jeder Stelle abgeschlagen werden. Der Spieler darf auch außerhalb stehen.
Das ist wichtig, denn falls links davon ein Aus oder gefährliche Hindernisse wie Büsche oder ein Flußlauf drohen, stellt man sich als erfahrener Spieler so nahe wie möglich an die Gefahrenzone, um den Ball sicher von da wegschlagen zu können. Nur unerfahrene Spieler versuchen, soviel Abstand wie möglich zwischen sich und die Hindernisse zu bringen, aber gerade dadurch wächst das Risiko, daß der Ball vom Tee aus in ihre Richtung geschlagen wird.
Beim Spielen eines kurzen Lochs ist die Entfernung für ein Holz 5 zu kurz, für ein Holz 6 dagegen zu lang. Stellt man sich aber im Abschlagplatz weiter hinten auf, reicht plötzlich die Entfernung aus, um den stärkeren Schläger zu wählen. Das kann auch an einem verregneten Tag günstig sein, wenn man erst dann auf den Platz kommt, wenn der Boden bereits von den anderen Spielern strapaziert ist. Durch den stärkeren Schläger werden die wenigen zuerst verlorenen Meter am anderen Ende der Flugbahn leicht wieder wettgemacht.
Der Abschlag: Man sollte nicht automatisch zum Driver greifen, wenn es darum geht, die mittleren bis langen Löcher zu spielen. Manchmal kann es durchaus angebracht sein, ein Fairway-Holz oder sogar ein Eisen zu nehmen, sofern man nicht vergißt, das Tee etwas tiefer in den Boden zu stecken. Der größere Loft der Fairway-Hölzer gibt dem Ball Backspin und läßt ihn sicherer und direkter fliegen. Außerdem verleiht der kürzere Schaft mehr Selbstvertrauen.
Bei Rückenwind kann ein mit einem Holz 3 geschlagener Ball fast genausoweit fliegen wie ein mit einem Driver gespielter. Dadurch daß der Ball höher steigt, wird er vom Wind getragen und beschleunigt. Weht ein starker Wind von links nach rechts über das Fairway, ist dieses Holz auf jeden Fall zu empfehlen. Für einen rechtshändigen Spieler ist diese Windrichtung besonders gefährlich, weil sie die volle Schulterdrehung behindert. Außerdem erzeugt der unzureichende Loft des Drivers, in Kombination mit der schwachen Schulterdrehung, nicht selten Slicespin. Diese Gefahr kann mit einem

Bevollmächtigte testen vor den US Masters auf dem Augusta National Course die »Schnelligkeit« des Grüns mit dem Stimpmeter, um danach die Fahne für eines der Löcher zu postieren.

Holz 3 und seinem starken Loft leicht vermieden werden.

Wenn den Golfplatz-Architekten durch das zur Verfügung stehende Terrain gewisse Beschränkungen auferlegt sind, verfallen sie häufig auf die Idee, besonders kurze Par-4-Löcher anzulegen und rund um die Stelle, wo der Ball nach dem Abschlag wahrscheinlich auftreffen wird, Hindernisse zu massieren. Weitere Gefahren drohen natürlich dann unmittelbar vor dem Grün. Von der Distanz her wäre es kein Problem, ein solches Loch mit zwei Schlägen zu erreichen. Doch oft empfiehlt es sich, vom Tee mit einem langen Eisen abzuschlagen, da es durch seinen stärkeren Loft dem Ball Backspin verleiht. So wird der Ball besser kontrolliert und trifft sicherer vor den Hindernissen auf. Natürlich muß dann mit dem zweiten Schlag Terrain gewonnen werden. Durch einen kraftvollen Schlag mit einem Eisen 9 aber, der den Ball auf dem Grün rechtzeitig anhalten läßt, gewinnt man mehr Sicherheit als mit einem riskanten Pitch, der den Ball hoch und kurz über die Hindernisse hinwegbringen soll. Auf jeden Fall schlägt man aber vom Fairway und nicht von einem Bunker aus.

Zweite Schläge: Liegt das Grün außerhalb der Reichweite, sollte man - selbst bei idealer Lage des Balls - in der Mitte des Fairways auf einen forcierten direkten Schlag verzichten und lieber Ausschau nach der besten Stelle für den dritten Schlag halten. Ein genauer und kraftvoll geführter Schlag mit einem Holz 3 oder 4 bringt meist bessere Erfolge als ein überzogener Schwung mit einem stärkeren Schläger.

Das mag sehr negativ klingen, ist es aber keineswegs. Stellen wir uns eine Situation vor, in der das Ziel für ein gut geführtes Holz in Reichweite liegt, obwohl der Ball gut 180 Meter über einen Teich hinwegfliegen soll. Vorausgesetzt, der Ball liegt gut und man kann sich den Schlag zutrauen, so sollte man es tun. Doch wenn man sich dessen nicht sicher ist, ist es besser, einen kürzeren Schläger zu wählen und den Ball kurz vors Grün oder auch seitlich davon zu schlagen, sofern auf der anderen Seite ein Hindernis oder »Aus« droht. Danach reichen dann ein Chip und ein Putt oder vielleicht auch zwei längere Putts, um das Par zu sichern.

Hat man es mit einem Dogleg zu tun, bei dem das Grün nicht zu sehen ist (oder ist man nach einem mißglückten Drive in dieser Situation), überlegt man, wie der nächste Schlag der Situation angepaßt werden kann. Die andere Möglichkeit wäre, den Ball zuerst auf das Fairway zurückzuschlagen.

Um den Schlag anzupassen, muß man sich

SPIELSTRATEGIE

zuerst vergewissern, wieviel Raum in der Nähe des Grüns zur Verfügung steht. Bei einem Slicespin würde der Ball nämlich sehr rasch anhalten, bei einem Hookspin jedoch kann er noch sehr weit ausrollen. Liegt das Grün also verhältnismäßig offen da, ist der Schlag einen Versuch wert. Ist es dagegen von Gräben, Wasser oder dichtem Buschwerk umgeben, spielt man den Ball lieber auf das Fairway und legt ihn erst mit dem dritten Schlag aufs Grün.

Kurze Schläge zur Fahne: Die großen Meisterschaftsplätze verfügen auf jedem Grün über mehrere Positionen, so daß der Turnierleiter sie nach bestimmten Gesichtspunkten für jeden Wettkampftag neu festlegen kann. Im allgemeinen wählt er an dem letzten Turniertag für die noch verbliebenen Topspieler die schwierigste Lage. Häufig befinden sich die Löcher hinter Bunkern, so daß schon der Abschlag genau auf die richtige Fairway-Position plaziert werden muß, um den Ball mit dem zweiten Schlag sicher aufs Grün zu bringen.

Wer schlecht abschlägt, bekommt sofort große Probleme. So bleibt vielleicht nichts anderes übrig, als die Fahne von der falschen Seite aus anzuspielen, wobei man das Risiko eingeht, in einem auf der direkten Route liegenden Bunker zu landen. Oder man entschließt sich, die sichere Seite des Grüns anzuvisieren, und geht das Risiko ein, dann fürs Einputten drei Schläge zu benötigen.

Dieselben Probleme haben auch Golfer auf Clubebene, obwohl ihre Plätze normalerweise mit nicht ganz so vielen Hindernissen gespickt sind. Dennoch bleiben ihnen genügend Möglichkeiten, riskante Schläge in Richtung Fahne anzubringen. Beispielsweise wenn man aus dem Rough (auch wenn es nicht besonders dicht und hoch ist) einen Pitch aufs Grün versucht, der natürlich kaum Backspin bekommen kann. Liegt jetzt ein Bunker auf dem Weg zum Loch, hat man keinerlei Sicherheit, daß der Ball auf dem Grün rechtzeitig anhält.

Wunder sind selten, deshalb sollte man einen sicheren Ausweg suchen, auch wenn dieser nicht direkt zur Fahne, sondern »nur« ins Herz des Grüns führt.

Die Scorekarte

Unabhängig vom persönlichen Spielstandard sollte man das Ergebnis seiner Platzrunden immer festhalten. Ein Turnierpro wird ziemlich regelmäßig mit ein, zwei Schlägen einlochen. Doch auch bei ihm gibt es Tage, an denen er plötzlich noch besser und dann wieder völlig unter seinem Niveau spielt. Im Jahresdurchschnitt allerdings wird sich ein ziemlich regelmäßiges Auf und Ab herauskristallisieren.

Beim durchschnittlichen Golfer ist das nicht grundsätzlich anders.

Es ist so, daß nach sehr gutem Abschneiden bei den ersten neun Löchern der Druck, diesen Standard zu halten, unter Umständen so groß wird, daß der Spieler die Nerven verliert. Oder er hat die Runde aufgrund des miserablen Ergebnisses der ersten Hälfte bereits aufgegeben und spielt – ebenso unerklärlich – die zweiten neun Löcher ganz entspannt und um vieles besser.

Zu Anfang mag man sich sträuben, jede Runde genau zu verzeichnen. Manche Neulinge möchten ihren Score nicht so genau wissen, um nicht entmutigt zu werden. Dann gibt es Spieler, die nach einer Serie guter Scores ihr Glück nicht ganz akzeptieren und verteidigen. Schon oft hat eine solche negative Einstellung sowohl Amateure wie Pros daran gehindert, einen ihrer Spielstärke entsprechenden Score zu erzielen.

Ist einem eine Serie »guter« Löcher gelungen, sollte man das mit gesundem Selbstvertrauen als seinen eigentlichen Spielstandard betrachten und in die Scorekarte eintragen. Die Platzrunde in zwei Hälften zu teilen und die jeweils neun Löcher getrennt zu addieren, ist keine gute Idee. Indem man jedes Loch spielt wie es kommt, legt man die schlechte Angewohnheit ab, die bereits »gewonnenen« Löcher für sich zu werten und die »schlechten« zu vergessen.

Auf schwierige Löcher reagieren die Spieler ganz unterschiedlich. Manche sind rasch entmutigt und geben auf, während andere verbissen weiterkämpfen. Man sollte aber immer daran denken, daß es kaum eine ganze Runde ohne einen Wendepunkt gibt. Es ist also am besten, das »schlechte« Loch hinter sich zu lassen und sich auf den Rest der Runde zu konzentrieren. Vielleicht erzielt man am Ende doch noch einen bisher nie erreichten Score.

Die Golf-Etikette

Beim Golf ist rücksichtsvolles Verhalten vielleicht noch wichtiger als bei anderen Sportarten. Einer der Gründe dafür ist die für jeden Schlag notwendige extreme Konzentration. Jede Ablenkung kann zu einem Fehlschlag führen. Deshalb soll niemand sprechen oder sich bewegen, wenn ein Spieler den Ball anspricht oder seinen Schlag vorbereitet. Im professionellen Golf wird ein Spieler, der dagegen verstößt, zur Seite genommen und an die Etikette erinnert. Dasselbe gilt auch für den Amateur und auf Clubebene. Es ist keineswegs überraschend, daß viele Spieler bei Clubs aufgenommen werden wollen, die auf Disziplin großen Wert legen; denn nicht selten kommen sie aus Clubs, für die Etikette ein Fremdwort zu sein scheint.

Rücksichtsvolles Verhalten ist aber nicht nur ein Akt der Höflichkeit, sondern dient zugleich der Sicherheit der Spieler. Steht man beispielsweise zu dicht hinter einem zum Schwung ansetzenden Spieler, kann es leicht zu schweren Verletzungen durch den Schläger kommen. Aber auch wenn man sich vor einen Spieler stellt, bevor dieser seinen Schlag beendet hat, kann dies gefährlich werden. Also auch im eigenen Interesse sollte man auf Distanz achten, so daß man weder selbst gefährdet, noch der andere beim Spiel gestört wird.

Im Tee-Bereich stellt man sich am besten seitlich und deutlich außerhalb der Reichweite des Spielers, der abschlägt. Auf dem Fairway sollte man nie vor dem Spielenden sein und auch hier immer auf genügend Distanz achten. Hat man das Pech, im Bunker zu landen, soll man ihn so wieder verlassen, wie man ihn angetroffen hat – beziehungsweise wie man ihn anzutreffen wünscht. Fußabdrücke sind Zeichen von Rücksichtslosigkeit oder zumindest Nachlässigkeit. Auf den meisten Plätzen stehen in der Nähe der Bunker Rechen, mit denen sich leicht alle Spuren beseitigen lassen. Doch man kann das auch mit der Rückseite des Sandeisens oder dem Schuh erledigen. Auf dem Grün ist das Gras ganz besonders fein und kurz geschnitten, so daß es durch die Spikes leicht in Mitleidenschaft gezogen werden kann, vor allem dann, wenn man die Füße nicht richtig hebt. Zieht man die Fahne aus dem Loch, sollte man eine Armlänge davon entfernt stehen. Auch wenn man den Ball aus dem Loch holt, steht man so weit wie möglich davon entfernt. Kommen zu viele Füße in die Nähe des Lochs, schiebt sich die Erde zu einem kleinen Wall auf und das Loch bekommt einen Rand, der das Putten erschwert. Beim Zurückstecken der Fahne gilt es wieder, sehr vorsichtig zu sein, um die über dem Metall- oder Plastikeinsatz liegende dünne Erdschicht nicht zu beschädigen. Das Putten verlangt noch größere Konzentration als die anderen Schläge, so daß hier ganz besonders viel Rücksicht genommen werden muß. Es ist erstaunlich, welche Ausreden hier schon für Fehlschläge erfunden wurden. Ein Spieler, der einen winzigen Putt verschlagen hatte, wurde angeblich durch das Geräusch von Schmetterlingsflügeln gestört – oder durch den dichten Schiffsverkehr auf der Straße von Dover. Seien Sie in dieser Situation also besonders höflich und rücksichtsvoll.

Rücksicht auf andere

Golf nimmt den Spieler so in Anspruch, daß er leicht vergißt, nicht allein auf dem Platz zu sein. Auch dagegen gibt es bestimmte Verhaltensregeln.

Nichts ist irritierender als eine dauernde Unterbrechung des Spiels, weil die Spieler vor einem zu langsam sind. Bei Pro-Turnieren werden dafür Strafen verhängt. Aber auch bei Wettkämpfen auf Clubebene, wo ein solches Verhalten häufiger anzutreffen ist, wird dagegen eingeschritten. Wenn zum Beispiel ein Spieler seinen Ball verliert, soll er den Spielern hinter sich ein Zeichen zum Überholen geben, sobald er merkt, daß der Ball nicht leicht zu finden ist. Hat er ihn gefunden, darf das Spiel erst fortgesetzt werden, wenn die folgenden Spieler vorbei und außer

Jedes Match endet mit einem freundschaftlichen Händedruck, ganz gleich, wie hart der Kampf war. Links. Severiano Ballesteros und Bob Gilder beim Ryder Cup im Jahr 1983.

GOLF-ETIKETTE

Reichweite sind. Manchmal muß man Loch um Loch Verzögerungen in Kauf nehmen und ist schließlich so gereizt, daß man schlägt, bevor die »Langweiler« tatsächlich außer Reichweite sind – aber ein »Unrecht« rechtfertigt noch lange kein zweites, außerdem gefährdet eine solche Aktion die vorausgehende Gruppe.

Sofern nicht Sondervorschriften bestehen, sollen Zweiball-Spiele den Vorrang vor Dreiball- und Vierball-Spielen haben und überholen dürfen. Ein Einzelspieler hat kein Platzrecht und muß jedes andere Spiel vorbeilassen. Durch die Überlastung vieler Plätze räumen manche Clubs Vierball-Spielen Vorrang ein. Doch an ruhigen Tagen sollte kein Vierball-Spiel ein Zweiball-Spiel warten lassen, wenn der Platz davor frei ist. Und auch solche Spieler, die um mehr als ein Loch in Rückstand geraten, sollten die nach ihnen Kommenden überholen lassen.

»Schlaglöcher«

Bevor man ein Grün verläßt, ist jeder Spieler verpflichtet, eine durch hartes Auftreffen des Balls verursachte Beschädigung des Rasens auszubessern. Ein nach ihm kommender Spieler könnte die Vertiefung übersehen, so daß ein an sich guter Putt mißlingt. Außerdem leidet die Puttoberfläche, wenn solche Beschädigungen nicht sofort behoben werden. Der durch den Ball in die Erde gedrückte Boden beginnt zu faulen, und die nackte Erde darunter trocknet aus. Schon wenige nachlässige Spieler genügen, um ein Grün nach kurzer Zeit so aussehen zu lassen, als sei es mit Pockennarben übersät.

Der in die Erde gedrückte Rasen muß mit der Pitchfork oder einer Teespitze sauber wiederaufgerichtet werden, bevor man mit der Sohle des Putters die Umgebung vorsichtig festdrückt. Klopft man mit dem Schläger die Oberfläche einfach wieder fest, ohne das Gras vorher richtig einzusetzen, richtet man leicht noch mehr Schaden an.

Markieren des Balls

Wenn ein Ball auf dem Grün markiert und aufgehoben werden muß, weil er den Gegner beim Spiel behindert, muß die vorgeschriebene Marke unmittelbar hinter ihm plaziert werden. Auf keinen Fall darf man statt dessen einen Kratzer

Oben: Hier wird angezeigt, wie die Bälle von Crenshaw und Ballesteros liegen. In dieser Situation mußte Ballesteros seinen Ball markieren und aufheben, damit Crenshaw seinen Stand einnehmen konnte (rechts). Nachdem Crenshaw geschlagen hatte, legte Ballesteros seinen Ball an den alten Platz zurück.

in den Boden machen. Das wäre nicht nur gegen die Vorschrift, sondern schlichtweg gegen die Golfregeln. Denn es ist nicht erlaubt, sich auf diese Weise über die Beschaffenheit der Platzoberfläche zu orientieren.

Zur Markierung verwendet man ein kleines, unauffälliges Plättchen, das die anderen Spieler nicht stört. Sollte es den Schlag eines Spielers dennoch behindern, kann es in der von diesem Spieler gewünschten Richtung verschoben werden. Dazu wird die Spitze des Putters, der mit der Vorderkante senkrecht zur Lochrichtung steht, an das Plättchen gelegt und dieses dann hinter die Ferse des Putters plaziert. Der Spieler kann aber auch verlangen, daß es weiter als nur um die Länge eines Putter-Schlägerkopfes verschoben wird. Um den Ball in die alte Position zu bringen, wird nach durchgeführtem Schlag die Prozedur in umgekehrter Reihenfolge wiederholt.

Mit List und Tücke

Häufig versucht ein nicht unbedingt fairer Spieler, den Gegner abzulenken oder unter Druck zu setzen, ohne nach außen hin die Regeln zu verletzen.

Glücklicherweise sind solche bösartigen Tricks relativ selten. Die meisten Golfer kämpfen zwar mit vollem Einsatz, können aber auch mit Humor verlieren.

GOLF-ETIKETTE

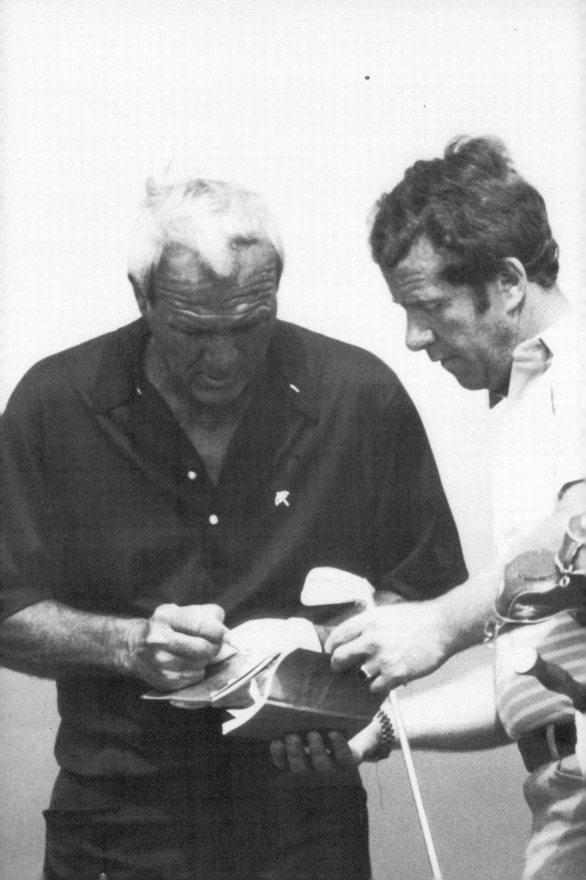

Wie man Golf richtig übt

Golf richtig üben macht Spaß, falsches Üben allerdings hat schlimme Folgen.
Zum Beispiel wenn ein Spieler beim Versuch, einen Fehler zu beheben, diesen nur noch verstärkt und festigt. Ganz falsch ist auch, nur wenige Minuten vor der Abschlagszeit auf dem Platz zu erscheinen und sofort mit aller Kraft ein halbes Dutzend Bälle mit dem Driver über das Fairway zu jagen. Es bekommt weder den Muskeln, die ohne Aufwärmung sofort voll beansprucht werden, noch dem Schwung. Andere Spieler wiederum sind der Ansicht, daß sie unbedingt dafür belohnt werden müssen, wenn sie nach einem halben Jahr Übungspause einen Ball nach dem anderen über die Driving Range schlagen. Ihre Enttäuschung ist groß, wenn sie am folgenden Tag feststellen müssen, überhaupt kein »Gefühl« mehr für das Spiel zu haben. Gerade beim Golf ist es wichtig, ohne lange Pausen regelmäßig zu üben.
Wie man richtig übt, kann man bei den Stars beobachten, die bei Vorbereitungen vor einem wichtigen Pro-Turnier ganz systematisch vorgehen. Dabei gibt es nur ganz geringe Unterschiede zwischen den einzelnen Spielern, es sei denn die Dauer der Übungszeit, die wiederum davon abhängt, wann der Spieler zum ersten Abschlag erscheinen muß.
Im allgemeinen gehen Turnierspieler eine Stunde vor ihrem Start auf die Übungswiese, wo die Bälle entweder durch eine Maschine oder durch den Caddy wieder eingesammelt werden. Auch junge und durchtrainierte Pros schlagen ihre ersten Bälle nicht weiter als über 36 Meter, um den Organismus langsam und gleichmäßig aufzuwärmen. Dabei achten sie darauf, daß alle beim Schwung aktivierten Muskeln der Hände, Gelenke, Arme und Schultern, Füße und Beine harmonisch zusammenarbeiten. Danach vergrößert der Caddy die Distanz um weitere 32 Meter, das heißt, auch der Schwung muß entsprechend verstärkt werden. Wieder werden ungefähr ein Dutzend Bälle geschlagen, bevor

Nichts wird dem Zufall überlassen. Deshalb vergleicht hier Arnold Palmer seine eigenen Entfernungsangaben mit den offiziellen Daten.

die Distanz weiter vergrößert und der Schlag verstärkt wird – bis die Leistungsgrenze des Pitching Wedge erreicht ist.
Der Pro wird mindestens zwanzig Schläge absolvieren, bevor er den Schläger wechselt. Manche gehen dabei den ganzen Schlägersatz durch, vom Wedge bis zum Driver, wobei sie mit jedem ungefähr vier Schläge machen. Andere üben systematisch mit einer bestimmten Auswahl von Schlägern – einem 7, einem 5, einem 3, einem Fairway-Holz und zum Schluß einem Driver. Severiano Ballesteros entspannt sich danach dann wieder, indem er einige winzige Schläge mit dem Wedge übt, während der Caddy die Bälle zurückbringt. Nach dem Schlagen von langen Bällen gehen die Spieler aufs Putting-Grün, das im allgemeinen in Rufweite des ersten Abschlags liegt, wo sie sich fünf Minuten vor Spielbeginn beim Starter melden müssen. Manche spielen zuerst einige kurze Chips vom Rand des Grüns (falls dafür kein eigenes Grün vorhanden ist), um dessen »Geschwindigkeit« zu testen, bevor sie das Putten üben.
Es ist wichtig zu wissen, wie Pros üben. Beispielsweise schlagen sie nie mit übermüdeten Muskeln wie so viele andere Spieler, die mit einem Korb voller Bälle auf die Driving Range gehen und danach immer noch nicht genug haben. Natürlich kann man auch zwei Körbe voll Bälle spielen, aber wenn die Hände und die Handgelenke ermüden, wird der Schwung immer mehr durch die Schultern bestimmt. Das führt dazu, daß am nächsten Tag zumindest die erste Hälfte der Runde beeinträchtigt wird, weil man das Gefühl für den Schlag verloren hat. Vor allem schleichen sich durch den verstärkten Schultereinsatz Ungenauigkeiten ein.

Das Üben mit einem Schläger

Wenn man zu lange mit ein und demselben Schläger übt, kann sich das sehr negativ auswirken. Das zeigt sich vor allem bei Spielern, deren Übungsgelände begrenzt ist. Es ist notwendig, daß sich die Schwungebene immer wieder verändert, also vom flachen Ausholen mit den langen Schlägern bis zum steilen Schwungbogen mit den kurzen Eisen. Übt man nur mit einem Schläger, verfestigt sich das Gefühl für dessen spezifische Schwungbahn, die man dann auf die anderen überträgt. Kann man auf dem Übungsgelände nur die kurzen Eisen spielen, sollte man an ruhigen Tagen immer wieder auf den Golfplatz gehen und mit den übrigen Schlägern jeweils ein paar Bälle schlagen, um auszuschließen, daß man sich zu sehr an eine Schwungebene gewöhnt.

Das Üben des kurzen Spiels

Das Putten kann nie genug geübt werden. Allerdings muß man damit rechnen, daß ein Übertreiben zu Rückenschmerzen führt. Besonders aufregend ist es, mit einem Partner einen Wettkampf im Chippen und Putten auszutragen. Gelingt es regelmäßig, vom Rand des Grüns mit zwei Schlägen einzulochen, ist das ein großer Vorteil bei jedem Match. Je öfter man dies unter Wettbewerbsbedingungen übt, desto besser.

Das Üben von Bunker-Schlägen

Da das Üben von Bunker-Schlägen (wegen der selbständigeren Hand- und Gelenkaktionen) den vollen Schwung beeinträchtigen kann, sollte man es nicht übertreiben. Trotzdem würde kein erfahrener Spieler auf einen fremden Platz gehen, ohne zuvor einige Schläge aus dem Übungsbunker absolviert zu haben – vor allem wenn er anschließend ein wichtiges Turnier bestreitet. Die Sandbeschaffenheit kann von Platz zu Platz sehr unterschiedlich sein, so daß man vor dem eigentlichen Spiel ein Gefühl dafür entwickeln muß.

Übungsschläge aufs Ziel

Es ist wichtig, daß man jeden Übungsschlag auf ein Ziel ausrichtet, zum Beispiel auf einen bestimmten Baum oder sonst eine Markierung. Nur so übt man auch das korrekte Ausrichten von Füßen und Körper. Ein anderer guter Rat ist, einen Schläger so ins Gras zu legen, daß er aufs Ziel zeigt, und dann den Ball auf der parallel dazu verlaufenden Ballziellinie zu plazieren und zu schlagen.

Gibt es kein Grün auf dem Übungsgelände, kann man einen geschlossenen Regenschirm als Fahnenstock verwenden. Nachdem man viel-

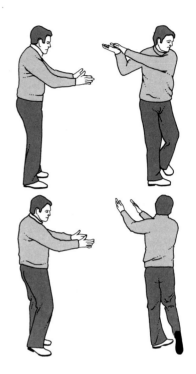

Eine hervorragende Übung, wenn man keinen Schläger zur Hand hat: Man hält die geöffneten Handflächen parallel zueinander und schwingt in einer fast horizontalen Ebene um den Körper. Hält man das Rückgrat dabei gerade, ergibt sich fast automatisch die richtige Fußarbeit.

leicht zehn Bälle aus 23 Meter Entfernung in seine Richtung geschlagen hat, postiert man sich in 23-Meter-Intervallen immer weiter von ihm entfernt und schlägt jeweils wieder (ungefähr) zehn Bälle. Es ist effektiver, eine ganze Serie von Bällen aus unterschiedlicher Entfernung zum selben Ziel zu schlagen, als immer an derselben Stelle zu verharren und die Bälle verschieden weit ins Gelände zu schlagen.

Den Schlag mit Spin üben

Um Ermüdungserscheinungen und Langeweile vorzubeugen, variieren viele Pros während ihres ausgedehnten Trainings die Schläge. Das heißt, sie schlagen sie absichtlich mit Spin.

Viele Pros behaupten, sie würden während eines Turniers einen sich plötzlich einschleichenden Hook oder Slice nicht korrigieren. Sie setzen dagegen bewußt den jeweils entgegengesetzten

Spin ein und helfen sich so aus der Verlegenheit. Erst nach dem Match versuchen sie, auf dem Übungsgelände die Ursache für den verzogenen Schwung herauszufinden.

Und genau das sollte auch der Durchschnittsspieler tun, anstatt sich den Kopf über die Ursachen zu zerbrechen, was ihn nur noch unsicherer macht. Trotz eines korrekten Schwungs kann unbeabsichtigter Spin dadurch entstehen, daß man leicht aus dem Gleichgewicht kommt oder das Timing des Schlags nicht mehr stimmt. Wenn man dann in der Lage ist, einige Schläge mit dem entgegengesetzten Spin zu schlagen, findet man schnell wieder die alte Balance.

Bei einem Golfer mit unzureichender Schwungtechnik kann der unbeabsichtigte Hook oder Slice seine Ursache in einer grundsätzlich falschen Haltung oder einem fehlerhaften Rück- oder Durchschwung haben. In einem solchen Fall ist eine Verbesserung natürlich sehr viel schwieriger und langwieriger.

Üben an windigen Tagen

An sehr windigen Tagen sollte man nur üben, wenn man aus einer geschützten Stelle heraus schlagen kann. Ist der Ball erst in der Luft, spielt es keine Rolle, wenn er vom Wind beeinflußt wird, weil man das zuvor beim Schlag einkalkulieren kann. Steht man aber selbst im Wind, hat das negative Auswirkungen auf die Schwungtechnik.

Manche Spieler sind der Ansicht, das mache nichts aus, solange der Wind von vorn kommt. Aber das ist nicht richtig. In dieser Situation neigt man dazu, zu viel Gewicht auf dem linken Bein zu haben, um dem Wind standzuhalten. Dadurch aber wird die Schulterdrehung reduziert und die Schwungebene steiler. Das bringt den Ball zunächst gut auf die Bahn, darüber hinaus fliegt er relativ niedrig gegen den Wind, genau wie beabsichtigt. Doch wenn man nach einer Serie solcher Schläge am nächsten Tag wieder auf den Platz kommt und der Wind nachgelassen hat, merkt man, daß der Schwung Tempo und Effektivität verloren hat.

Kommt der Wind von hinten, führt das häufig zu falschen Einschätzungen. Eine fehlerhafte Schwungtechnik, die dem Ball unbeabsichtigten Sidespin verleiht, kann nicht bemerkt werden, weil der Wind den Ball mit sich trägt.

Wie übt man also an windigen Tagen: Zuerst schlägt man Bälle mit verschiedenen Schlägern von einer geschützten Stelle aus; danach stellt man sich dem Wind und macht noch einige Übungsschläge – die eine Hälfte mit, die andere gegen den Wind.

Das Einschätzen der Distanz

Noch vor wenigen Jahren begnügte man sich damit, die Entfernungen für jeden Schlag über den Daumen zu peilen und dementsprechend den Schläger zu wählen. Heute würde sich kein Pro und auch kein Caddy auf den Platz begeben, ohne eine genaue Entfernungskarte. Sie verlassen sich dabei noch nicht einmal auf die Angaben des betreffenden Clubs, sondern vermessen den Platz entweder durch Abschreiten oder mit einem Entfernungsmesser.

Es hätte allerdings keinen Sinn, nur die Länge eines Lochs zu kennen, nicht aber wie weit man mit den einzelnen Schlägern schlagen kann. Deshalb muß auch das genau ausprobiert werden. Jeder Golfer muß wissen, wie weit er mit jedem Schläger kommt, um mit der Karte überhaupt umgehen zu können, sofern es eine gibt. Zumindest aber profitiert er dann bei den kurzen Löchern, wo die Distanz auf der Tee-Box angegeben ist.

Es ist ganz einfach, seine individuellen Fähigkeiten zu testen. Man schlägt ungefähr zwanzig Bälle mit dem normalen Schwung und ignoriert dabei jeweils den kürzesten und längsten Schlag. Anschließend mißt man ab, wie weit entfernt vom Abschlagspunkt die besten Bälle aufgetroffen sind.

Man sollte dafür einen leicht zu handhabenden Schläger nehmen, beispielsweise ein Eisen 7, mit dem man zwischen 115 und 135 Meter weit kommen müßte. Erreicht man damit ungefähr 115 Meter, versucht man mit dem nächst stärkeren Schläger jeweils rund 9 Meter weiter zu schlagen. Für die Eisen mit stärkerem Loft zieht man dieselbe Distanz ab. Erreicht man aber mit dem Eisen 7 rund 135 Meter, was eine sehr beachtliche Leistung ist, sollte man ungefähr 14 Meter nach oben oder unten verrechnen. Wem es schwerfällt, die notwendigen Berechnungen während des Übens anzustellen, kann die mit den verschiedenen Schlägern erreichten Entfernungen notieren, um sie später in Ruhe zu vergleichen. Auch mit dem Driver muß dieser Test gemacht werden, weil er den Ball meist nicht so weit schlägt, wie viele Spieler behaupten. Spielt man dann auf einem fremden Platz ohne Entfernungskarte, kann man die Weite des Abschlags von der gesamten Länge des Lochs abziehen, die auf der Scorekarte angegeben ist, und die folgenden Schläge dann entsprechend ansetzen.

Positives Denken

Über die Auswirkung positiven Denkens wurde schon viel geschrieben – und beim Golf ist sie vielleicht noch entscheidender als bei anderen Sportarten. Die relativ langen Zeitspannen, die häufig zwischen den einzelnen Schlägen liegen, und zu erwartende Hindernisse wie Schluchten, Wasserläufe oder Bäume untergraben leicht das Selbstvertrauen.

So kann es sein, daß man sich dem Ball nähert und spontan einen bestimmten Schläger wählt. Weil aber auf dem Grün noch andere Spieler sind, muß man warten. Je länger das dauert, desto schwieriger erscheint einem der nächste Schlag, und man beginnt sich zu fragen, ob man wirklich die richtige Wahl getroffen hat. Das führt oft dazu, daß man entweder den Schwung forciert oder mit dem nächst stärkeren Schläger feiner dosiert – und verschlägt, weil man noch immer am Grübeln ist.

Deshalb verlassen sich fast alle Pros auf exakte Entfernungskarten, wobei sie gleichzeitig genau wissen, wie weit sie mit jedem ihrer Schläger kommen können. Das gibt ihnen die notwendige Sicherheit, selbst wenn der Augenschein das Gefühl erweckt, die falsche Wahl getroffen zu haben, und sie in Versuchung kommen, einen anderen Schläger zu wählen.

Fehlerkorrektur: Auch wenn man seinen Schwung korrigieren muß, sollte man das mit einer positiven Grundeinstellung tun. Ein gutes Beispiel dafür ist das Problem des »Überschwingens«, was sich vor allem für Anfänger stellt. Im Grunde hat es seine Ursache darin, daß der Rückschwung einfach nicht korrekt ausgeführt ist und Hände und Handgelenke sich zu stark anwinkeln.

Viele gehen dieses Problem mit negativem Vorsatz an. Sie haben Angst, zu weit zurückzuschwingen, und reduzieren zu stark das Anwinkeln. Damit wird der Schwung insgesamt verkürzt, was ihm Tempo und Kraft nimmt. Der positive Ansatz wäre, Hände und Handgelenke früher anzuwinkeln. so daß sie am Ende des Rückschwungs genau in der richtigen Position sind.

Körperliche Fitneß

Die wirksamste Methode, sich für Golf fit zu halten, ist, regelmäßig zu Golfen. Eine normale Golfrunde erfordert einen Fußmarsch von sieben bis acht Kilometer, was, zusammen mit den Schlägen und den übrigen Bewegungen, völlig ausreicht, den durchschnittlichen Spieler fit zu halten, sofern er sich zwei- bis dreimal in der Woche dieses Vergnügen gönnt. Doch das ist leider nicht immer möglich, vor allem im Winter nicht, wenn die Tage nicht lang genug sind. Als Ersatz dafür bieten sich einige andere Trainingsmöglichkeiten an.

Henry Cotton war schon immer ein großer Befürworter des Seilspringens. Man kann es nicht nur auf sehr begrenztem Raum tun, wie zum Beispiel in der Garage, es hat auch andere, sehr überzeugende Vorteile. So werden die Beinmuskeln gekräftigt und die Hände und Gelenke geschmeidig gehalten. Außerdem müssen all diese Muskeln beim Seilspringen harmonisch zusammenarbeiten – genau wie beim Golfschwung. Und dasselbe gilt für Füße und Fußgelenke sowie für die übrigen Beinpartien. Darüber hinaus verbessert man die Atemkapazität und steigert so ganz allgemein die Kondition.

Eine andere Cotton-Methode ist das Üben mit einem alten Autoreifen, der auf den Boden gelegt und mit dem Schläger bearbeitet wird. Durch die Elastizität des Gummis drohen weder dem Übenden noch seinem Schläger besondere Gefahren, während auf der anderen Seite das Ausrichten geübt werden kann und Arme sowie Schultern gekräftigt werden. Nachteilig ist, daß sich der Übende vielleicht angewöhnt, »nach« dem Ball anstatt »durch« ihn zu schlagen. Auch kann es geschehen, daß sich Nachbarn über die seltsamen Geräusche wundern.

Für junge Golfer empfehlen sich noch immer die altbewährten Liegestütze und Klimmzüge. Auf dem Gipfel seiner Karriere begann und beendete Gary Player seinen Tag mit nicht weniger als fünfundsiebzig Liegestützen. Und das Fernsehen beobachtete den aufstrebenden Paul

GOLF RICHTIG ÜBEN

An einem alten Autoreifen läßt sich gut üben, wie man im Treffpunkt die Schlagfläche square hält. Ein Verfechter dieser Übungsmethode ist Henry Cotton, der hier einen Schüler unterweist.

Way, wie er sich im Treppenhaus seines Hauses mit den Fingerspitzen die Treppen hinauf- und hinabhangelte.

Der Muskelaufbau mit Hilfe von Gewichten sollte mit größter Vorsicht betrieben werden; am besten benutzt man nur Hanteln und ähnliche Geräte. Es ist sehr viel sinnvoller, mit Keulen anstatt mit schweren Gewichten zu arbeiten. Ein Beispiel dafür, daß Stärke beim Golf allein nicht entscheidend ist, sind einige der besten Rugbyspieler mit ihrer überaus kräftigen Hals- und Schultermuskulatur. Sie schlagen einen Golfball keineswegs so weit, wie man es bei der Kraft ihrer Schläge erwarten könnte.

Viele der besten Golfer klagen über Rückenleiden, die meiner Meinung nach aber nicht allein durch diesen Sport bedingt sind. Vielmehr liegen die Ursachen wahrscheinlich darin, daß sie ihre Rückenmuskeln durch die unzähligen Übungs- und Turnierschläge gut und vielleicht auch etwas überentwickelt haben, um sie dann durch das lange, strapazierende Sitzen in Flugzeugen und Autos wieder zu ruinieren. Greg Norman fliegt beispielsweise in Ausübung seines »Berufs« mehr als 160000 Kilometer pro Jahr.

Auch Jack Nicklaus, Lee Trevino (der bereits eine Rückenoperation hinter sich hat) und Severiano Ballesteros zählen zu den berühmten »Rückenkranken«. Letzterer lebt mit der Bedrohung, eventuell seinen Sport überhaupt aufgeben zu müssen.

Viele Spitzengolfer, darunter auch die drei eben genannten, benutzen ein Trainingsgerät, das die Wirbelsäule strecken soll. Man hängt dabei mit dem Kopf nach unten. Außer diesem sind auch noch andere Geräte in Gebrauch, die vor Rückenproblemen bewahren oder sie zumindest eindämmen sollen.

Fitneß und Geschicklichkeit lassen sich auch gut mit einem überschweren Schläger trainieren. So führt Gary Player stets einen Schläger mit, der dreimal so schwer ist wie ein normaler; die Übungsschwünge damit sollen ihn vor einem Turnier lockern. Jeder Club-Pro kann einem zu einem solchen Trainingsschläger verhelfen, indem er die entsprechenden Bleigewichte in einen alten Schläger einfügt. Das darf auf keinen Fall von einem Laien gemacht werden, da nicht nur das Schmelzen von Blei ungefährlich ist, sondern das Blei muß auch an der richtigen Stelle des Schlägerkopfes eingesetzt und befestigt werden, damit es bei einem besonders wuchtigen Schlag nicht durch die Gegend fliegt und andere verletzt.

Das Üben des Rück- und Durchschwungs ohne Schläger kann zu Hause oder im Büro erfolgen. Es ist am wirkungsvollsten, wenn man dabei die Handflächen in einem Abstand von ungefähr fünfzehn Zentimeter vor sich hält und dann auf fast horizontaler Ebene den imaginären Schläger zurück- und wieder nach vorn schwingt. Der Oberkörper dreht dabei in der Hüfte voll mit, wie es für einen vollen Golfschwung notwendig ist.

Diese Übung kann natürlich auch mit Schläger absolviert werden. Allerdings wird bei solchen Übungsschwüngen ohne Ball oft zu viel Nachdruck auf die Arm- und Handgelenkbewegungen gelegt, so daß die Körperdrehung weitgehend zu kurz kommt. Beim horizontalen Schwingen werden dagegen alle für einen guten Schlag wichtigen Bewegungen integriert – nicht zuletzt die Fußarbeit.

Die Golf-Szene

Es gibt viele ganz unterschiedliche Möglichkeiten, Golf zu spielen und zu genießen. So kann man bei einem Club seine ersten Schläge versuchen und dann vielleicht sein ganzes »Golferleben« dort verbringen. Oder man orientiert sich anderweitig nach einiger Zeit, in der man neue Erfahrungen gesammelt hat. Für jeden Anfänger, der nicht das Glück hat, als Mitglied in einen Club aufgenommen zu werden, gibt es ganz bestimmte »Umwege«, um dieses Ziel doch zu erreichen.

Driving Ranges

Kein Golfer dürfte sich damit zufriedengeben, ein Leben lang nur Bälle auf der Driving Range zu schlagen. Doch in Ländern wie Japan, wo einfach nicht genügend Land zur Verfügung steht und die wenigen Golf-Clubs sehr teuer sind, bleibt oft keine andere Möglichkeit – außer der Hoffnung, ab und zu auf einem öffentlichen Platz richtig Golf spielen zu können.

In Großbritannien verfügt fast jede größere Stadt zumindest über eine Driving Range. Für den Anfänger bieten sie die Möglichkeit, sich einzugewöhnen, weil man unbeobachtet auf seiner Bahn so viele Bälle schlagen kann, wie man will.

Die meisten Ranges verfügen auch über Trainer, die ihre Dienste relativ günstig anbieten, was für den jungen Spieler natürlich besonders wichtig ist. Er kann bei ihnen auch die Ausrüstung leihen, so daß man zunächst mit wenig Kosten ausprobieren kann, wie weit man für diesen Sport überhaupt geeignet ist.

Im allgemeinen werden auf den Driving Ranges auch Erfrischungen angeboten, wenn es nicht sogar einen richtigen Restaurationsbetrieb gibt. Jeder vernünftige Spieler wird ab und zu eine Pause einlegen und sich dort erholen. Gerade am Anfang sollte man nicht zu viele Bälle pro Training schlagen. Es kommt schließlich nicht

Links: Greenkeepers des Greenbrier Clubs in den USA sind dabei, ein Loch in den Boden zu stanzen. Korrekterweise haben sie die dazu notwendige Vorrichtung auf ein Brett gesetzt, um das Grün zu schonen. Leider wird nicht immer so umsichtig verfahren. Unten: Die meisten größeren Städte verfügen über Driving Ranges, die vor allem bei schlechtem Wetter vorzügliche Trainingsmöglichkeiten bieten.

auf die Quantität der Schläge, sondern auf präzise Technik und Geschicklichkeit an. Außerdem lernt man auf der Driving Range auch andere Spieler kennen, woraus sich vielleicht die Einladung zu einer gemeinsamen Platzrunde ergibt.

Golf-Zentren

Golf-Zentren entstehen in immer mehr Ländern und bieten neben den Driving Ranges auch richtige Plätze. Allerdings verfügen diese oft nur über neun und weniger Löcher. Auf jeden Fall aber kann der Anfänger hier richtiges Golf kennenlernen, nachdem er auf der Range das einfache Schlagen nach dem Ball trainiert hat.

Es gibt Zentren, deren Kurs ausschließlich aus Par-3-Löchern besteht, was bedeutet, daß ihre Grüns bereits mit dem Abschlag zu erreichen sind; bei besonders kurzen Löchern reicht sogar ein Pitching Wedge. Trotzdem macht das Spiel einen Riesenspaß, ganz abgesehen davon, daß diese Zentren zum Üben ideal sind. Und da die meisten Spieler auf solchen Plätzen Anfänger sind, braucht sich niemand eines Fehlschlags zu schämen.

Städtische oder öffentliche Plätze

Einige Gemeinden unterhalten für ihre Einwohner öffentliche Plätze, auf denen jeder für eine geringe Grüngebühr spielen kann. Seit dem großen Golfboom können die meisten dieser Anlagen ihre Kosten selbst tragen, brauchen von den öffentlichen Stellen also nicht mehr subventioniert zu werden. Sogar einige der berühmten Meisterschaftsplätze in Schottland gehören den Gemeinden, obwohl vielen auch Privat-Clubs angegliedert sind. Das bekannteste Beispiel dafür dürfte St. Andrews sein.

Auch die Spieler von diesen öffentlichen Clubs bekommen von autorisierter Seite ihr Handicap zugesprochen; andere Privilegien allerdings sind ihnen weitgehend verwehrt. Auch diese Clubs verfügen meist über einen Vorstand, ein Organisationskomitee sowie einen Spielausschuß und veranstalten ihre eigenen Ausscheidungskämpfe und Turniere.

Hat ein Spieler erst einmal ein Handicap, wird er vielleicht in einen Privatclub aufgenommen. Da die meisten dieser Clubs lange Wartelisten haben, wird er außer einem Handicap meist noch einige Bürgen brauchen, um ans Ziel seiner Wünsche zu kommen.

Handwerkerclubs

Als Golf in Großbritannien noch ein Sport der Oberklasse war, entstanden überall innerhalb der wenigen Privatclubs Handwerker-Sektionen. Sie rekrutierten ihre Mitglieder aus ansässigen Handwerksmeistern, die nur zu bestimmten Zeiten auf den Platz durften, nämlich dann, wenn sie die Vollmitglieder nicht störten.

Für dieses Privileg mußten sie entweder eine geringe Gebühr bezahlen oder bestimmte Aufgaben wie das Säubern von Bunkern und das Ausbessern des Rasens übernehmen. Oft waren sie für bestimmte Löcher verantwortlich, und es war für sie eine Sache der persönlichen Ehre, ihre Aufgabe optimal zu erfüllen.

Auch heute noch sind in vielen Clubs solche Sektionen aktiv, obwohl sie meist voll ins Clubleben integriert sind. Unter ihren Mitgliedern herrscht ein strenger Wettbewerb, wie jedes der von ihnen organisierten Turniere beweist. Häufig spielen sie auch gegen andere Sektionen dieser Art. Es gibt für sie sogar eine jährlich ausgetragene nationale Meisterschaft, die beim Publikum auf großes Interesse stößt.

Private Clubs

Der Zusatz »Privat« ist irreführend, denn es gibt nur sehr wenige Clubs, die dieses Attribut wirklich verdienen. Die große Mehrzahl läßt ohne weiteres Einzelbesucher aus anderen Clubs oder auch ganze Teams zu, außerdem Gäste, die noch in keinem Club Mitglied sind. Letzteres gilt allerdings nicht für deutsche Clubs. Wichtig ist vor allem, sich vor einem Besuch schriftlich oder telefonisch anzumelden.

Privatclubs gehören entweder den Mitgliedern oder einer Unternehmensgesellschaft. Ein reiner Mitglieder-Club wird von einem gewählten Komitee verwaltet, das die Aufgabe hat, den Eingang der Clubgebühren und die übrigen Einnamequellen zu kontrollieren, damit der Club seinen Verpflichtungen nachkommen kann. Ein unternehmerisch geführter Club wird von seinen Gesellschaftern oder dem Vorstand verwaltet, die alle wichtigen Entscheidungen allein fällen können. Auch ein solcher Club muß wie ein Mitglieder-Club organisiert sein, damit Handicap-Verfahren, Turniere und so weiter ordnungsgemäß durchgeführt werden können.

Der Clubsekretär

Die Routinegeschäfte liegen in den Händen des Clubsekretärs, der in größeren Clubs fest angestellt ist. Das ist ein recht verantwortungsvoller Job, weil er nicht nur die Entscheidungen von Vorstand und Komitee in die Tat umsetzen soll, sondern den gesamten Verwaltungsapparat sowie die übrigen Angestellten des Clubs zu überwachen hat.

So registriert der Clubsekretär beispielsweise die Handicaps und organisiert gesellschaftliche Veranstaltungen und Turniere. In vielen britischen Clubs ist er auch eine Art Oberschiedsrichter bei strittigen Fragen, und seine Entscheidung ist unanfechtbar.

Der Platzwart (Greenkeeper)

Viele Clubs verfügen über ein sogenanntes Platzkomitee, dessen erfahrene Mitglieder den Zustand der gesamten Anlage genau überwachen. Abgesehen vom Clubsekretär ist ihr wichtigster Mann der Greenkeeper, der, zusammen mit seinem Team, die angeordneten Reparaturen und Verbesserungen am Platz vornimmt.

Häufig überlassen Clubs diese Aufgabe auch allein dem Sekretär und dem Platzwart, weil das Komitee von seiner alljährlichen Neuwahl abhängig ist und wechseln kann.

Der Club-Pro

Der Pro ist in erster Linie Trainer. In vielen Clubs aber wird ihm diese Aufgabe nicht gerade leicht gemacht, denn aufgrund der langen Wartelisten machen viele Anfänger ihre ersten Erfahrungen auf Driving Ranges oder öffentlichen Plätzen. Auch das »Privat« am Eingang des Clubgeländes schreckt viele davon ab, sich einmal im Pro-Shop umzusehen und sich über die dort angebotenen Möglichkeiten zu informieren. Denn der Club-Pro und seine Assistenten stehen meist auch Nichtmitgliedern zur Verfügung. Außerdem halten sie eine große Auswahl gebrauchter Schläger bereit, so daß der Anfänger hier günstig zu einer Grundausstattung kommen kann.

Geht es dann darum, ein neues Mitglied in den Club aufzunehmen, kann das Wort des Pros entscheidend sein. Im übrigen machen ihn seine langjährigen Erfahrungen im Golf nicht nur zu einem guten Ratgeber, sondern vielleicht auch zum Freund.

Der Club-Steward

Er ist für alles, was im und um das Clubhaus stattfindet, verantwortlich. Vor allem in Clubs mit Bar- und Restaurantbetrieb ist seine Aufgabe nicht leicht. Denn hier wird nicht nur fünf Tage in der Woche von neun bis siebzehn Uhr, sondern 365 Tage im Jahr von kurz nach Sonnenaufgang bis weit in die Nacht hinein gearbeitet. Das heißt, der Club-Steward muß seinen Stab gut organisiert haben, um den oft recht anspruchsvollen Wünschen der Mitglieder gerecht werden zu können.

Die Clubabteilungen

Die Mehrzahl der Clubmitglieder sind Vollmitglieder. Außerdem gibt es Country-Mitglieder, die mindestens 80 Kilometer vom Club entfernt residieren müssen, sowie Mitglieder aus Übersee und vielleicht noch einige Ehrenmitglieder, die sich besondere Verdienste um den Club erworben haben.

Viele Clubs unterhalten eine Abteilung für den Nachwuchs. Diese verfügt über einen gewählten Junior Captain, der bei bestimmten Gelegenheiten an den Komitees der ordentlichen Mitglieder teilnimmt.

In Großbritannien verfügen die Damenabteilungen über eigene Komitees und eine eigene Präsidentin, die jährlich neu gewählt wird. Sie arbeitet eng mit der Ladies Golf Union zusammen, die auch die Handicaps für Damen streng überwacht. Ihre Wettbewerbe werden getrennt von denen der Herren organisiert und durchgeführt.

Die Golf-Regeln

Mehr als zweihundert Jahre sind vergangen, seit die ursprünglichen Golf-Regeln aufgezeichnet wurden. Später kamen immer neue hinzu, und viele davon in einer Terminologie, die sich nur mit juristischem Scharfsinn interpretieren ließ. Im Jahr 1980 kamen die obersten Golf-Autoritäten, der Royal and Ancient Golf Club of St. Andrews und die United States Golf Association, überein, einen neuen einheitlichen und leichter verständlichen Regel-Katalog aufzustellen. Die darin festgehaltenen Regeln traten Anfang 1984 in Kraft.

Außer wenigen Änderungen blieben die alten Regeln erhalten. Zwei der wichtigsten Neuerungen betreffen das Markieren des Balls auf dem Grün sowie das Fallenlassen des Balls, nachdem er straflos oder mit einer Strafe aufgehoben wurde.

Das Markieren des Balls: Im Jahr 1952 wurde durch die Aufhebung des »Stymie« (»Mattsetzen«) mit einer alten Golftradition gebrochen. Bis dahin hatte gegolten, daß ein Ball, der beim Matchplay auf dem Grün direkt zwischen dem des Gegners und dem Loch liegenblieb, umspielt werden mußte, vorausgesetzt, die Bälle lagen mehr als fünfzehn Zentimeter auseinander. Deshalb waren damals auch die Scorekarten fünfzehn Zentimeter lang; so konnte man sie als »Meßlatten« verwenden. Obwohl diese Regel als unfair galt, blieb auch nach ihrer Abschaffung noch etwas davon erhalten. Jetzt allerdings zum Vorteil des Spielers, dessen Ball vom Loch weiter entfernt liegt. Er konnte bestimmen, daß der Ball des Gegners liegenblieb, wenn dieser zum Beispiel den eigenen Ball am Zurückrollen hinderte. Oder er benutzte ihn bei einem hängenden Grün als Markierung zum Anspielen – wenn er nicht sogar durch einen Zusammenstoß den eigenen Ball mit seiner Hilfe ins Loch beförderte. Heute erlaubt die Regel 22 dem Spieler, seinen Ball zu markieren und aufzuheben.

Fallenlassen des Balls (droppen): Die richtige Methode war, den Ball, aufrecht stehend und mit dem Gesicht zum Loch gewandt, hinten über die Schulter fallen zu lassen. Probleme ergaben sich dann, wenn der Ball den Spieler berührte oder mehr als zwei Schlägerlängen von jenem Punkt wegrollte, wo er den Boden zuerst berührte, oder wenn er näher zum Loch hin rollte. In diesen Fällen mußte man den Ball noch einmal fallen lassen. Trat auch beim zweiten Mal eine der genannten Regelwidrigkeiten ein, mußte der Ball dort hingelegt werden, wo er nach dem zweiten Versuch zuerst auf den Boden auftraf. Doch da der Spieler mit dem Gesicht zum Loch stand, konnte er diesen Punkt natürlich nicht exakt bestimmen. Heute ist es so, daß der Spieler den Ball mit ausgestrecktem Arm aus Schulterhöhe fallen läßt, wobei er sich nicht mehr vom Loch abwenden muß. Noch immer aber darf der Ball durch das Fallenlassen nicht näher ans Loch herankommen. Mißlingt jetzt der Versuch auch im zweiten Anlauf, weiß der Spieler genau, wo er den Ball plazieren muß.

Neu ist auch, daß jeder Ball, der irgendwo auf dem Platz aufgehoben wird, markiert werden muß. Früher galt das nur fürs Grün.

Greg Norman, offensichtlich im unklaren über eine Regel, wartet hier auf das Eintreffen des Schiedsgerichts.

Berühmte Spieler

Severiano Ballesteros

Der meteorhafte Aufstieg des jungen Spaniers aus Santander begann am letzten Loch in Royal Birkdale bei der British Open 1976. Der gutaussehende, aber noch fast unbekannte junge Mann, der gerade erst seinen neunzehnten Geburtstag gefeiert hatte, spielte mit dem späteren Sieger Johnny Miller. Ballesteros mußte hart kämpfen, um seinen Score zu halten.
Eine Vier beim letzten Loch hätte ihn, zusammen mit Jack Nicklaus, auf den zweiten Platz gebracht, aber er hatte das Grün links verfehlt, und damit drohte ihm ein riskanter Schlag über die Bunker. Statt über sie hinweg zu schlagen, ließ er den Ball fast tollkühn zwischen ihnen hindurchrollen – und kam bis auf wenige Zentimeter ans Loch heran. Mit diesem Schlag zählte er plötzlich zur Golf-Weltelite. Noch im gleichen Jahr konnte er die Dutch Open für sich entscheiden. In chevaleresker Manier gewann er dann in Royal Lytham und St. Annes die British Open 1979 und feierte weitere Triumphe bei den US Masters 1980 und 1983 in Augusta.

Henry Cotton

Als Henry Cotton 1934 in Sandwich die British Open gewann, beendete er eine zehnjährige Siegesserie der Amerikaner.
Nach diesem großen Sieg waren Sam Snead (1946) und Ben Hogen (1953) die einzigen Amerikaner, die bei diesem Turnier bis in die sechziger Jahre hinein Erfolg hatten. Cotton holte sich den Titel erneut 1937 in Carnoustie und 1948 in Muirfield.
Cotton, eine makellose Erscheinung, war nicht nur auf dem Platz in jeder Hinsicht ein Könner und Perfektionist, sondern trug vor allem dazu bei, das Ansehen des Pro-Golfs zu heben.
Es war Lord Roseberry, der ihn als Pro in den Ashridge Golf Club holte, ehe er seinen Titel in der Open 1937 gewann. Bevor Cotton nach Ashridge ging, war er beim Waterloo Club in Belgien.
Gegen Ende seiner aktiven Zeit begann Cotton mit dem Entwerfen von Golfplätzen. Sein bevorzugtes Projekt ist Pennina in Portugal, wo er heute auch lebt.

Nick Faldo

Dieser Weltklassespieler verfügt nicht nur über eine sehr elegante Schwungtechnik, sondern schlägt auch besonders lange Bälle. Darüber hinaus ist er ein überragender »Putter«.
In der Saison von 1983 gewann er allein im Europäischen Golf-Zirkus 150000 £. Von den fünf Siegen dieser Saison errang er drei hintereinander – die French Open, die Martini International und die Car Care Plan International. Faldo war fest entschlossen, auch noch die British Open in Royal Birkdale zu gewinnen – und war tatsächlich bis weit in die letzte Runde hinein in Führung. Doch dann erwies sich sein aggressives Putten, mit dem er Birdies zu erreichen hoffte, als zu riskant; denn er mußte an einem entscheidenden Punkt mit drei Putts einlochen. Obwohl Faldo beim Matchplay schon verschiedene Niederlagen einstecken mußte, zweimal zum Beispiel gegen den Australier Greg Norman, ist seine Gesamtbilanz ausgezeichnet. Er ist der erste Brite seit Tony Jacklin, der in Amerika siegte, und zwar bei der Heritage Classic 1984.

BERÜHMTE SPIELER

Bernard Gallacher

Im Jahr 1967 stieß der damals achtzehnjährige Spieler aus Bathgate, Schottland, den führenden Amateur der Region, Ronnie Shade, vom Thron, als er die Schottische Zählspiel-Meisterschaft in Muirfield mit sensationellen 66 Schlägen in der letzten Runde für sich entschied.
Er hatte seine erste Assistentenstelle an der Seite von Pat Keene beim Dyrham Park Golf Club bekleidet. Ohne etwas von seiner Absicht verlauten zu lassen, ging er nach Berkhamsted, um an der Hertfordshire Assistants Championship teilzunehmen, die er dann tatsächlich gewann. Als er am nächsten Tag seine Arbeit bei seinem Heimatclub wieder aufnehmen wollte, bedeutete man ihm, daß er nicht mehr erwünscht war. Glücklicherweise brauchte Tom Haliburton in Wentworth einen Assistenten. Gallacher ergriff die Gelegenheit und ist noch heute dort als Senior-Pro tätig. Gallacher hat seit 1969 an jedem Ryder-Cup-Turnier teilgenommen. Zu seinen größten Siegen zählen die von 1977 in Royal Lytham and St. Annes gegen Jack Nicklaus.

David Graham

Der aus Australien stammende Graham spielt seit 1962 als Pro. Trotz guter Leistungen gelang es ihm aber erst 1970, zur Spitzengruppe vorzustoßen. In diesem Jahr gewann er die Offenen Meisterschaften in Viktoria, Tasmanien, Yomiuri, Thailand und Frankreich.
Sein erster Erfolg in einem Major-Turnier war die USPGA-Meisterschaft 1979, bei der er einige nervenaufreibende Situationen zu bestehen hatte. So brauchte er, als er das Turnier bereits in der Tasche zu haben schien, am letzten Loch vier Schläge, um vom Rand des Grüns ins Loch zu kommen. Im Stechen benötigte er dann erneut drei Löcher, um Ben Crenshaw zu schlagen.
Auch beim World-Match-Play-Turnier 1976 in Wentworth, wo er den Amerikaner Hale Irwin schlug, war der Sieg erst nach einigen höchst ungewöhnlichen Putt-Aktionen gesichert. Bei der US Open 1981 allerdings verhalf ihm nicht nur das Putten zum Sieg – in der letzten Runde gelang ihm das fast Unglaubliche, nämlich alle 18 Löcher mit Par zu schlagen.

BERÜHMTE SPIELER

Ben Hogan

Ben Hogans Karriere als Pro dauerte viele magere Jahre, bevor ihm ein entscheidender Sieg gelang. Und als er dann vor dem großen Durchbruch stand, begann der Zweite Weltkrieg. Durch den Sieg bei der US Open 1948 feierte er erneut seinen Einstand im Spitzengolf. Ein Jahr später allerdings stieß er mit seinem Wagen frontal gegen einen Bus. Obwohl die Ärzte befürchteten, er könne nie wieder einen Schläger in die Hand nehmen, gewann er 1950, 1951 und 1953 die US Open. Den letzten dieser Siege errang er unmittelbar vor seiner einzigen Teilnahme an der British Open in Carnoustie, die er mit insgesamt 282 Schlägen gewann, was damals einen Rekord darstellte.

Hogens Theorien zur Schwungtechnik beim Golf haben viel zur Weiterentwicklung dieses Sports beigetragen. Vor allem betonte er die Bedeutung einer einheitlichen Schwungebene, die auch in diesem Buch entsprechend berücksichtigt wird.

Tony Jacklin

Die Geschichte Tony Jacklins dreht sich weitgehend um die British Open. So stand er 1970 mit großem Vorsprung in St. Andrews in der Mitte des 14. Fairways und blickte besorgt auf den dunklen Himmel, an dem ein schweres Gewitter aufzog. (Er verteidigte die im Jahr davor in Royal Lytham und St. Annes gewonnenen Titel – nachdem er nur wenige Tage zuvor bereits den Sieg bei der US Open davongetragen hatte.) Dann slicte er den Ball in einen Ginsterbusch und beendete am nächsten Morgen die Runde mit sehr mäßigem Erfolg.

Im folgenden Jahr wurde er in Royal Birkdale Dritter – zwei Schläge hinter Lee Trevino. Aber die Open von 1972 wurde ihm dann tatsächlich zum Verhängnis. Am 71. Loch lag er mit zwei Schlägen kurz vor dem Grün, während sein Rivale dafür vier Schläge brauchte. Jacklin pitchte sicher ins Zentrum des Grüns. Was dann geschah, machte Geschichte: Trevino erreichte mit einem Chip das Loch, und Jacklin nahm drei Putts.

Bobby Jones

Obwohl sich Robert Tyre Jones bereits mit achtundzwanzig Jahren aus dem offiziellen Kampfsport zurückzog, weil er glaubte, den Gipfel seiner Karriere erreicht zu haben, stellte er einen bis heute ungebrochenen Rekord auf: 1930 gewann er sowohl die Amateur-Meisterschaften wie die Offenen von Großbritannien und den USA. Davor hatte Jones die USA bei jedem Walker Cup vertreten. Außer dem Grand Slam gewann er noch die US Open 1923, 1926 und 1929. In den Jahren 1922, 1924, 1925 und 1928 war er jeweils Zweiter, wobei er die beiden letzten Turniere in der Verlängerung verlor. Außerdem siegte er bei den US Amateur-Meisterschaften von 1924, 1925, 1927 und 1928 und gewann 1926 und 1927 auch noch die British Open.

Bernhard Langer

Westdeutschland hat bis jetzt nur sehr wenige Top-Pros hervorgebracht – und keiner von ihnen kann auf Erfolge wie Bernhard Langer verweisen. Der 1957 geborene Sohn eines Maurers wechselte schon bald nach Verlassen der Schule ins Pro-Lager und zeigte im Rahmen des Europäischen Golf-Zirkus bereits 1976 beachtliches Format.

Trotz anhaltender Probleme mit dem Putter, wegen denen er 1977 wieder vorübergehend aus dem Rampenlicht verschwand, hat Langer seitdem bemerkenswerte Erfolge erzielen können. Er verfügt über eine erstklassige Balltechnik, wobei vor allem seine energischen und direkten Drives auffallen.

Langer hat von Anfang an beim Hennessy Cognac Cup die Kontinental-Gruppe vertreten, und 1982 war er deren Captain. Im vorausgegangenen Jahr hatte er die begehrte Harry-Vardon-Trophäe gewonnen, die immer an den Spieler verliehen wird, der die Einnahmeliste der PGA anführt. Seitdem spielte er in den Ryder-Cup-Wettkämpfen gegen die USA.

BERÜHMTE SPIELER

Nancy Lopez

Der Aufstieg Nancy Lopez' in die obersten Ränge der Pros ist einzigartig in der Geschichte des Golfs, vor allem wenn man bedenkt, daß im Jahr 1978 die Konkurrenz besonders stark war.
So mußten die Amerikanerinnen Hollis Stacy, Jo Anne Carner, Sandra Haynie und Judy Rankin geschlagen werden. Außerdem waren da noch die starke Jan Stephenson, Australien, und Sally Little, Südafrika. Trotzdem war Nancy Lopez im Jahr ihres Durchbruchs die Spielerin mit dem höchsten Preisgeld.
In Großbritannien hat sie an mehreren großen Turnieren teilgenommen und gewann die Colgate Womens' Championship in Sunningdale. Anläßlich einer Filmserie »Männer gegen Frauen« spielte sie auf dem sehr langen Duke's Course in Woburn zusammen mit Sally Little gegen Jerry Pate und Johnny Miller. Dort bewies sie, wie lang sie wirklich schlagen kann. So benutzte Miller bei einem Loch ein Eisen 3, während Nancy Lopez den Schlag mit dem Pitching Wedge ausführte.

Johnny Miller

Im Jahr 1973 sah es so aus, als ob der damals sechsundzwanzigjährige Johnny Miller Jack Nicklaus die Spitzenposition streitig mache. Selbst der vielversprechende Tom Watson schien den Sprung nach oben nicht zu schaffen. Mit einer unglaublichen Runde von nur 63 Schlägen hatte Miller die US Open für sich entschieden. Danach kam er nach England und wurde bei der British Open in Troon hinter Tom Weiskopf Zweiter.
Sein Sieg bei der British Open 1976 in Royal Birkdale schien sicher. Aber nach diesen drei außerordentlich erfolgreichen Jahren, wie sie nur wenige Spitzengolfer erhoffen können, setzte ein ebenso überraschender Abstieg ein.
Trotz aller Rückschläge jedoch verlor Miller nie den Mut. So gewann er 1979 in Saint-Nom-la-Bretèche, Paris, die Lancome Trophäe, die er während seiner Hochform 1973 schon einmal gewonnen hatte, und danach errang er 1981 noch den Sieg beim ersten Million Dollar Sun City Challenge.

Jack Nicklaus

Heute klingt es fast unwahrscheinlich, daß der aus Columbus, Ohio, stammende Jack Nicklaus bei den amerikanischen Golffans alles andere als beliebt war, als er 1961 ins Lager der Pros wechselte. Er war damals gerade einundzwanzig und hatte bereits zweimal die US Amateur-Meisterschaft gewonnen. Darüber hinaus war er im Jahr zuvor bei der US Open Zweiter geworden. Doch für die amerikanischen Golfenthusiasten war er in erster Linie der gefährlichste Rivale des allseits beliebten Arnold Palmer, und bald war klar, daß er den zehn Jahre älteren von der Spitze verdrängen würde. In der Folgezeit aber bewies Nicklaus, daß er neben Meisterschaften – er siegte bei mehr Majors als jeder andere Spieler – auch die Fans zu gewinnen verstand. Selbst seine größten Gegner leugnen nicht, daß es kaum ein besseres Beispiel für Sportsgeist und Fairneß gibt, als das Jack Nicklaus'.

Nicklaus nahm an nicht weniger als zweiundzwanzig Open teil, bei denen er 1966, 1970 und 1978 als Sieger hervorging.

BERÜHMTE SPIELER

Greg Norman

In den ersten sieben Jahren als Pro hat Greg Norman in nicht weniger als sieben Ländern Titel gewonnen. Seine fabelhafte Kondition erlaubt es dem jungen Australier, die vielen Stunden im Jet unbeschadet zu überstehen, wenn er von einer Ecke der Welt in die entgegengesetzte fliegt, um Turniere zu bestreiten. Norman legt jährlich per Flugzeug weit über 150 000 Kilometer zurück.

Norman hat schon viele bedeutende Turniere für sich entschieden, darunter auch die Open von Hongkong, Frankreich, Skandinavien und Australien. Und er hat zweimal die World-Match-Play-Meisterschaft gewonnen, und zwar 1980 und 1983, als er Nick Faldo im Finale bezwang.

Computerstatistiken, die auch im Golf eine immer größere Rolle spielen, zeigen, daß er nicht nur zu den Spielern mit den längsten Schlägen zählt, sondern auch die meisten Grüns fast regelmäßig mit einer bestimmten Zahl von Schlägen schafft.

Arnold Palmer

Es wird behauptet, daß Arnold Palmer wesentlich zum Golfboom der fünfziger und sechziger Jahre beigetragen hat. Er faszinierte vor allem auch die Fernsehzuschauer mit seiner spielerischen Eleganz, die er selbst in kritischen Situationen bewahrte.

Ganz sicher hat Palmer auch der British Open zu neuem Glanz verholfen, weil er seine amerikanischen Kollegen davon überzeugte, daß man sich erst dann »Champion« nennen darf, wenn man diese Meisterschaft auch gewonnen hat.

Er selbst war 1960 als Inhaber des US Open-Titels zur Hundertjahrfeier der British Open eingeladen worden – und hat seitdem keines der Turniere versäumt. Fast wäre es ihm damals gelungen, eine »Dublette« zu schaffen, doch dann lag er am Ende um einen Schlag hinter dem Australier Kel Nagle.

In den beiden folgenden Jahren aber konnte ihm der Sieg nicht mehr streitig gemacht werden, obwohl er 1961 in Royal Birkdale auch nur mit einem Schlag Vorsprung gewann.

BERÜHMTE SPIELER

Gary Player

Als sich der junge Südafrikaner Gary Player im Turnier-Golf zu profilieren begann, war die britische PGA-Tour die größte außerhalb der Vereinigten Staaten. Doch seine erste Saison wurde zum Desaster. Nicht nur, daß er kaum einen Penny gewann, er wurde auch wegen seiner Technik hart kritisiert.

Sein erster großer Erfolg bei einem Major war der Sieg bei der British Open im Jahr 1959 in Muirfield.

Sein Erfolg beruhte sowohl auf seinen 125 Siegen bei den verschiedensten Turnieren und Meisterschaften, als auch auf seinem Ruf als unbeugsamer Gegner. Vor allem im Matchplay setzte er seinen Rivalen hart zu, weil er selbst in noch so aussichtslosen Situationen unbeirrt weiterkämpfte. So war er bei einer World-Match-Play-Meisterschaft, die er nicht weniger als fünfmal gewann, gegen den inzwischen verstorbenen Tony Lema nach 19 Löchern eines 36-Löcher-Matches 7 Löcher zurück – und schaffte es doch noch zu gewinnen.

Dai Rees

Der Tod von Dai Rees im Jahr 1983 signalisierte das Ende einer Ära im South Herts Golf Club. Rees hatte dort noch länger als Pro fungiert als der legendäre Harry Vardon, nämlich seit 1946. Sein Vorgänger hatte den Posten von 1902 bis 1937 bekleidet.

Rees wurde 1913 in Barry, Glamorgan, geboren und betrieb Golf ab 1929 professionell. Klein von Gestalt, aber mit dem Mut eines Löwen, gewann er überall in der Welt bedeutende Titel; vor allem im Matchplay war er ein gefürchteter Gegner. Verzweifelt versuchte er immer wieder sein Glück bei der British Open und wurde dreimal Zweiter: 1953, 1954 und 1961.

Rees war vor allem bei Ryder-Cup-Turnieren sehr erfolgreich; er nahm insgesamt neunmal daran teil.

Im Jahr 1957 war Rees Captain des siegreichen Teams im Lindrick Golf Club in Yorkshire. Es war der erste britische Sieg in diesem Turnier seit 1933, obwohl das Team nach den Vierern 3 : 1 zurücklag.

Lee Trevino

Die Tatsache, daß Lee Trevino bei der USPGA-Tour 1967 zum »Rookie of the Year« (Grünschnabel des Jahres) gewählt wurde und bereits im folgenden Jahr die US Open gewann, zeigt, wie rasant sein Aufstieg in die Golfelite war.

Viele betrachteten seine Erfolge zunächst als reine Glückssache, weil sein Schwung unnatürlich und verkrampft wirkte. Doch bald verstummten seine Kritiker, denn seine Erfolgskurve ging weiter steil nach oben. So gewann er 1971 in einem Monat gleich drei nationale Offene Meisterschaften, die amerikanische, britische und kanadische.

Seine Technik des Fading, bei der der Ball im Flug leicht von links nach rechts abdriftet, gibt ihm maximale Kontrolle über den Schlag. Mit dieser Technik aber bewies Trevino vor allem, daß es nicht das A und O beim Golf ist, den Ball mit reiner Kraft über lange Distanzen zu schlagen. Viele Pros kopierten ihn und änderten ihre Technik, um auf diese Weise den Ball besser kontrollieren zu können.

Peter Thomson

Der als Melbourne-Tiger bekannt gewordene Peter Thomson war einer der besten Golfer auf Links-Plätzen. 1949 wechselte der zwanzigjährige Thomson ins Pro-Lager und kam dann einige Jahre später nach Großbritannien. Man machte ihm anfangs Vorwürfe, weil er jeden Schlag direkt zur Fahne ausrichtete und keinen Gedanken an Sicherheit verschwendete. In seinen beiden ersten British Open kam er jeweils unter die ersten drei, bevor ihm drei Siege hintereinander glückten: 1954, 1955 und 1956, ein Rekord, der in diesem Jahrhundert noch nicht gebrochen worden ist.

Sein besonderes Geschick auf Links zeigte sich vor allem in der Ballkontrolle, und das zu einer Zeit, in der das Gelände den Ball noch höher und unregelmäßiger aufspringen ließ. Erst später begann man, die Links stärker zu wässern, mit der Absicht, die Amerikaner zu den britischen Meisterschaften zu locken. Thomson schlug seine Bälle sehr nieder und machte sich, im echten schottischen Stil, die Geländekonturen zunutze.

BERÜHMTE SPIELER

Tom Watson

Man sagt, daß die Vereinigten Staaten im Abstand von zehn Jahren einen neuen Weltbesten im Golf hervorbringen. Das galt zumindest von Arnold Palmer über Jack Nicklaus bis zu Tom Watson. Und solange sich kein würdiger Nachfolger zeigt, behält Watson diesen Status wohl bei.

Nachdem Watson 1982 die US Open gewonnen hatte, errang er unmittelbar danach auch die British Open in Royal Troon. Es war sein vierter Sieg bei dieser Meisterschaft, die alle auf schottischem Boden ausgetragen wurden. 1975 in Carnoustie gelang es ihm allerdings erst nach einer dramatischen Entscheidung gegen den Australier Jack Newton. Und 1977 focht er auf den Turnberry Links das berühmte »Duell in der Sonne« gegen Jack Nicklaus aus.

Nach seinem Sieg in Muirfield 1980 hatte er augenzwinkernd angedeutet, daß es langsam Zeit für ihn werde, auch einmal in England zu gewinnen. Danach dauerte es nur zwölf Monate, bis er in Royal Birkdale den Titel erkämpfte.

Paul Way

Paul Way gehört zu den vielversprechenden Nachwuchstalenten im Golf. Schon mit achtzehn Jahren eroberte er sich seinen Platz im Walker Cup Team, und zwei Jahre später, er war inzwischen Pro geworden, kämpfte er in der europäischen Mannschaft um den Ryder Cup. Fast wäre es sogar gelungen, die Amerikaner in Palm Beach Gardens zu schlagen, wobei Way nicht weniger als dreieinhalb Punkte von insgesamt fünf gewann. Team-Kapitän Tony Jacklin hatte ihn mit Severiano Ballesteros zusammengespannt, und die beiden wurden ein gefürchtetes Duo. Vielleicht auch, weil sie viel gemeinsam haben. Als Way zum Beispiel in seiner ersten Pro-Saison die Dutch Open gewann, interessierte jeden, wie alt er war; denn Ballesteros hatte diese Meisterschaft ebenfalls im ersten Pro-Jahr gewonnen – auch mit neunzehn. Es stellte sich heraus, daß der Spanier Way noch »übertroffen« hatte, und zwar um drei Monate. Damit blieb Ballesteros der jüngste Sieger innerhalb des Europäischen Golf-Zirkus.

Fachwörter

Albatross Ein mit drei Schlägen unter Par gespieltes Loch.
All square Spielstand der Gegner ist gleich.
Ansprechen Wenn sich der Spieler (nachdem er seinen Stand eingenommen und den Schläger aufgesetzt hat) ganz auf den Schlag konzentriert. In diesem Augenblick herrscht absolutes Sprechverbot; und jede Bewegung, die den Spieler irritieren oder ablenken könnte, muß vermieden werden.
Arc Die vom Schlägerkopf um den Körper beschriebene (fast kreisförmige) Kurve (s. auch Schwungbahn).
Backspin (Rückwärtsdrall) Ein vom Loft der Schlagfläche erzeugter Spin, der durch den steileren Schwung mit den besonders schräg gestellten kurzen Eisen verstärkt wird.
Balata Ein dem Kautschuk ähnliches Naturprodukt zur Herstellung von Golfbällen. Diese Bälle werden vor allem von Pros bevorzugt.
Ballooning Wenn der Ball in den »Himmel« geschlagen wird (auch »skying the ball«). Ein Fehler, der vor allem beim Drive gemacht wird, wenn der Ball zu hoch aufgeteet ist.
Ballposition Die Lage des Balls in Relation zum Stand. Je nach Art des Schlägers und des beabsichtigten Schlags verändert sich die Position, aus der heraus der Ball geschlagen wird.
Ballziellinie Die imaginäre Linie zwischen Ball und Ziel. Der Spieler richtet Stand und Schlägerkopf nach ihr aus.
Birdie Ein mit einem Schlag unter Par gespieltes Loch.
Blatt Die Schlagfläche der Eisen.
Bogey Ein mit einem Schlag über Par gespieltes Loch.
Brassie Ursprünglich die Bezeichnung für das stärkste Fairway-Holz; heute das Holz 2.
Bunker Mit Sand aufgefüllte (meist künstliche) Vertiefung.
Caddie Begleiter eines Spielers, der den Wagen zieht oder die Golftasche trägt. Er sollte darüber hinaus während des Spiels den Spieler bei der Schlägerwahl beraten und auf den Ball achten.

Chip Abkürzung für »Chip-and-run«. Im allgemeinen ein Annäherungsschlag aus unmittelbarer Nähe des Grüns mit sehr wenig Handgelenkaktion, so daß der Ball nur durch den Loft der Schlagfläche gehoben wird. Der Ball rollt nach dem Auftreffen noch weiter, was einkalkuliert werden muß.
Cocking Das Anwinkeln des linken Handgelenks beim Rückschwung.
Dimpel Vertiefungen in der Schale des Balls.
Divot Herausgeschlagenes Rasenstück.
Dogleg Eine nach rechts oder links abbiegende Spielbahn.
Draw Eine sehr fein dosierte Variante des Hookspin, die den Ball nach dem Auftreffen weiterrollen läßt.
Driver Englische Bezeichnung für Holz 1.
Driving Range Übungsplatz.
Duffing Andere Bezeichnung für Sclaffing (wenn der Schlägerkopf den Boden berührt, bevor er den Ball trifft).
Eagle Ein mit zwei Schlägen unter Par gespieltes Loch.
Ersticken (Smother) In den Boden schlagen: Wenn der Loft der Schlagfläche nicht ausreicht, den Ball anzuheben.
Fade Eine sehr fein dosierte Variante des Slicespin, die eine gute Ballkontrolle ermöglicht. Der Ball bleibt unmittelbar nach dem Auftreffen liegen.
Fairway Spielbahn.
Federball Die älteste Form des Golfballs, eine mit Federn gefüllte Lederhülle.
Flacher Schwung Die Schwungbahn verläuft flacher um den Körper des Spielers, als seine Physis erfordert.
Flansch Der vorstehende Sohlenrand bei Eisen, der den Schläger an seinem tiefsten Punkt breiter und schwerer macht. Den breitesten Flansch hat im allgemeinen der Sand Wedge.
Fore Warnruf, mit dem andere Spieler auf einen Ball mit unvorhergesehener Richtung aufmerksam gemacht werden.
Forward Press (Druck nach vorn) Die erste Bewegung beim Rückschwung. Eine leichte Vorwärtsbewegung von Händen, Armen und häufig auch dem rechten Knie.
Fourball Vier Spieler in zwei Teams spielen gegeneinander ein Loch- oder Zählspiel, wobei jeder Spieler einen Ball schlägt.

Foursomes Zwei Teams mit je zwei Spielern messen sich im Loch- oder Zählspiel, wobei sie zusammen einen Ball spielen.

Fluffing Weitere Bezeichnung für Sclaffing (wenn der Schlägerkopf den Boden berührt, bevor er den Ball trifft).

Geöffnet Es bedeutet, daß Stand und Körper nicht parallel zur Ballziellinie ausgerichtet, sondern nach links zurückgenommen sind. Beim Schwung bedeutet »geöffnet«, daß Handgelenk und/oder der Schlägerkopf in Relation zur Schwungebene nach außen gedreht sind.

Geschlossen Beim Stand bedeutet geschlossen, daß der rechte Fuß und die rechte Körperseite von der Ballziellinie zurückgenommen sind, also nicht mehr parallel zu ihr stehen. Beim Schwung heißt das, daß sich das linke Handgelenk und/oder die Schlagfläche aus der Schwungebene heraus nach innen drehen.

Gewicht (Static Weight) Sowohl das Eigengewicht als auch das Schwunggewicht des Schlägers.

Golfbesteck Die Schläger.

Greenfee Gebühr, die ein Golfer auf einem fremden Platz entrichten muß.

Grün (Green) Die kurzgeschnittene Rasenfläche um das Loch.

Handicap Eine vom Spielausschuß für jeden Spieler festgelegte Vorgabe. Sie ist die Differenz (Mehr-Schläge) zwischen dem Par des Platzes und der durchschnittlichen Zahl von Schlägen, die der Spieler für diesen Platz benötigt.

Hickory Das Holz, das vor der Einführung der Stahlschaftschläger für Schlägerschäfte verwendet wurde. Heute benötigt man es nur noch gelegentlich bei der Herstellung von Puttern.

Hookspin Ein Seitwärtsdrall des Balls, der dadurch entsteht, daß der Schlägerkopf nach »innen« aus der Schwungbahn herausgedreht ist.

Jigger Ein kurzschaftiger Hickoryschläger, der besonders auf Links bevorzugt wurde, und zwar für das Spiel um das Grün herum.

Kippen Eine falsche Schulterbewegung. Während des Rückschwungs sackt die linke Schulter ab, anstatt sich mitzudrehen.

Late Hit (verspäteter Schlag) Wenn die Bewegungsabläufe von Rück- und Abschwung nicht richtig getimt sind, so daß der Ball nicht square getroffen wird.

Lesen des Grüns Genaues Studieren der Grasbeschaffenheit, des Strichs und der Neigung des Grüns unter den jeweiligen Wetterbedingungen.

Lie (Lage) Sowohl die Position des Balls im Gelände als auch der Winkel zwischen Schaft und Sohle eines Schlägers.

Links Landstreifen zwischen Küste und Hinterland, auf dem ursprünglich Golf gespielt wurde.

Lochspiel (Matchplay) Eine Spielart mit einem oder zwei Spielern auf jeder Seite, bei der die Schläge zählen, die für die einzelnen Löcher benötigt werden (anstatt die Gesamtzahl der Schläge für 18 Löcher). Das Spiel hat eine festgesetzte Runde und wird von der Partei gewonnen, die mit einer größeren Anzahl von Löchern führt, als noch zu spielen sind.

Loft Sowohl die Höhe der Flugbahn als auch der Winkel (oder Schrägstellung) der Schlagfläche in Relation zur Schlägersohle bzw. zum Boden.

Majors Die vier bedeutendsten Golf-Meisterschaften: die US Masters in Augusta, die US Open, die British Open und die USPGA Championship. Die British Open – immer noch als *die* Meisterschaft betrachtet – findet grundsätzlich auf Links statt.

Matchplay (s. Lochspiel)

Open (Offene) Offene Meisterschaftsspiele, an denen sowohl Amateure wie Pros teilnehmen können.

Par Die für jedes Loch, je nach seiner Länge, festgelegte Anzahl von Schlägen.

Persimmon Ein sehr hartes Holz (aus der Familie der Ebenholzgewächse), aus dem Schlägerköpfe gefertigt werden. Es ist selten und muß lange gelagert werden.

Pitch Kurzer, hoher Schlag zur Fahne; oder ein kurzer, hoher Schlag, bei dem die Gesamtbewegung des vollen Schlags eingesetzt wird.

Pitchmarke (pitch mark) Einschlagloch auf dem Grün.

Pro Berufsspieler und Golftrainer.

Putt Schlag auf dem Grün in Richtung Loch.

Putter Schläger zum Einlochen (putten).

Putting Green Eine vor allem für Anfänger geeignete Grünfläche mit neun Löchern, auf der das Putten geübt wird.

Recovery Bezeichnung für einen Schlag aus einem Hindernis heraus.

Rough Hohes Gras (als natürliches »Hindernis«).

Runde Spiel über achtzehn Löcher.

Rückschwung Mit ihm wird der Schläger nach dem Set-up vom Ball weg hinter den Körper geführt. Der Rückschwung dient der Schlagvorbereitung.

Schlägersatz (Set) Er besteht aus maximal vierzehn Schlägern und wird individuell zusammengestellt. Im allgemeinen umfaßt er drei Hölzer, zehn Eisen und einen Putter.

Schwanken (Sway) Ein falsches seitliches Verschieben von Kopf und Oberkörper während des Schwungs.

Schwungbahn (Swing path) Die Bahn des Schlägerkopfes durch die Treffzone, und zwar in Relation zur Ballziellinie.

Schwungebene (Swing plane) Sie ergibt sich aus dem Neigungswinkel, in dem der Schläger um den Spieler schwingt.

Schwunggewicht (Swing weight) Es ist für alle Schläger eines abgestimmten Satzes gleich ausbalanciert, unabhängig von ihrer Länge oder ihrem Gewicht, so daß sie beim Schwung alle gleich schwer zu sein scheinen.

Sclaffing: Wenn der Schlägerkopf den Boden berührt, bevor er den Ball trifft.

Score Anzahl der Schläge.

Set-up (Aufstellung) Das Einnehmen des Standes: Füße, Körper und Schläger werden in Relation zur Ballziellinie ausgerichtet, bevor man zum Rückschwung ansetzt.

Shanking Wenn der Ball mit dem Winkel zwischen Schlägerschaft und -blatt (Shank) getroffen wird.

Singles Wenn zwei Golfer nach den Regeln von Loch- oder Zählspiel gegeneinander spielen.

Slicespin (Seitwärtsdrall) Er entsteht, wenn die Schlagfläche aus der Richtung der Schwungbahn nach außen gedreht wird.

Socket Mit Socket werden Fehlschläge bezeichnet, bei denen der Ball mit der Schlägerspitze getroffen wird und, im Extremfall, in scharfem Winkel nach rechts abdriftet.

Spoon Die frühere Bezeichnung für Holz 3.

Square Bedeutet die parallel zur Ballziellinie ausgerichtete Fuß- und Körperhaltung. Werden beim Schwung linkes Handgelenk und/oder Schlagfläche in der Schwungebene geführt, bezeichnet man das ebenfalls als square.

Stand (Stance) Die Position der bereits ausgerichteten Füße in Relation zum Ball. Sie verändert sich je nach Art des Schlags.

Steiler Schwung Wenn der Schlägerkopf in einem steilen Winkel geführt wird, als die Physis des Spielers und die Schlägerlinie erfordern würden.

Strokeplay (s. Zählspiel)

Surlyn Ein Kunststoff, der heute häufig für die Herstellung von Ballschalen verwendet wird. Er ist strapazierfähiger als Naturkautschuk.

Tee 1. Die Stelle, von der aus der erste Schlag auf das Loch ausgeführt wird. 2. Der Holz- oder Plastikstift, auf dem man den Ball zum Abschlag aufsetzt.

Toppen Wenn der Ball zu weit oben, d.h. oberhalb der »Gürtellinie« getroffen wird.

Turf Grasfläche der Spielbahn.

Verschränkter Griff (Interlock) Dabei wird der kleine Finger der unteren (rechten) Hand mit dem Zeigefinger der oberen (linken) Hand verschränkt.

Wackeln (Waggle) Die Lockerungsbewegungen zwischen Einnahme des Standes und Beginn des Rückschwungs. Man sucht dabei das richtige »Gefühl« für den Schlag, gleichzeitig richtet man Körper und Schläger korrekt aus.

Wasserhindernis Es kann quer vor einem Loch liegen, dann ist es durch gelbe Pfähle markiert, oder es verläuft längs oder seitlich vom Loch als »seitliches Wasserhindernis« und ist mit roten Pfählen markiert. Der Ball kann aus beiden Hindernissen herausgeschlagen werden, oder man läßt ihn, unter Hinzurechnung eines Strafschlags, fallen.

Zählspiel (Strokeplay) Eine Wettspielvariante, bei der die Schläge, die ein Spieler für alle 18 Löcher benötigt, zusammengezählt werden. Der, der die wenigsten Schläge braucht, gewinnt. Die meisten Meisterschaften werden in dieser Form über eine Platzeinheit von 72 Schlägen ausgetragen.

Register

Abschwung 61, *61*
Afrika-Tour 25
Aitchison, Willie *125*
Albatross 185
Alliss, Peter *8*, 17
Amerikanische Tour 28
Anderson, Harold 110
Aoki, Isao 152
Armbewegung 52, 77 f., 81
Armour, Tommy 42
Ashridge 6
Augusta National 16, 28
Ausrichten 65, 99
Ausrüstung 31–49
Ausschwung 63, *64*

Backspin 113 ff., 117, *119*, 218
Baden-Baden 16
Bad Homburg 16
Baffy 34
Ball (s. Golfball)
Ballesteros, Severiano 8, 10, *11*, 16, 21, *27*, 28, *40*, *75*, 81, *139*, 140, *163*, *167*, 181, *188*, 188, *193 f.*, 197, 201, 207, 217
Ballooning 131, 218
Ballziellinie 57, 89, *89*, 104, 218
Bäume, Büsche 165
Beinarbeit 81 ff.
»Benny« 42
Berg, Patty 28
Bergablage
  mittlere – 134
  sanfte – 134
  steile – *135*, 135
Bergauflage
  mittlere – 134
  sanfte – 133 f.
  steile – *135*, 135
Bestball (s. Lochspiel)
Birdie 184, 218
Blackheath 13
Blaster 157
Bogey 184 f.
Bounce 161
Bradshaw, Harry 107
Braid, James 20, 23, *23*
Brassie 34, 38, 122
British Open 20, 28
Bronze Division 182
Brown, Eric 24, *24*, *125*
Bruen, Jimmy 107
Bullseye 42
Bumbling 140

Bunkerschläge 139, 157–161, 193
  Üben von – n 198

Caddie 14, 23, *46*
Carner, Jo Anne 28, *29*, 212
Charles, Bob *145*
Chippen 139, 139 f., 143 ff.
  Chip-and-run-Schlag (Chip) 140 ff., 160, 218
Clampett, Bobby 105
Club(s)
  -abteilungen 205
  Handwerker- 204
  Privat- 204 f.
  -Pro 206
  -sekretär 205
  -steward 205
Coles, Neil 9
Cotton, Henry 6, 20, 51, 200, *201*, 208
Crenshaw Ben *53*, 54, 105. *194*
Cut 117

Daly, Fred 20, 107, 171
Damen-Golf 28 f.
Darcy, Eamonn *107*, 108
Derby, The, (Golfplatz) 24
Divot *120*, 120, 122
Dogleg-Löcher 173
Draw Flight 175, 218
Drawspin 113 f., *116*, 117, 121
Dreiviertelschlag 176
Driver, 34, 36 ff., 39 f., 97, 114
Driving Ranges *203*, 203 f.
Duffing 128
Dunham Forest Golf Club 6
Dunn, Willie 15
Durchschwung 8, 10, 57, *58*, 60–65, 82 f., 87, 92
  Üben des -s 201

Eagle 184 f.
East Herts Club 6
Entfernung
  – Einschätzen der – 199 f.
  -skarte 199 f.
Europäische Tour 25
European Tournament Players Division (ETPD) 21, 24 f.
Exploder 158
Explosionsschlag *158*, 8, 173
Extension 63, 65

Fadespin 113, 115, *116*, 218
Fairway-Bunker 157, 161
Faldo, Nick 28, *64*, *150*, *157*, 163, 208, 214
Falsterbo 16
Farmer, Jim *181*
Faulkner, Max 20
Fehler 99–105
  -korrektur 200
Ferguson, Bob 23
Fitneß, körperliche 200 f.
Floyd, Raymond *147*
Fluffing 128
Foursomes 183
  – Lochspiel (s. Lochspiel)
  – Zählspiel (s. Zählspiel)
Fußarbeit 67, *68*, 69, 81 ff.
Fußstellung 89 f., *93*

Gallacher, Bernard 209
Gem 42
Gewichtsverlagerung 96
Gilder, Bob *193*
Ginster 165
Golfball 47 ff. 52 f.
  Fallenlassen des -s (droppen) 206
  Geschichte des -s 17, 19
  Markierung 194, 206
  Plazierung 66 f., 89, 93 f., 99, 218
Golf-Etikette 193–195
Golf, Geschichte des -s 9, 13–21
Golfhandschuhe 47
Golfplatz
  Geschichte des -s 19
  öffentliche Plätze 204
  städtische Plätze 204
Golf-Regeln 181, 205 f.
Golfschläger 31–44
  Geschichte des -s 19, 31 f.
  Herstellung 33 f., 42
  Holz- *31*, 31, 32, 42 f.
  jenseits der Ziellinie 104
  Metall- *31 f.*, 31 f., 34, 44
  Pflege 42 ff.
  Putter *31*, 34, 36, 40 ff., 150
  Üben mit dem – 197 f., 200
  Veränderungen 51
  Wahl des -s 34–39
Golfschuhe *47*, 47
Golfschwung 51–87
  an Hanglagen 133–137
  aus nassen Sandbunkern 161
  Bäume u. Büsche 165 ff.

221

REGISTER

bei im Sand begrabenen
Bällen 159f.
Durchschwung 8, 10, 57,
60–65, 82f., 87, 92, 201
Fehler 99–105
geschlossen zur Ebene 110f.
Grundschwung 89–97
offen zur Ebene 109
perfekter – 107–111
Pitchen 142, 145
Rückschwung 8, 10, 57, 59f.
59f., 91f., 201
square zur Ebene 109f.
Schwungbahn 85, 87, *87*
Schwungebene *77*, 83–87, *94*,
95f., 104f.
Schwunggewicht 36
Schwungroutine der Pros
54–65
Set-up 54, 57, *57f.*
Spin 113f., 119–125
Splash 158f.
Golfturniere 20f., 25ff.
Damen- 28f.
Große – (Majors) 28, 219
Golfwagen (trolley) 47
Golf-Zentren 204
Graham, David 28, 209
Grand Slam 28
Gras
 –beschaffenheit 147f., 179
 dichtes – 163, 165
Gray, Martin *181*
Greenbrier Club *203*
Greenkeeper (s. Platzwart) 205
Greensome
 – Lochspiel 183f.
 – Zählspiel 183
Griff 39, 44
 –stärke 39
 –variationen 73f.
Grün
 mehrstufiges – 154, *155*
 Lesen des -s 147ff., 154f.
Grundschwung(s), Einübung des
89–97
Guttaperchaball, »Gutty« 17, 19,
49

Hagen, Walter 20
Haliburton, Tom 209
Hand
 –bewegungen 52, 69–76, 97, *97*
 –gelenkbewegungen 52, 75ff.,
 96f., *97*
Handicap
 –Regeln 181f., 184
 –System 181–184, 218

Handwerkerclubs 204
Hanglagen
 Putten an – 154f., *155*
 Spielen von – 133–137
Hangneigung
 seitliche – 136f., *136f.*, 148f.
Hay, Alex 6, 8, *8ff.*, *11*, *19*, *89*, *91*
Hay, David *89*
Haynie, Sandra 212
Henderson, Dickie *131*
Higuchi, Chako 29
Hindernisse 165–169
 aus -en heraus 168f.
 über – hinweg 165f.
 Umspielen von -n 167f.
 unter -en hindurch 166
 Wasser- 168f.
Hogan, Ben 47, 54, 108, 208, 210
Honourable Company of
 Edinburgh Golfers 14
Hookspin 113ff., *113*, 116, 117,
 119ff., *120*, 122–125, 168, 177,
 218
 gepullter – 115, *116*
Hope, Bob *131*
Horton, Tommy *84*
Hüftbewegung 82f.
 –stellung 67, 69
Hunt, Bernard 9, 163
Hunt, Guy 6
Hutchison, Jock 20

Irwin, Hale *45*

Jacklin, Tony 20, 28, 208, 210, 217
Jigger 34, 219
Johnston, Tony *171*
Jones, Robert Trent 16
Jones, Robert Tyre (Bobby) 9, 16,
 20, 211

Keene, Pat 209
Kite, Tom 105
Köcher 45
Körperhaltung 89f.
kurzes Spiel 139–145

Langer, Bernhard 152, *165*, 211
Las Brisas (Nueva Andalucia)
 16, *23*
Lee-Smith, Jenny 29
Leith Links 14, *15*
Lema, Tony 187, 215
Le Touquet 16
Links 13f., 15f., 19, 147, 219
Little, Sally 212
Löcher
 Dogleg – 173, 190
 kurze – 173, 175, 177

Lochspiel 182, 187, 219
 Foursomes – 182, 218
 Singles – 182, 219
 Vierball- (Bestball) 182
Locke, Bobby 34, 107, *113*, 125
Loft 38f., 51, 114, 117, 120f., 219
Lopez, Nancy 29, 212
Lyle, Sandy 47, *183*

Mackenzie, Alister 16
Majors (s. Golfturniere)
Marsh, Graham *9*, 10, 28, 171
Mashie 34
– Niblick 34
Matchplay 182, 219
McNulty, Mark 25
Meisterschaften 20f., 25ff., 28
Mid Iron 34
Miller, Johnny 10, 119, 207, 212
Morris, Tom, jun. *15*
Morris, Tom, sen. *15*
Muirfield (Ohio) 16
Musselburgh 14, 23

Nagle, Kel 20, 214
Nelson, Larry 27
Newton, Jack 217
Niblick 34
Nicklaus, Jack 16, *17*, 73, *84*, 152,
 152, 181, 201, 207, 209, 212f., 217
Nigeria Open 25
Norman, Greg 201, *206*, 208, 214

Offene Meisterschaften
 (s. Meisterschaften)
Ouimet, Francis 20

Palmer, Arnold 9, 16, 20, 44, 51,
 54, *64*, *133*, *172*, *188*, 188, *197*,
 213f., 217
Panton, Cathy 29
Panton, John 29
Par 184f., 219
Park, Willie *15*, 15, 42, 147
Pate, Jerry 10, *51*, *64*, 212
Pavin, Corey 28
PGA-Zirkus 25ff.
Pinero, Manuel 32
»Ping« *40*, 42
Pitch, Pitchen 139, 141ff., *143*,
 145, 219
Pitching Wedge 34, 36, 38, 40
Platzwart (Greenkeeper) *203*, 205
Player, Gary 9f., 25, 28, *62*, *71*,
 157, *158*, 187, 187, 200f., 215
positives Denken 200
Price, Nick 25
Problemschläge 169
Pull 117

Push 116, 117
Putt, Putten 139, 147–155, 193
Putter 31, 34, 36, 40ff., 150, 152
   Verkehrtherum- 42

Rankin, Judy 212
Ray, Ted 28
Rees, Dai 215
Regen 178f.
Rogers, Bill 47, 111
Rom 16
Roundhouse Swing 137
Royal and Ancient Golf Club of St. Andrews (R & R) 14, 14f., 19f., 19, 51, 204, 206
Royal Calcutta Club 16
Royal Hongkong 16
Royal Melbourne 16
Rückschwung 8, 10, 57, 59f., 59f., 91f., 219
   Üben des -s 201
Rutting Iron 34
Ryder Cup 20f.
Ryder, Samuel 20f., 21

Safari-Tour 25
Sand, nasser 161
Sand Wedge (Sand-Eisen) 34, 36, 38, 40, 143, 157ff.
Sandy Lane Golf Club (Barbados) 27
St. Mellion 17
Sarazen, Gene 34
Savalas, Telly 127
Sayers, Ben 6, 33, 42
Scandinavian Open 25
Schläge
   kurze – 145, 174, 191
   zweite – 174, 176, 190
Schlägergriff 69–75 90f., 90f., 99f.
Schlägerkopf 32, 33f., 44, 120
Schlägerlänge 39f.
Schlag-Index 185
Schlaglöcher 194
Schlagverbesserung 127–131
Schlagwinkel (s. Loft)
Schulter
-bewegung 77, 79, 79f., 81, 96
-stellung 68, 69, 100f.
Schwanken 102, 219
Schwungbahn 85, 87, 87, 219
Schwungebene 77, 83–87, 94, 95f., 104f., 219
Schwungfehler 99–105
Schwunggewicht 36, 219
Schwungtechnik 10f., 51ff., 53
   individuelle-en 107, 107
Sclaffing 128f., 128, 219

Scorekarte(n) 181–185, 191
Scottish flat swing 172
Scottish sway 52, 53
Senkblei-Methode 147f., 148, 150
Set-up 54, 57, 57f., 219
Shade, Ronnie 209
Shanking, Shank 117, 129–131, 219
Shankland, Bill 6
Shinnecock Hills 15
Sidespin 113ff., 125
Silver Division 182
Singapore Club 16
Singles
   – Lochspiel s. Lochspiel
   – Zählspiel s. Zählspiel
Slicer-Griff 100
Slicespin 113ff., 116, 117, 121ff., 123, 125, 219
   gepushter – 116, 117
Snead, Sam 208
Socket 128, 129, 219
Sotogrande 16
Spielergebnisse, Bezeichnungen der 185
Spielformen 182ff.
Spielregeln (s. Golf-Regeln)
Spielstrategie 187–191
Spin, der Ball mit 113–125
   Anwendung des -s 119–125
   Üben des -s 198
Splash 157f., 157, 160
Spoon 34, 38, 219
Stableford Bogey 184
Stacy, Hollis 212
Stadler, Craig 27, 46
Stand 66–69, 89f., 94, 100f., 219
   – bei Bunkerschlägen 158–161
   – bei kurzen Schlägen 145
   – beim Putten 150–154
   – beim Schlag über Bäume und Büsche 165ff.
   – bei Schlägen an Hanglagen 133–137
   – bei Schlägen mit Gegenwind 175
Standard Scratch Score (SSS) 182, 184f.
   –System 184f.
Stephenson, Jan 212
Stimpmeter 190
Stowe School 6
Strokeplay 182
Stuart, Maria 14
Stymie (Mattsetzen) 206
Südafrika 25
Südamerikanische Tour 28
Suggs, Louise 28
Sun City 28
Sunningdale, Old Course of 15

Taylor, J. H. 20, 23, 23
Tee(s) 47, 173ff., 189, 220
   -abschläge bei Gegenwind 175f.
   -abschläge bei Rückenwind 173f.
   – Abteen 189f.
Texas Scramble 184
Thomas, David 9, 17
Thomason, Muriel 29
Thompson, Charlie 33
Thomson, Peter 9f., 16, 20, 54, 172, 216
Tooting Bec Club 23
Toppen 127f., 127, 220
Topspin 114
Torrance, Sam 28
Trevino, Lee 61, 84, 107, 111, 113f., 125, 125, 177, 201, 210, 216
Tunisian Open 25
Tupling, Peter 25

Üben 197–201
US Masters 28
US Open 28
US PGA Championship 28

Vardon-Griff 52, 69–73
Vardon, Harry 20, 23, 23, 52, 69, 72, 215
Verkehrtherum-Putter 42
Vierball-Lochspiel (s. Lochspiel)
Vilamourca 16
Ville d'Este 16
Vorqualifikation 24f.

Wackeln 57, 220
Walker Cup 20f.
Walker, G.H. 20
Wasserhindernis 168f., 220
Watson, Tom 20, 27, 59, 110, 111, 152, 217
Way, Paul 6, 200f., 217
Weiskopf, Tom 212
Wentworth Golf Club 24
Wetterverhältnisse 149, 171–179
Whitworth, Kathy 28f.
Wind 149, 172–179
   Üben bei – 199
Woburn Golf and Country Club 6
World Match Play Championship 28

Zaharias, Babe 28
Zählspiel 182, 187ff., 220
   Foursomes – 183, 218
   Singles 183, 219
Zandvoort 16
Zoeller, Fuzzy 125

Bildquellenverzeichnis

(Abk: *o*=oben; *M*=Mitte; *u*=unten; *l*=links; *r*=rechts)

Illustrationen: Ken Lewis
Fotos: Andrew Arthur, Golf Illustrated: 17. Peter Dazeley Photography: 6, 24, 29, 35, 42, 50, 53, 55, 59, 64, 71, 85*(r)*, 88, 91, 118, 144, 158, 186, 201, 203, 210*(ur)*, 211*(ur)*, 217*ol)*. Peter Dazeley Photography, Golf Illustrated: 47. Dunlop Golf: 48. Mary Evans Picture Library: 12, 13, 15, 23. Bernard Fallon: 214*(ur)*. Hailey Sports Photographic: 32, 41, 45, 61, 64*(or)*, 72, 84*(l)*, 130, 132, 138, 146, 151, 156, 183, 188, 192, 194, 195, 196, 206, 207, 208*(ur)*, 209*(ur)*, 212*(ur)*, 214*(ol)*, 216*(ol)*, 216*(ur)*, 217*(ur)*. Alex Hay: 10, 26, 52. Karsten (UK) Ltd.: 40. Ken Lewis: 2, 9, 11, 22, 84/84 *(M)*, 98, 106, 110, 111 *(l)*, 124, 149, 153, 164, 213, 215 *(ol)*. The Mansell Collection: 14. Bert Neale: 21, 112. Bert Neale, Golf Illustrated: 210 *(ol)*. John Otway, Golf Illustrated: 169. S & G Press Agency: 62, 208*(ol)*, 211 *(o)*, 212 *(ol)*, 215 *(ur)*. Ben Sayers Ltd.: 33 *(o)*, 33 *(ul)*, 33 *(ur)*. Phil Sheldon: 4/5, 18/19, 27 *(lM)*, 27 *(rM)*, 27 *(u)*, 30, 34, 46, 126, 162, 170, 180, 202. Phil Sheldon, Golf Illustrated: 8.

Fotos Schutzumschlag:

Vorderseite: *Gary Player,* Peter Dazeley.
Rückseite: *Johnny Miller,* Peter Dazeley.
Rechte Klappe: *Alex Hay,* Roy Campbell